L'ESPRIT DES COLLINES

Dan O'Brien

L'Esprit des Collines

ROMAN

traduit de l'anglais par
Richard Crevier

Albin Michel

Édition originale américaine
SPIRIT OF THE HILLS

Crown Publishers, Inc., New York

Traduction française

22, rue Huyghens 75014 Paris

ISBN 2-226-04903-7

A Kris

Prologue

JIMMY McVAY vivait encore lorsque l'homme écarta d'un coup de pied sa main de l'enveloppe remplie de billets de cent dollars. Mais il ne sentait rien. Un instant plus tôt, l'impact des trois coups de feu l'avait projeté en arrière, le faisant tourner lentement sur lui-même, comme au ralenti. Son épaule était allée heurter le mur derrière lui et il s'était affaissé sur l'asphalte. A présent, il gisait là, étendu, essayant de se rappeler quelle impression ça lui avait fait de se faire descendre. Une seule chose se présentait à son esprit : son frère Tom, lui, avait fait la guerre sans se faire descendre. C'était ça qui comptait pour lui. Qu'il ait imité la signature de sa mère pour faire virer l'argent sur son propre compte puis qu'il l'ait retiré comme si de rien n'était, cela n'avait aucune importance. Pas plus que d'être étendu là, baignant dans son propre sang dont la flaque ne cessait de s'agrandir sous lui. Même le fait d'être sur le point de mourir n'avait aucune importance.

Il se dit qu'il était déjà mort et que c'était son esprit qui observait l'homme en train de saisir l'enveloppe. Il avait lu des choses sur la mort : ceux qui en étaient revenus racontaient qu'ils se voyaient eux-mêmes en quelque sorte d'en haut. C'est ainsi qu'il lui semblait voir l'homme fourrer l'argent dans sa poche de pardessus, puis faire disparaître rapidement son revolver dans l'étui dissimulé derrière son dos. Pourtant, Jimmy ne regardait pas l'homme d'en haut, il le regardait du sol. Ses yeux devaient être ouverts mais il était incapable de les bouger.

Aucune souffrance. L'odeur du sang mais rien de douloureux. Il fit un effort de mémoire pour tenter de se rappeler comment les choses s'étaient passées. Ils s'étaient retrouvés exactement comme convenu. Jimmy avait apporté l'argent comme promis. Tout avait l'air si simple. Il aurait triplé sa mise puis, aussitôt, il aurait remis l'argent sur le compte de sa mère avant qu'elle ne s'aperçoive du retrait. Il repensa à la voiture qu'il projetait d'acheter, aux vêtements, au nouvel appartement, semblable à celui de Tom. Mais tout avait foiré. Pour une erreur complètement stupide. L'homme lui avait demandé s'il avait apporté l'argent, il avait répondu oui et tâté l'enveloppe dans la poche de sa veste. Au moment même où il faisait ce geste, il s'était rendu compte de son erreur mais il était trop tard. Désireux de poursuivre la transaction, il avait demandé à l'homme où était entreposée la marijuana mais l'autre n'écoutait pas : derrière lui, sa main s'apprêtait déjà à saisir le revolver. Comment Tom aurait-il réagi en pareille situation ?

Tom, lui, serait venu au rendez-vous armé et n'aurait jamais laissé l'homme se douter qu'il avait l'argent sur lui. Jamais il n'aurait eu l'argent sur lui. Et, pour commencer, il n'aurait même pas retiré tout cet argent de la banque. Tom, son frère, ne se serait jamais embarqué dans une affaire de ce genre et il ne se serait pas retrouvé baignant dans son sang, incapable de bouger les yeux. Il n'aurait sûrement pas laissé ce connard le buter. Jimmy, lui, l'avait laissé faire.

La dernière chose qu'il se rappelait était le drôle de son produit par les trois coups de feu dans la ruelle. Il ne se serait jamais douté que cela puisse faire tant de bruit. Il avait été surpris de se sentir en même temps réellement projeté en arrière sous l'impact. Ensuite, il se vit étendu dans cette ruelle glacée du quartier des entrepôts de Toledo, tandis que l'homme s'éloignait d'un pas tranquille en direction de la rue. Les voitures circulaient comme si de rien n'était. Il regarda la Ford de l'homme s'écarter du trottoir et se glisser lentement dans la circulation. Puis, l'espace d'un instant, il se représenta la ville tout entière. Elle étincelait dans la palpitation des lumières de la rue et des habitations, tandis que le corps du jeune frère de Tom McVay gisait, abandonné, au milieu de toutes ces lumières.

PREMIÈRE PARTIE

LA porte vitrée coulissante de la cuisine de sa fille donnait sur un petit jardin bien entretenu. Au petit jour, les couleurs manquaient vraiment d'éclat. Le printemps était là depuis plusieurs semaines déjà et l'herbe avait commencé à pousser mais le sol gardait toujours cette espèce de couleur vert jaunâtre. La cuisine ouvrait sur une petite terrasse de brique bordée par un drôle de massif japonais. Lorsqu'il était venu s'installer chez eux, Bill Egan s'était enquis du nom de l'arbuste et son gendre le lui avait dit. Mais il n'arrivait plus à se le rappeler. Il repensa à toutes les histoires que sa fille et son gendre avaient faites l'automne précédent au moment de le tailler. Eux, ils appelaient ça l'« élaguer ». Avec ses branches égalisées sur le dessus et sur les côtés, on aurait dit qu'une plante géante et rectangulaire enserrait la terrasse.

Ce jour-là, en regardant dehors, de la cuisine où il avait coutume de s'asseoir, Egan remarqua qu'une toute petite branche, portée par l'énergie printanière, était venue rompre la parfaite symétrie du buisson. La branche poussait sa tige hors du massif géométrique vers le ciel gris de l'Illinois. Longue de quelques centimètres à peine, elle paraissait ténue et fragile. Egan, assis sur la chaise de la cuisine et sa tasse de café à la main, décida de ne pas parler de la branche. Sa fille et son gendre découvriraient bien la traîtresse par eux-mêmes.

En sirotant son café, il entendit quelqu'un qui commençait à s'activer au fond de la maison. Il était presque six heures. Ils partaient à leur travail vers sept heures et demie et Egan se dit qu'ils n'allaient pas tarder à aller et venir dans la cuisine. Une manière de lui gâcher sa matinée. Mais ils étaient chez eux et, après tout, il devait leur être reconnaissant de l'héberger. C'était la belle vie : la maison était bien chauffée, l'eau coulait à volonté des robinets et il y avait une épicerie tout à côté, deux rues plus loin. Il n'avait rien à redire là-dessus. Ni sur leur façon de le traiter. Ils donnaient l'impression d'être heureux de l'avoir près d'eux. Mais il n'empêche : il menait là une existence étriquée. Il éprouvait un peu la sensation qui avait dû être celle de la petite tige lorsqu'on l'avait taillée au ras du massif rectangulaire. Il se sentait inutile et il s'ennuyait. Mille fois, assis sur la même chaise, il avait envisagé la situation sous tous les angles possibles. Il était arrivé chaque fois à la même conclusion : il allait rester assis là à s'ennuyer encore quelques années puis il mourrait.

Tout avait commencé lors d'une simple visite qu'il leur avait rendue. Il avait dégotté un boulot chez un gros propriétaire de ranch dans le Nebraska. Ce n'était pas grand-chose mais il aurait eu au moins un toit sur la tête et trois repas par jour. C'était un ranch important et il n'aurait rien eu d'autre à faire qu'à tendre des pièges à de rares coyotes et à empoisonner des chiens de prairie tout en contemplant à sa guise l'un des plus beaux paysages du monde. Son regard se tourna à nouveau vers le jardin. Le soleil était maintenant plus haut mais sans que l'éclat des choses s'en trouve ravivé. Il hocha la tête. Qu'était-il venu faire dans ce pays pluvieux et couvert ? Une véritable éponge, un sol toujours détrempé. Jamais de vrais hivers, rien qu'une pluie glacée et des nuages. Mais il était passé leur rendre visite avant de commencer son nouveau travail. C'était à Noël, trois ans plus tôt. Il n'était jamais arrivé jusqu'au ranch qui devait l'employer. Sa fille avait eu gain de cause. Egan savait pertinemment qu'il n'aurait jamais dû venir dans l'Illinois et sa grosse erreur avait été de laisser sa fille lui parler de médecin.

Il aurait eu une chance de se tirer de là si le médecin n'avait pas fourni à sa fille des motifs d'inquiétude. C'est vrai qu'il avait perdu des forces et qu'il avait un peu de mal à respirer. Diable, il était vieux. Le médecin avait écouté son cœur pendant un long moment. Puis, après avoir retiré le stéthoscope de ses oreilles, il avait regardé Egan : « Avez-vous déjà souffert de rhumatisme articulaire ? »

Egan avait acquiescé : « Il doit y avoir une soixantaine d'années.

— Eh bien, vous faites un peu d'angine de poitrine. C'est de là que viennent votre difficulté à respirer et votre perte d'énergie. »

A partir de ce moment-là, Egan avait cessé d'écouter mais sa fille, qui assistait à la consultation, ne perdait pas un mot. Il était assis sur la table, le torse nu. Le médecin et sa fille continuaient leur conversation comme s'il n'avait pas été là. Il descendit de la table et remit sa chemise tout en se disant que cela allait compromettre son projet de travail dans le Nebraska. Il resta un moment à les regarder discuter de sa santé. Un peu comme s'il était déjà mort. Il les entendit ensuite parler de repos et d'arrêt de travail et il se dit qu'ils parlaient de lui comme d'un vivant en sursis. Il se faufila hors de la salle d'examen et se mit à la recherche d'un siège dans la salle d'attente. Sa fille l'y retrouva au moment où il allait commencer la lecture d'un article de *Popular Mechanics,* un magazine de bricolage automobile. Elle lui sourit mais on voyait qu'elle était bouleversée. Egan comprit qu'elle allait lui demander de rester dans l'Illinois.

C'est exactement ce qu'il avait fait. On avait échangé quelques propos un peu vifs, quelques larmes avaient coulé, puis les choses étaient rentrées dans l'ordre : deux ou trois cachets à avaler, un lit neuf installé dans la chambre d'amis, son propre trousseau de clés et Egan avait commencé à faire partie de la famille. Mais il n'avait jamais eu besoin de se servir du trousseau de clés. Lorsqu'il lui arrivait de prendre sa vieille camionnette pour aller faire un tour dans les environs, à son retour, jamais personne n'était couché. Il avait beau faire partie de la famille, il ne se sentait pas chez lui. Sa fille éprouvait un sentiment de satisfaction à l'idée qu'elle prenait soin de lui. Elle répétait souvent qu'elle était heureuse qu'il ait choisi de vivre avec eux. Cela le mettait mal à l'aise.

Les bruits au fond de la maison s'intensifièrent et Egan se dit qu'il ne lui restait plus que quelques minutes pour essayer de profiter en paix du matin. Il tourna à nouveau ses regards vers le minuscule jardin. Si seulement il pouvait, un jour, en jetant un coup d'œil dehors, apercevoir un lièvre ou un écureuil ! Il ferma les yeux et se représenta le jardin de sa fille comme un morceau de l'immense prairie. Les arbustes japonais se transformèrent en un ravin asséché, recouvert de touffes d'herbe à bison, et la pelouse soigneusement tondue en graminées et en épineux. Dans la tête d'Egan, la clôture du jardin se métamorphosa en un horizon lointain ; puis il se mit à marcher comme il le faisait presque chaque matin depuis qu'il était venu habiter avec sa fille et son gendre. Il était là-bas, dans la prairie toute plate, il se déplaçait facilement et sans effort à grandes enjambées et il faisait détaler un gros lièvre hors de son terrier caché derrière un yucca. Il s'arrêtait pour scruter l'horizon avant d'entreprendre de descendre dans le ravin envahi par la végétation. Mais ce matin-là, pour une raison ou une autre, il n'était pas d'humeur à s'engager dans le ravin. Il en longeait lentement les bords en surveillant le terrain plat qui s'étalait devant lui. Les yeux toujours fermés, il tourna la tête à droite puis à gauche comme s'il regardait autour de lui. Il s'était représenté cette scène mille fois mais, ce matin-là, il semblait se passer quelque chose d'insolite. Il retrouvait cette vieille sensation d'être épié. Il venait de faire halte à un endroit d'où l'on dominait une vaste vallée plate. La scène était imaginaire, et pourtant la sensation curieuse qu'il éprouvait était bien réelle. Aujourd'hui, il y avait quelque chose de vivant dans sa prairie qui l'épiait. Il allait se passer quelque chose. Il scruta de nouveau la prairie de tous les côtés. Finalement, la sensation fut trop forte. Il ouvrit les yeux, conscient de ce que le minuscule jardinet allait réapparaître et se doutant que cette sensation qu'il éprouvait à la base du cou était causée par la présence de sa fille qui, appuyée à la porte de la cuisine, le regardait en se demandant à quoi il pouvait bien rêver.

Il y avait de la lumière au premier étage d'un vieil immeuble de rapport de Revere Street. Tom McVay était assis dans sa camionnette garée le long du trottoir dans les faubourgs de Saint Louis. Le numéro qui figurait sur l'immeuble était bien celui qui était écrit sur le bout de papier qu'il lisait à la lumière des réverbères de la rue. McVay vérifia l'adresse pour la dixième fois. Il était sûr que c'était la bonne car il avait inspecté les lieux, se déplaçant sans bruit dans l'escalier et les couloirs. La lumière qu'il surveillait était bien allumée dans l'appartement dont l'adresse était écrite sur le bout de papier et il espérait qu'elle le resterait jusqu'à ce qu'il n'y ait plus personne dans la rue.

A minuit un quart, l'appartement était toujours éclairé. Pas une voiture n'était passée depuis vingt minutes. Un ami de Jimmy lui avait dit qu'il s'agissait d'un appartement de quatre pièces. La porte d'entrée donnait sur le living. La cuisine était à droite, la première porte à gauche était celle de la salle de bains et la deuxième celle de la chambre. McVay se dit que la lumière devait venir de la chambre. Il jeta un dernier coup d'œil le long de la rue puis, enchaînant ses gestes avec souplesse, il ouvrit la portière de la camionnette, sauta sur la chaussée, fouilla sous le siège et en retira un manche de hache tout neuf. Puis il referma en douceur la porte du véhicule et se dirigea d'un pas naturel vers l'entrée de l'immeuble.

Lorsque McVay arriva en haut de l'escalier, la lumière était toujours allumée. De l'endroit où il se trouvait dans le couloir, le dos appuyé contre le mur de l'appartement d'en face, il la voyait briller sous la porte. Il tenait le manche de hache par son extrémité. L'autre bout, là où aurait normalement dû se trouver le fer, reposait sur la pointe d'une botte de commando dans laquelle on aurait pu se mirer. Les yeux calmes, il prit quelques respirations profondes. Ensuite, il courba la nuque et sa respiration se fit encore plus lente. Puis il redressa la tête et se remplit une dernière fois les poumons d'air. Maintenant, son regard s'était figé. Il fixait jusqu'à la transpercer des yeux la porte de l'autre côté du couloir. De sa main libre, il poussa sur le mur en expirant l'air de ses poumons. La porte vola en trois éclats sous la pression de son épaule.

Sans la moindre hésitation, son élan le mena jusqu'à la porte entrouverte de la chambre. Il ne s'était pas trompé. La lumière venait bien de là et, en une fraction de seconde, il fut au pied du lit. Une femme nue se débattait pour se défaire d'un homme étendu sur le lit et qui tentait de saisir un revolver sur la table de chevet. Le manche de hache décrivit un demi-cercle en une fraction de seconde et vint s'abattre sur le bras tendu dans un sinistre craquement. L'homme hurla tandis que le revolver allait valser par terre.

Puis ce fut le silence. La femme se collait au mur, parcourue de frissons, alors que l'homme, nu lui aussi et roulé en boule, se tenait le bras en claquant des dents. La femme se mit à trembler. « Ne nous tuez pas, implora-t-elle.

— La ferme », répondit McVay sans même tourner la tête dans sa direction.

Il regardait l'homme. « Le nom de McVay te dit quelque chose ? » demanda-t-il.

Le visage de l'homme exprimait maintenant de la hargne. « Jamais entendu parler », dit-il. La dernière syllabe n'avait pas encore franchi ses lèvres que le manche de hache s'abattait sur ses côtes. L'homme et la femme hurlèrent à l'unisson.

« Jimmy McVay. Un amateur, une proie facile pour des salopards dans votre genre. Mon frère. » Cette fois l'homme ne répondit rien mais McVay put voir qu'il écoutait. « Pas gentil, ce que vous lui avez fait. » La femme s'était mise à pleurer. Elle s'était laissée glisser le long du mur et se tenait assise les jambes croisées, la tête penchée et les cheveux épars sur les cuisses.

« Nous n'y sommes pour rien », dit-elle.

L'homme émit un sifflement dans sa direction pour la faire taire et le manche de hache vint s'abattre une fois encore sur ses côtes.

« Il devait vous retrouver tous les deux à Toledo avec vingt-cinq mille dollars et il en est revenu dans une boîte sans autre chose que trois balles de .45 dans le corps. » McVay fit valser le revolver pour l'écarter davantage de la femme. Un calibre .357, pas celui qui avait tué son frère. « Vous deux, vous deviez lui fourguer de la came. Vous êtes les derniers à l'avoir vu en vie et je vais vous tabasser jusqu'à ce que j'obtienne des réponses. » Il brandit le manche de hache et en frappa la femme qui sanglotait silencieusement. « L'argent ne lui appartenait même pas », dit McVay. Il frappa encore une fois la femme et s'aperçut que l'homme l'observait. « Je veux savoir à qui appartenait le .45. »

Il lui assena un autre coup dans le dos tout en

surveillant les réactions de l'homme. « Je ne vais pas y passer toute la nuit », dit-il. Le manche de hache vint s'écraser dans le mur au-dessus de la femme, faisant tomber de la poussière de plâtre sur elle. Il entendit l'homme murmurer quelque chose. « Plus fort », dit McVay, et il arracha du mur un autre morceau de plâtre.

« P. J. Billion », dit l'homme.

Le manche de hache vint une fois encore frapper le mur. « Où ?

— Dakota du Sud.

— Où ça ?

— Medecine Springs.

— Et vous deux, vous n'avez pas été mêlés à ça ?

— Nous les avons seulement mis en contact, gémit la femme. Nous n'avons jamais vu votre frère. » Elle se rapprocha du lit et entoura l'homme de ses bras. Ils demeurèrent un long moment enlacés. Quand ils relevèrent la tête, McVay était parti.

Dans l'imagination de Bill Egan, il faisait un froid glacial. Un blizzard de fin de printemps avait poussé quinze centimètres de poudreuse contre l'armoise et les piquets de clôture et avait enveloppé d'une couche de glace de l'épaisseur d'un manche de marteau l'unique toron de fil de fer barbelé qui courait jusqu'au sommet de la colline avant de disparaître au loin. Puis le vent s'était levé avec des rafales de près de cent kilomètres à l'heure et la température avait chuté. La neige avait soufflé pendant la nuit sous la forme de minuscules arêtes de glace qui étaient venues se ficher, tels des cristaux, sur les congères, et maintenant, dans l'immobilité du matin, le paysage d'Egan brillait de mille feux.

C'était une sacrée tempête. Du genre de celles qui s'abattent trop souvent sur la prairie en avril. Tout serait fini en une journée et c'était bon pour les herbages. Ainsi, le sol resterait vert jusqu'en août. Mais pour l'heure, ce n'était qu'une croûte blanche et gelée. Des agneaux et des veaux encore sous la mère gisaient, rigides, ensevelis sous les congères. Les deux prochains jours seraient difficiles pour les autres animaux dont certains allaient mourir, eux aussi.

Egan se trouvait dans le garage de sa fille, au milieu de son matériel. Ses outils de trappeur et sa vieille carabine automatique de calibre .22 étaient étalés sur le hayon de la camionnette. Il faisait chaud dans le garage et Egan ne portait qu'un T-shirt blanc. Pourtant, dans sa tête, il était enveloppé dans un long manteau, le chapeau de cow-boy vissé juste au-dessus des yeux. Il lui était impossible de savoir s'il s'agissait d'un rêve ou d'un souvenir. Mais une chose était certaine : il avait escaladé une butte là où presque toute la neige avait été balayée par le vent et il surplombait maintenant un troupeau de moutons. Son haleine produisait une vapeur épaisse, faisant des nuages blancs dans l'air immobile de la prairie. Egan comptait attentivement les bêtes, observant le flanc de chaque brebis pour voir si elle avait mis bas et essayant de repérer celles qui étaient en fâcheuse posture. Le troupeau était coincé dans un sale endroit. Il avait bien essayé de le rejoindre depuis que la neige avait cessé de tomber mais il n'avait pu dépasser le sommet de la butte. Les moutons se trouvaient encore à cinq cents mètres de lui, regroupés au fond d'un petit ravin sans arbres. Il aurait fallu un bon cheval sellé pour arriver jusque-là.

Egan leva les yeux vers le soleil et embrassa l'horizon du regard. La journée s'annonçait claire. La tempête était finie. Maintenant, il faisait seulement froid. Il se réchauffait le menton en le frottant contre le dos de son gant. Soudain, à la limite de son champ de vision, il perçut un léger mouvement le long d'un torrent. Peut-être un mouton séparé du troupeau. Il pouvait aussi bien s'agir d'autre chose, tout était possible. Puis, tout à coup, il ne vit plus rien. Le torrent donnait dans le ravin où le troupeau s'était réfugié. Il y eut alors un autre mouvement un peu plus loin en contrebas. Cette fois, il n'y avait pas de doute. Il repéra un point cinquante mètres au-delà de l'endroit où il avait remarqué le second mouvement et concentra son attention sur tout ce qui bougeait à proximité. Il allait abandonner sa surveillance lorsqu'une silhouette sombre passa lentement dans son champ de vision. On aurait dit une figure peinte sur le paysage plutôt qu'un élément naturel. Egan porta son regard un peu plus loin au fond du ravin et la silhouette réapparut. Elle avançait maintenant à découvert et se dirigeait droit sur le mouton. Egan semblait être indifférent à la situation. Pourtant, lorsque la silhouette prit son élan, il se pencha pour saisir sa carabine .22 automatique sur le hayon de la camionnette. Il n'épaula pas, se contentant plutôt de laisser son regard caresser le troupeau chaud et gras et sa mémoire évoquer les mille cibles apparemment impossibles à atteindre qu'il avait réussi à toucher avec son arme. Dans une boîte qui se trouvait sur le hayon, il prit une cartouche et la glissa dans le magasin.

Lorsque son regard vint à nouveau se poser sur l'animal, celui-ci se détachait sur la neige, énorme et trottant vers le troupeau coincé et sans défense. Egan pouvait voir les longues traces rouges laissées sur la neige par les moutons qui s'étaient enfuis en traînant leurs tripes ensanglantées derrière eux. Trois au moins étaient déjà tombés et un quatrième avait été isolé du troupeau. Sans effort et comme par jeu, l'animal bondit sur le mouton dans un saut de six mètres et lui déchira le flanc. Le mouton s'effondra dans la neige puis se remit sur ses pattes. Il y eut une autre morsure suivie d'une autre chute et, cette fois, le sang commença à tacher la neige autour du mouton qui essayait de se relever une fois encore. La troisième attaque l'acheva. Lorsqu'il tenta de se redresser, ses tripes se répandirent sous lui. Incapable de courir, il les piétinait. Puis il tomba dans la neige en bêlant.

Lorsque Egan fit glisser le cran de sûreté de son arme, l'animal s'arrêta et regarda fixement le vieil homme. Il s'agissait d'un loup : il s'assit dans la neige, à faible portée pour une carabine .22 automatique. Ils se dévisagèrent mutuellement et Egan ne put s'empêcher de frissonner, bien qu'il sût qu'il se trouvait dans la chaleur du garage de sa fille. Son regard se porta sur l'horizon, au-delà du loup, et scruta la ligne entre la blancheur immaculée de la neige et le bleu du ciel de la prairie. Il tourna alors l'arme vers lui pour examiner l'intérieur du canon.

Il fut brusquement ramené à la réalité par sa fille qui ouvrait la porte du garage. Il détourna son arme, repoussa le cran de sûreté et fit comme s'il était en train de la nettoyer.

« Papa ? » Elle sourit en l'apercevant dans le garage. « On te demande au téléphone. »

Egan lui adressa un regard interrogatif. Il n'avait pas reçu un seul appel téléphonique depuis son arrivée dans l'Illinois. Elle lui signifia d'un geste qu'il en était pourtant ainsi. « Oui, un certain Mr Simmons des Eaux et Forêts. Un interurbain du Dakota. »

Tout en regardant sa fille, Egan tenait toujours sa carabine comme si de rien n'était. Elle eut alors un sourire légèrement contraint. « Tu le connais, papa ? »

Egan baissa les yeux sur son arme. « Oui, dans le temps », répondit-il, avant de déposer l'arme sur le hayon de la camionnette et d'en faire glisser la barre de fermeture. Il n'avait toutefois pas retiré la cartouche du magasin.

Tom McVay n'avait aucune idée de l'endroit vers lequel il se dirigeait. Dans la banlieue de Saint Louis, il s'arrêta à une station-service ouverte toute la nuit pour acheter une carte routière. Medecine Springs se trouvait en bordure des Collines Noires du Dakota du Sud. Il se représenta mentalement la route qui l'attendait. Il lui faudrait traverser le Missouri et couper le Kansas vers le nord à angle droit et continuer à travers le Nebraska. Il n'était pas venu à Saint Louis par plaisir et n'avait guère envie non plus d'aller dans le Dakota du Sud. Medecine Springs lui paraissait un endroit tout à fait abstrait. Un point minuscule sur la carte, à l'extrémité ouest de l'Etat, non loin du Wyoming. Il hocha la tête avec perplexité et fixa son attention sur les panneaux routiers pour tenter de comprendre comment il fallait s'y prendre pour rejoindre l'autoroute pour Kansas City.

La route de l'ouest. Il se faisait très tard et il était presque seul sur l'autoroute. Il ne dépassait pas les voitures qui roulaient dans la même direction que lui, préférant une vitesse régulière de quatre-vingts à l'heure. Conduire le détendait et il en profita pour faire le point et penser à son frère Jimmy. En un sens, se disait McVay, les dix dernières années avaient été plus dures pour Jimmy que pour lui. Tout avait été pénible pour tout le monde. Simplement, certains réagissaient mieux que d'autres. Ils retombaient plus vite sur leurs pieds. McVay n'avait pas tellement l'habitude de penser à toutes ces années. Il n'avait pas eu à faire face aux difficultés que les autres anciens du Viêt-nam avaient affrontées, d'après ce qu'il avait lu. Il avait vraiment fait une croix sur toute cette époque. Jimmy, qui, pourtant, n'avait pas été obligé d'aller au Viêt-nam, semblait, lui, ne s'être jamais remis des années 60 : toujours ces cheveux longs, ces brusques sautes d'humeur, ces nerfs à vif. Puis, les ennuis étaient venus, exactement comme Tom l'avait prévu. Jimmy était un brave gosse. Facile à tromper. Leur mère avait mis Tom au courant de ce qui était arrivé à son frère cadet. Lorsqu'elle lui avait téléphoné, il avait aussitôt compris qu'elle souhaitait qu'il intervienne, qu'il fasse pour le mieux. Il en avait toujours été ainsi : Tom arrangera les choses, Tom trouvera une solution. Tom, lui, va AGIR. Jimmy, lui, ne faisait jamais rien, comme frappé d'inertie. Il pensait trop. C'était du moins ce que Tom avait toujours prétendu. Lui, il ne pensait pas assez. C'était en tout cas l'avis de Jimmy. Jimmy n'avait peut-être pas eu tout à fait tort.

Elle avait téléphoné tard dans la soirée. McVay venait tout juste de sortir de table et était en train de laver la vaisselle. Dans son nouvel appartement. Il avait quitté la maison de sa mère quelques semaines auparavant et la plupart de ses affaires s'y trouvaient encore. Il était maintenant chez lui mais il se sentait légèrement coupable d'être parti de la maison. Ce coup de fil, il le pressentait. Quelques minutes plus tard, à l'hôpital, il n'avait pas su quoi faire. Il avait laissé sa mère assise dans la salle d'attente des urgences où l'on avait transporté le corps de Jimmy. Il ne lui avait pas fallu longtemps pour comprendre ce qui était arrivé. Un des types que Jimmy fréquentait lui avait tout raconté. Deux heures après avoir appris la mort de Jimmy, Tom glissait dans la poche de son blouson une adresse à Saint Louis griffonnée sur un bout de papier.

Epuisée, rendue muette par le chagrin, leur mère était pourtant restée là à regarder, pleine d'appréhension, Tom sortir son paquetage du garage et y fourrer ses affaires. Sa présence le forçait à faire retour sur lui-même, à se demander s'il n'avait pas toujours su en son for intérieur que son paquetage n'était rangé que provisoirement. S'était-elle rendu compte que tous les effets qu'il mettait dans son sac avaient quelque chose en commun ?

Il se rappela le jour où il l'avait suspendu au mur du garage en disant en plaisantant que ce n'était là qu'un sac de vieux souvenirs. A présent, les boots, le treillis, les jumelles, la lampe de poche et le sac de couchage étaient étalés sur le sol à côté d'objets dont il était sûr qu'elle ignorait la nature.

Il l'avait tout de suite prévenue qu'il allait être absent quelque temps, qu'il n'était pas un amateur de funérailles. Calmement, avec des gestes mesurés, il avait préparé son sac, prenant conscience tout à coup que sa mère découvrait un aspect de lui-même inconnu d'elle jusqu'à cet instant. Elle n'avait toujours vu de lui que son côté chaleureux, jamais encore cette froide détermination qu'il avait apprise à l'armée. Il n'y pouvait rien. Il n'avait rien trouvé de mieux, après être allé chercher dans le placard de sa chambre un calibre .45 et un fusil de l'armée, que de se tourner vers elle avec son sourire d'enfant en lui disant de ne pas s'en faire. Une parole vraiment stupide alors qu'elle venait de perdre un fils et que l'autre vérifiait devant elle le cran de sûreté de son arme. Mais elle ignorait tout de ce que McVay avait appris. Elle ne savait pas que Jimmy n'avait pas seulement perdu la vie mais aussi vingt-cinq mille dollars prélevés sur son compte à elle. C'est à cela que pensait McVay quand il lui avait dit de ne pas s'en faire. Vraiment un mot idiot. Eût-elle été au courant, ce n'est pas l'argent qui l'aurait préoccupée d'abord. Elle n'était pas du genre à se faire du souci pour son avenir à elle : son seul objet d'inquiétude, c'était ses fils.

McVay venait d'entrer dans le Kansas. Il essaya de ne plus penser à sa mère et à son frère. Il avait pris sa décision et ne pouvait plus reculer. Il commençait à sentir la fatigue. Il était plus de trois heures du matin et la nuit noire du Kansas l'avait rendu somnolent. Il aperçut l'enseigne d'un motel près d'une sortie de l'autoroute et s'engagea sur la bretelle. Un vieillard finit par se montrer en robe de chambre à la porte du bureau de la réception. McVay s'efforça de se montrer aimable mais l'homme enrageait d'avoir été réveillé. McVay se contenta de prendre sa clé et de se retirer le plus discrètement possible. En dépit de sa fatigue, une fois dans la chambre et étendu sur le lit, il n'arriva pas à trouver le sommeil. Il était *trop* fatigué. Finalement, il enfila son pantalon et son blouson et sortit dans la nuit baignée par la lune.

La nuit était superbe. Malgré le caractère aride des environs, le motel était bien situé. Derrière les bâtiments, s'élevaient des collines herbeuses tandis que, devant, la prairie s'étendait à perte de vue sous le clair de lune. Dans le motel, tout était sombre. McVay se demanda si d'autres clients que lui y dormaient cette nuit-là. On voyait quelques arbres, manifestement plantés par l'homme — en rangées bien régulières et tous de même taille. Au moment où McVay contournait l'angle du motel, un chat sauta de sa cachette dans l'ombre du mur arrière du bâtiment. En quelques bonds élastiques, il s'enfuit dans le clair de lune, laissant McVay fasciné par la grâce de ses mouvements. Il vit la silhouette formée par l'ombre de l'animal se détacher du sol puis tous les deux, l'animal et son ombre, se rejoindre au moment où le chat retombait sur le sol avant de s'élancer vers les arbres. Le silence qui entourait toute la scène était tel que l'on eût dit que les mouvements se déroulaient au ralenti. McVay restait là, admiratif, touché par la beauté d'une chose si simple. Il n'avait jamais pensé qu'un chat puisse se mouvoir de la sorte. Il ne lui était même pas venu à l'esprit que le chat était terrifié, qu'il se sentait en danger.

A l'instant même où une deuxième ombre allait se saisir de l'animal, McVay eut un frisson, se disant : oui, bon Dieu, oui — il avait frissonné avant même de comprendre ce dont il était témoin. Le chat et son ombre firent un dernier saut de côté et se retrouvèrent à l'endroit même où le hibou, enveloppé dans son ombre, repérait tout ce qui bougeait au sol. Il y eut un long sifflement horrible et un faible gémissement. McVay demeura immobile, toujours dissimulé dans l'ombre du motel. Le sifflement et le gémissement étaient les seuls bruits qu'il avait entendus depuis qu'il avait effrayé le chat. Il s'avança vers le hibou, saisit au passage une branche d'arbre et se mit à courir. Mais le hibou s'envola avant même qu'il n'arrive à cinq mètres de lui. Il s'éleva dans les arbres, lentement et sans bruit, suspendu à ses ailes déployées. McVay regarda la branche qu'il tenait à la main, et, se demandant ce qu'il avait eu l'intention d'en faire, la jeta par terre. Le chat était étendu, mort, à l'endroit où le hibou l'avait laissé. Il n'y avait pas une trace de sang. Seulement le chat, étendu comme s'il était mort de vieillesse. McVay ne pouvait rien pour lui. Sentant les yeux du hibou posés sur lui dans l'obscurité, il prit le chat par la queue et l'emporta à l'arrière du motel. Il trouva des cartons sous lesquels le dissimuler et ajouta des briques sur l'abri ainsi improvisé. Son regard se reporta ensuite à l'endroit où le hibou était allé se poser et, soudain, l'obscurité s'anima. Il entendait pour la première fois les bruits de la nuit, qui ne s'était pourtant jamais tue. Il éprouva le besoin urgent de retrouver sa chambre et il y resta de longues minutes à contempler la nuit par une fente entre les rideaux. Il imagina le hibou, tête baissée, en train d'écarter les briques de ses serres noires et de lacérer les cartons qui recouvraient le chat.

DEUXIÈME PARTIE

PENDANT une semaine encore, le sol de la prairie allait rester spongieux. L'antilope et le daim ne quitteraient pas les hauteurs et les fourgonnettes allaient éviter de s'écarter des chemins de gravillons. Puis le sol commencerait à sécher et, vers le mois d'août, il serait dur comme du béton à moins de deux kilomètres de la ville. C'est alors que la belle saison s'annonce sur la prairie. Le jeune renard et le petit du coyote ne vont pas tarder à faire leur apparition, suivis de peu par les autres nouveau-nés de l'année. Ils vont se transformer en proies. Les oisillons, les jeunes chiens de prairie, les écureuils, les souris et les canards incapables de voler viendront nourrir les prédateurs qui sauront les capturer. Pour les plus forts, ce seront les faons du daim et les petits de l'antilope. Les plus rusés, les estropiés ou les plus sauvages trouveront des agneaux et des jeunes veaux en abondance. La population animale de la prairie se prépare à son explosion démographique annuelle. Pendant les quatre semaines suivantes, cette population va quadrupler, puis va diminuer à nouveau. C'est une période de plénitude et de mouvement qui n'est pas sans offrir un spectacle quelque peu confus. Les collines couvertes de pins qui constituent la toile de fond de la prairie dans cette partie du monde forment une masse sombre dans le lointain. Comparées à la prairie elle-même, elles sont stériles et la futaie y est obscure et profonde. Depuis toujours, les collines ont servi de refuge aux bêtes traquées et de sanctuaire inviolable aux prédateurs de toute espèce.

Rien de toute cette réalité n'échappait à Mel Simmons. Il connaissait parfaitement les mœurs de la prairie. Cela faisait partie de son métier de garde forestier en chef du parc national des Collines Noires que de savoir tout cela. C'était toujours la période de l'année qui lui donnait le plus de fil à retordre. Au printemps, les gens commencent à circuler dans la prairie et à se mêler de tout. Alors que l'homme essaie de vivre de la terre, les prédateurs, disent-ils, viennent lui faire concurrence. Pour eux, un tel état de choses est inacceptable et ils savent de quoi ils parlent. Ces soi-disant experts savent reconnaître des prédateurs lorsqu'ils en rencontrent et n'hésitent pas à extrapoler. Pendant les sept premières années où Simmons avait exercé ses fonctions, on lui avait rapporté avoir vu deux tigres, trois lions, six ours, huit loups, trois crocodiles et une hyène. Chaque fois, il s'agissait d'autres animaux ou, dans la plupart des cas, du produit d'imaginations surexcitées. Simmons avait pour principe de se conduire poliment envers ceux qui venaient le voir pour lui rapporter ces fantaisies. Il s'adressait à eux gentiment, abondait dans leur sens autant que possible, les rassurait et, une fois la conversation terminée, oubliait toute l'histoire. Mais cette fois, c'était différent. De tous les animaux imaginaires que les gens apercevaient, les loups étaient les plus nombreux, probablement à cause de leur étroite ressemblance avec les coyotes aux yeux de la majorité. Les vieux loups gris de la prairie, depuis longtemps disparus, ne ressemblaient pourtant en rien à des coyotes. Ils étaient deux fois plus gros qu'un gros coyote et, contrairement à eux, n'hésitaient pas à tuer les animaux domestiqués par l'homme. Le bison avait de tout temps été leur proie privilégiée et, après la disparition de la race, ils s'étaient rabattus tout naturellement sur les moutons et le bétail. Simmons en avait vu quatre dans sa jeunesse. Des bêtes de haute taille, à la fourrure claire, très audacieuses. Il avait assisté à l'extermination des toutes dernières d'entre elles. On avait eu du mal à les piéger. Le processus de la sélection avait développé chez ces loups une ruse extraordinaire et un mépris hautain pour l'homme. Mais la race s'était maintenant éteinte. Le tout dernier avait été piégé dans les années 20. Le monde de la prairie était maintenant beaucoup plus apprivoisé qu'il ne l'était alors. On n'y trouvait pratiquement plus d'espèces vraiment sauvages.

Pourtant, il s'était produit des événements qui avaient mis la population des environs de Medecine Springs sur les dents. Depuis la fin de l'hiver, il y avait eu une douzaine de moutons tués dans la région et les ranchers commençaient à user de leurs relations politiques. Simmons avait mis son meilleur chasseur de coyotes sur le coup et, malgré tout, les moutons continuaient de mourir. L'homme avait piégé plusieurs coyotes mais, apparemment, pas les bons. On était à l'époque du vêlage et il y avait d'importantes sommes en jeu. Les prix du veau étaient hauts et, si les ranchers commençaient à perdre des bêtes, ce serait une perte de plus de cent dollars par tête. Simmons serait alors l'objet de pressions de plus en plus fortes. Quoi qu'il en soit, les éleveurs s'étaient mis dans la tête que les bêtes avaient été tuées par un loup. Simmons et tous les membres de son service savaient pertinemment qu'il ne pouvait s'agir d'un loup mais ils n'arrivaient pas à en convaincre la population. Simmons ne pouvait s'empêcher de faire la comparaison avec ces fermiers qui labouraient le moindre mètre carré de leurs terres et qui venaient ensuite lui demander de faire quelque chose contre les faucons, responsables, selon eux, de la mort de tous les faisans. Il ne leur venait jamais à l'esprit qu'ils avaient eux-mêmes détruit le refuge des faisans. Il était impossible de leur ôter une idée de la tête.

Simmons était convaincu que c'était un coyote qui tuait autour de Medecine Springs ou, plus vraisemblablement, une bande de coyotes — ou alors peut-être une femelle qui nourrissait ses petits. En tout cas, quelqu'un en avait référé à un sénateur de l'Etat et celui-ci avait téléphoné à Simmons. Le sénateur partageait la conviction qu'il s'agissait d'un loup et il avait suggéré à Simmons d'envoyer sur le terrain un spécialiste pour tirer l'affaire au clair.

Le sénateur avait judicieusement fait remarquer qu'un bon chasseur de loups mettrait un point final à toute l'histoire rien qu'en faisant un tour dans deux ou trois collines. Il pourrait alors expliquer en connaissance de cause à la population quel était le responsable des tueries et lui apporter la preuve qu'il ne s'agissait pas d'un loup. L'argument se tenait et Simmons aurait procédé de la sorte bien des semaines avant l'appel du sénateur, n'était le fait que personne de son service, à part lui-même, n'avait jamais vu de loup — et qu'il n'avait sûrement pas de spécialiste sous la main. Lui-même avait vu quatre loups dans sa vie, il y avait quarante et un ans de cela, et encore était-ce très loin de là, dans les montagnes du Nouveau-Mexique. En matière de loups, il disposait de tout ce que l'on peut trouver dans les livres mais il était assez intelligent pour savoir que cela ne pesait pas lourd dans la pratique. Quand il était jeune, il avait travaillé pour l'Institut de biologie des Etats-Unis, organisme devenu depuis le secrétariat à la Pêche et à la Chasse. Il avait alors dix-huit ans et rêvait de devenir trappeur. Il avait aidé à préparer les pièges qui avaient servi à capturer les quatre loups rebelles. Mais uniquement en tant que sous-fifre. C'était Bill Egan qui prenait toutes les décisions. Egan était alors le meilleur spécialiste des loups de l'Institut et il en avait capturé dans tous les Etats de l'Ouest américain. Il les connaissait, les comprenait par empathie et en avait capturé plus que quiconque.

A l'époque où Simmons avait rencontré Bill Egan, les loups étaient en voie de disparition. Egan ne piégeait déjà plus que les plus coriaces, ceux que personne d'autre n'arrivait à capturer. Ces loups étaient devenus légendaires. Leurs victimes se chiffraient par centaines. On les avait baptisés de noms comme Trois Orteils, le Blanc, le Faucheur. Ils étaient merveilleusement racés. Les loups ordinaires ne comptaient pas aux yeux d'Egan qui, lui aussi, était devenu une légende. Puis, une fois les loups hors d'état de nuire, on ne l'avait pas plus revu que les animaux eux-mêmes.

Tout cela n'était plus que de l'histoire ancienne. Simmons était conscient qu'il aurait à affronter au moins symboliquement, un loup. Mais, à son âge, il n'avait pas envie que les politiques fassent pression sur lui. Il avait d'abord pensé faire appel à quelqu'un du nord du Minnesota ou du Canada où l'on trouvait encore quelques loups, plus petits et moins sauvages. Mais c'était inutile car il n'en restait pas assez pour donner à quiconque fût-ce un semblant de connaissance *réelle* de ce qu'est un loup. Il avait aussi pensé s'assurer les services d'un chercheur universitaire mais la parole d'un universitaire ne pèserait pas lourd aux yeux des habitants de Medecine Springs. Il n'y ferait appel qu'en dernier ressort. Il se décida finalement à recourir aux grands moyens. Il se mit en tête de retrouver la trace d'Egan. Bien sûr, Egan était vieux, peut-être même mort, mais s'il pouvait encore se déplacer, il aurait l'autorité suffisante, après avoir fait un tour dans les collines, pour annoncer à la population qu'il ne s'agissait pas d'un loup.

Egan n'avait pas été facile à retrouver. Après avoir été mis en disponibilité des Eaux et Forêts en 1944, il avait été réserviste pendant la guerre, puis on perdait toute trace de lui jusqu'à ce qu'il réapparaisse dans un hôpital militaire de Pueblo, dans le Colorado, en 1946. On avait de nouveau perdu sa trace pour le repérer finalement à

Springfield, dans l'Illinois, où il vivait chez sa fille. Simmons l'avait trouvé en pleine forme, tout disposé à venir examiner quelques-unes des victimes du « loup ». Dans d'autres circonstances, si les gens ne s'étaient pas mis ces histoires de loup dans la tête, Simmons se serait contenté d'envoyer un ou deux avions au-dessus des collines pour tirer sur les coyotes. Les brebis et les moutons des environs de Medecine Springs ne s'en seraient que mieux portés et les ranchers lui auraient fichu la paix.

Mais la politique s'en était mêlée. Toute cette histoire n'était que de la politique. Simmons en avait assez d'essayer de faire plaisir à tout un chacun. Il en avait assez que l'on fasse passer ses intérêts personnels avant une gestion responsable de la faune. Il ne lui en restait plus pour très longtemps. Encore quelques années et il prendrait une confortable retraite. Ce n'était pas le moment de faire des vagues.

Boyd Knutson était un des ranchers qui avaient perdu des moutons. Harmon, son fils, avait eu beau lui faire remarquer qu'il n'y avait pas de quoi paniquer, Boyd n'en était pas moins inquiet. Des moutons, passe encore. Le bétail, c'était autre chose. Boyd Knutson n'avait jamais vu les prix du bétail grimper si haut : des prix élevés voulaient dire que chaque tête de bétail perdue coûterait cher. Dans les profits et pertes, une bête perdue pesait toujours lourd. Mais Harmon avait juré de capturer ou d'abattre « ce » qui s'en prenait aux moutons avant la mise bas des veaux. Il affirmait pouvoir en venir à bout avant même que l'Etat ait eu le temps de mettre un spécialiste sur l'affaire. Boyd ne partageait pas l'assurance de son fils. Il avait vu beaucoup de moutons tués dans sa vie, avait lui-même capturé quelques-uns des coupables et savait pertinemment que les choses étaient parfois moins simples qu'elles n'en avaient l'air. Mais il n'avait rien fait pour dissuader son fils, bien au contraire. En ce qui le concernait, plus il y aurait de monde armé de fusils et de pièges pour traquer le coupable, mieux cela vaudrait. Il avait déjà perdu pour cinq cents dollars de bêtes et les veaux allaient naître d'un moment à l'autre. S'il venait à en perdre encore, cela ferait beaucoup d'argent parti en fumée.

Harmon passait donc beaucoup de temps à parcourir la prairie. Il avait vingt-deux ans, conduisait une vieille Dodge 4×4 sur la lunette arrière de laquelle il gardait son calibre .30-30. C'était un garçon d'un mètre quatre-vingt-douze, avec une tendance à l'embonpoint. Il avait un type scandinave marqué, cheveux blonds et yeux d'un bleu très pâle. Il ratait rarement ses cibles avec son calibre .30-30, était résistant à la tâche et avait déjà monté quelques chevaux à demi sauvages.

C'était Harmon qui, le premier, avait affirmé que les brebis trouvées mortes autour de Medecine Springs pouvaient fort bien avoir été tuées par un loup. Tout le monde était convaincu qu'il s'agissait d'un coyote qui finirait, comme c'était toujours le cas avec les coyotes, par faire une erreur et par se laisser prendre. A cela, Harmon rétorquait que, s'il s'agissait d'un coyote, il n'avait jamais entendu parler d'une bête qui sévisse sur une pareille étendue. Or, on avait trouvé des animaux tués un peu partout dans le comté, parfois même à une vingtaine de kilomètres les uns des autres. S'il s'agissait d'un coyote, il ne devait pas être seul. Le chasseur de coyotes envoyé par l'Etat était arrivé plein d'assurance : il viendrait à bout du tueur dans les quatre jours. Harmon l'avait accompagné et en avait appris long sur la manière de piéger les coyotes. Pendant les quatre jours en question, ils en avaient capturé cinq. L'homme du gouvernement n'avait pas caché sa satisfaction. Il était resté dans le pays deux jours de plus et avait piégé un autre coyote. Tout le monde s'était alors dit que l'affaire était close. Mais le lendemain du départ du chasseur, Jim Martins avait perdu six brebis dans la même nuit. C'est à ce moment-là que les gens avaient commencé à se demander si Harmon Knutson n'avait pas vu juste. Les habitants des environs de Medecine Springs s'étaient alors mis à penser à un loup. Le jeudi qui avait suivi la découverte des animaux tués de Jim Martins, le *Medecine Springs Recorder* avait publié un article dans lequel il faisait un bilan des victimes depuis le début du printemps. L'article désignait le coupable en parlant d'un « loup meurtrier ».

Après la lecture de l'article, Junior Bailey jeta violemment le *Recorder* sur son bureau. « Merde ! » lança-t-il et, faisant pivoter son fauteuil, il saisit son chapeau sur le dessus du râtelier à fusils. Junior était le shérif du comté de Lindon. Il avait trente-sept ans et accomplissait son deuxième mandat de shérif. Il pourrait demeurer en exercice aussi longtemps qu'il le souhaiterait car il faisait bien son boulot. Il y avait certes des gens qui ne l'aimaient pas mais tout le monde reconnaissait qu'il était honnête, correct et qu'il ne supportait pas la connerie. Or, l'article du *Recorder* était de la connerie.

En sortant de son bureau dans le soleil, Bailey enfonça son chapeau sur ses yeux. Il s'engagea dans la rue en direction des bureaux du *Recorder* tout en crachant les éclats du cure-dent qu'il mâchait. Jerry Stockton, le propriétaire et rédacteur en chef du *Recorder,* était assis à son bureau. Dès qu'il vit qui était son visiteur, il se mit à parler. Bailey tenta de l'arrêter d'un geste de la main, mais l'autre continuait. Il parlait de tout et de rien à la fois sans que ses propos présentent le moindre intérêt pour Bailey. La main toujours tendue, le shérif, portant à ses lèvres un doigt de son autre main, émit un sifflement strident : Stockton se tut et le considéra d'un air interloqué. Bailey rejeta son chapeau en arrière et s'assit sur le coin du bureau.

« Bonjour, Jerry, dit-il

— Salut, Junior, répondit Stockton.

— Tu pourrais me dire ce qui t'a pris d'aller inventer cette histoire à dormir debout ? » demanda Bailey. Stockton allait reprendre de plus belle mais Bailey le calma, les deux mains en avant. « Jerry, tu devrais pourtant savoir que ce genre d'histoire fout la trouille à tout le monde. Il y a au moins une vingtaine de grand-mères dans le comté qui n'ont pas oublié la peur qu'elles avaient des loups quand elles étaient gamines et maintenant, elles sont assises dans leur cuisine en train de lire ton article stupide. » Il calma Stockton de la main sans lui laisser le temps de placer un mot. « Tu comprends, Jerry, les gens d'ici n'ont pas grand-chose à faire. Ce genre d'histoire les occupe. Ils commencent à se monter la tête et à se balader avec des fusils, prêts à tirer sur tout ce qui bouge. »

Stockton fit la grimace. « Ah, Junior, tu dramatises toujours.

— Et toi tu extrapoles toujours.

— Arrête de déconner ! Les faits parlent d'eux-mêmes. Tu n'as pas lu mon papier ? demanda Stockton.

— Justement, dit Bailey, un ramassis de foutaises.

— Oh, il faut toujours que tu sois désagréable, dit Stockton. Tu vas sans doute me dire que je dois cesser de parler du loup dans mes articles. Eh bien, si tu veux le savoir, je ne suis pas si stupide. Je sais que tu ne peux pas m'obliger à passer le loup sous silence.

— Jerry (Bailey se pencha au-dessus du bureau et lui tapota la joue), il n'y a pas de loup. » Bailey se releva. « Et cesse d'écrire comme s'il y en avait un. » C'est seulement alors qu'il s'aperçut de la présence du vieux Johnny, le réceptionniste de l'hôtel, qui se tenait sans

bouger dans un coin de la pièce, les yeux écarquillés.
« Oh, dit Bailey, 'jour Johnny.

— C'est une violation de mes droits, reprit Stockton

— Ah, Jerry, écrase.

— Tu violes mes droits. La liberté de la presse, ça existe. »

Bailey rabattit son chapeau sur ses yeux comme pour faire face au flot verbal de Stockton. Levant les yeux au ciel, il se tourna vers la sortie. Stockton était en train d'expliquer : « C'est comme ça dans la presse. Un petit canard comme le mien trouve un scoop, l'affaire fait du bruit et fait tache d'huile. Un gros journal en entend parler et il envoie alors un reporter de l'Est chez nous couvrir l'événement. »

Au moment où Bailey allait passer la porte, Stockton fit une pause dans sa tirade.

« C'est ça, en profita Bailey pour placer rapidement un mot, continue à foutre la trouille aux enfants et aux vieilles dames. » Il regardait son interlocuteur droit dans les yeux en serrant les dents. « Et si ça tourne mal, tu ne pourras pas dire que tu n'y étais pour rien. » Il tira encore une fois violemment sur son chapeau et ferma sèchement la porte derrière lui. Il dut se retenir pour ne pas la claquer et ne pas se mettre à gueuler une fois sorti dans la rue. Il s'aperçut qu'il avait les poings serrés, prêts à frapper. Stockton et lui avaient beau être amis, Stockton était un type de la ville. Il lui arrivait parfois de se laisser influencer par ses origines et de s'écouter parler. Deux fois par semaine environ, leurs rencontres se terminaient sur ce ton. Bailey pouvait encore entendre Stockton gaspiller sa salive derrière la porte fermée de son bureau. Le vieux Johnny, toujours dans son coin, n'en perdait pas une. Bailey rabattit encore davantage son chapeau sur ses yeux pour se protéger du soleil. Il traversa la rue et se dirigea vers le café Top.

Bailey une fois parti, le vieil homme, qui avait assisté à

l'altercation sans broncher, se tourna vers Stockton et lui adressa un sourire complice. « Tu crois que le *New York Times* va envoyer quelqu'un dans le patelin ? » demanda-t-il avec un sourire édenté.

Il était dix heures. La moitié de la ville était au café en train de jouer le café matinal aux dés. Bailey fut hélé par les clients de la table principale, le banquier, l'épicier et trois fermiers qui étaient justement en train de secouer le cornet de cuir qui servait à jouer les consommations. On donna le cornet à Bailey qui fit rouler les dés en s'asseyant. Paire de deux. Il ramassa les trois autres dés et les lança encore une fois. Pas de quatre. Il essaya encore. Toujours pas de quatre.

Ce jour-là, Harmon Knutson n'avait pas lu le journal. Lorsqu'on l'avait livré, il se trouvait à sept ou huit kilomètres de chez lui, à environ un kilomètre au nord de l'endroit où des moutons avaient été trouvés morts deux semaines auparavant. Sa camionnette cahotait lentement sur le sol accidenté de la prairie et s'enfonçait légèrement aux endroits où le soleil n'était pas encore venu à bout de l'humidité du printemps. Depuis que l'on trouvait des moutons tués, il faisait tous les matins et presque chaque soir une tournée d'inspection sur les replis de terrain et dans les ravines pour déchiffrer les signes laissés durant la journée. Tout se brouillait. Harmon ne savait pas s'y prendre pour comprendre le langage de la prairie. Le savoir l'irritait. C'était comme lire un livre tombé dans une flaque d'eau. Le texte intégral était bien là, mais brouillé. Faute d'avoir su l'interpréter correctement, il avait piégé deux blaireaux les deux premiers jours. Il avait tout repris depuis le début, était revenu sur ses pas, avait essayé de se mettre à la place du tueur et avait tout recommencé à zéro. Le soir précédent, sc sentant sûr de lui, il avait posé un piège au fond d'un ravin exactement comme il avait vu le chasseur du gouvernement le faire. Il avait enfilé des gants, étendu une bâche par terre, creusé le sol avec un outil de jardin, disposé soigneusement le piège passé à la fumée et à la cire et l'avait ensuite saupoudré de terre meuble. Puis, il avait transporté l'excédent de terre dans la bâche et l'avait répandu à plus d'un kilomètre de là. Le lendemain, les signes avaient été éloquents : d'abord des traces de coyote dans le ravin et tout autour du piège ; puis, très nettes, les mêmes traces vers le haut du ravin ; enfin, en plein milieu de la plaque du ressort du piège, l'empreinte de l'animal.

Il avait tendu quatre autres pièges, disposés le long d'un repli de terrain. Sentant qu'il tenait cette fois le bon bout, il réprima son envie d'accélérer : il fallait négocier les bosses en douceur. La prairie ne permet pas de rouler vite. Les vibrations qu'elle fait subir à un véhicule qui ne roule pas à petite vitesse en font vite un amas de pièces détachées. Il brûlait d'impatience. Un des pièges avait sûrement donné quelque chose. Il les avait installés à proximité d'une piste de chasse très fréquentée et appâtés avec des poulets fraîchement tués. Se mettant à la place des prédateurs, Harmon se voyait sans mal tomber dans le piège.

Il dut laisser sa camionnette au bas du repli de terrain mais, avant de s'engager à pied sur la pente, il prit son fusil suspendu à la lunette arrière. Le premier piège se trouvait à l'entrée d'une ravine déjà asséchée dont la boue s'était transformée en fine poussière. Le piège était recouvert de sable et le poulet était, lui, à demi enfoui entre le piège et le talus friable de la ravine. Se tenant à une dizaine de mètres, Harmon l'examina attentivement. Il ne put déceler la moindre trace, rien ne semblait avoir bougé. Les pièges suivants avaient été disposés sous des broussailles aux branches desquelles les appâts étaient suspendus. Là aussi, chaque chose paraissait à sa place. Le sable fin qui recouvrait les pièges était exactement tel qu'il l'avait laissé la veille. Il était rigoureusement impossible de distinguer ce sable du sol qui l'entourait à cent mètres à la ronde. Les pièges étaient bien montés et, placés là où il fallait, ils devaient normalement fonctionner.

Le dernier piège, semblable au premier, avait été disposé dans une ravine et muni d'un appât partiellement masqué. Depuis le début, Harmon avait senti que celui-là donnerait quelque chose. Il était quelque peu superstitieux lorsqu'il s'agissait de choses de cet ordre et, pour cette raison, il avait placé ce piège de façon à le vérifier en dernier. En s'approchant, il perçut une étrange odeur portée par la brise qui soufflait de la ravine, une odeur qu'il n'arrivait pas à identifier. Il se sentait tout drôle. S'il avait eu l'odorat aussi sensible que celui de l'animal qu'il pourchassait, il aurait su que l'odeur qu'il sentait suintait des pores de sa propre peau.

La terre autour de l'endroit où il avait enfoui le piège n'était plus lisse et le poulet avait été partiellement déterré. Sans trop s'approcher, il put constater que la chaîne qui rattachait le piège à un piquet planté dans le sol était à nu. Il suivit des yeux la chaîne d'un mètre de longueur qui allait se perdre à la droite du piège dans des buissons de sauge. Après avoir vérifié si son fusil était chargé, il le coinça sous son aisselle, puis se dirigea vers l'endroit où l'animal se cachait dans les broussailles. Il devait être encore vivant et se cacher dans l'espoir de passer inaperçu, prêt à se battre s'il était découvert. Harmon marcha droit sur lui, s'engageant sans hésiter dans l'entrée de la ravine en direction de l'endroit où l'animal devait être tapi. Il était à deux mètres de sa proie quand, tout à coup, le massif de sauge explosa. Harmon bondit en arrière tout en épaulant. La chaîne se tendit et Harmon, enveloppé de l'odeur, plus forte que jamais, de sa propre sueur, fit face à un renard rouge de taille moyenne dont la gueule s'ouvrait dans un grognement féroce. La bête tirait sur la chaîne pour tenter de l'atteindre.

Harmon ne fit pas feu. Il demeura immobile, subjugué par la sauvagerie dont pouvait faire preuve un animal habituellement timide lorsqu'il se sentait menacé. Il avait les yeux fous et ses dents blanches effilées comme des aiguilles laissaient passer des grognements noyés par la salive. Il tirait sur la chaîne, la faisant claquer à intervalles réguliers. Ce n'était pas un coyote et encore moins un loup. Ce n'était pas le tueur des moutons de son père. Il s'agissait d'un animal sauvage de la taille d'un gros chat. Debout au-dessus de l'animal dont il entendait et humait la fureur, Harmon Knutson se sentit submergé par la terreur.

Quelqu'un placé au sommet de la ravine, à l'endroit où les blés montaient si haut, aurait pu voir le garçon s'éloigner à reculons du renard. Leurs odeurs se mêlèrent. A l'odeur de la bête blessée étaient venues s'ajouter l'odeur de la peur et celle de l'homme. Pour l'animal, l'odeur d'un repas facile venait de céder la place à une autre, épaisse et dangereuse, portée par l'air léger qui soufflait de la ravine. Le garçon épaula à nouveau et mit le renard en joue. Dans les blés qui bordaient la ravine, la brise lourde et humide s'était apaisée. L'instant sembla durer une éternité. Aussitôt après, dans le silence qui suivit le coup de feu et la mort de l'animal, Harmon eut l'impression d'entendre un bruit derrière lui. Il tourna la tête : ce pouvait aussi bien être le vol d'un oiseau dans son dos, un coup de vent ou un gros mammifère s'enfuyant dans les hautes herbes qui recouvraient le sommet de la ravine.

Rapid City est une petite ville en bordure des Collines Noires. L'industrie y est quasiment inexistante. En fait, les deux seules activités sont l'agriculture et le tourisme.

L'industrie agricole repose sur les prairies qui s'étendent au nord, à l'est et au sud de la ville. L'industrie du tourisme, elle, vit des Collines. On y a installé des attractions touristiques : à eux seuls, la vie sauvage, les torrents, les arbres et la beauté virginale du site n'ont jamais suffi à retenir les touristes. Le long des autoroutes qui traversent les Collines, il a donc fallu construire des ranches-hôtels, des réserves d'animaux, des snacks, des musées de voitures de collection, des reproductions de villages indiens et une imitation de mine d'or. On trouve même une réplique intégrale de Bedrock, la ville des frères Flintstone. Les touristes peuvent y garer leur caravane et y camper pour la nuit. Des hommes déguisés en Barney, en Fred et en Dino y amusent les enfants. En haute saison, les voitures roulent littéralement pare-chocs contre pare-chocs sur les autoroutes au cœur des Collines.

Rapid City ravitaille toute cette industrie du tourisme. L'été, la route nationale qui relie la ville à l'est du pays se remplit de cars de touristes et des milliers de semi-remorques sillonnent la route pour les approvisionner et faire marcher le commerce. La grande majorité des touristes qui viennent passer leurs vacances à Rapid City et dans les Collines ne restent pas plus d'une semaine en moyenne. Parmi ceux qui travaillent maintenant dans la ville et dans les environs, plusieurs sont d'origine scandinave. On en rencontre aussi dont la famille est installée depuis toujours dans le pays. Ce sont des gens pour qui les Collines Noires sont le centre du monde, un lieu sacré, et qui sont persuadés que les dégradations dont elles sont actuellement le théâtre ne sont que provisoires. Ils se représentent les Collines comme un endroit idyllique dont la décadence daterait d'une centaine d'années tout au plus. En effet, tout aurait commencé à changer le jour où Custer découvrit de l'or dans les Collines, à peu près à l'époque où fut rompu le traité par lequel les Collines leur étaient concédées à perpétuité.

James Lebeaux était de ceux-là, même si ce n'était pas un violent. Il n'éprouvait pas à l'égard des Blancs cette haine que l'on rencontre parfois chez les Sioux. Il avait de la patience, croyait que le temps finirait par tout réparer et que la violence n'était pas dans l'esprit des Collines. Mais il était aussi pour que l'on agisse sur les événements dans la mesure du possible. Il venait de la réserve de Pine Ridge et roulait sur la nationale 44 en direction de Rapid City. L'affaire qui l'y amenait était l'une de celles dont on devait tirer parti pour créer un rapport de forces : il s'agissait d'occuper par des voies pacifiques un terrain de camping des Collines. L'objectif était de réaffirmer les droits des Sioux sur les Collines et d'insister sur le fait que le traité avait jadis été rompu illégalement. Lebeaux espérait comme toujours que la raison et le sens civique des siens prévaudraient sur la violence, mais il était conscient des risques. De nombreux Sioux, qui étaient plus exaspérés que lui et n'avaient pas sa patience, exigeaient que les Collines leur soient rendues sur-le-champ. Sans compter ceux que seule la violence que ce genre de situations pouvait engendrer attirait. On devait s'attendre à tout.

En longeant l'aéroport, il remarqua un avion à réaction en train d'atterrir. Il y avait une base de l'US Air Force à quelques kilomètres seulement au nord. On prévoyait d'y stationner des bombardiers atomiques dans quelques années. Lebeaux hocha la tête. Des bombardiers atomiques sur la terre sainte des Sioux ? C'était inacceptable, pensa-t-il. Aussitôt, il se rappela qu'il fallait être patient. Que signifiaient cent ans dans l'histoire des Collines ?

Les Collines. Elles s'élevaient droit devant lui, soulignant le ciel de l'ouest de leur ligne noire. Au-dessus de Rapid City, il y avait de la brume à travers laquelle Lebeaux contemplait ses chères collines. Cent ans plus tôt, Rapid City n'existait pas. Le cours d'eau qui a donné son nom à la ville était un lieu de campement très recherché par ses ancêtres. Il y avait maintenant longtemps que le site n'accueillait plus de campements. Lebeaux se demanda ce que ses ancêtres auraient pensé de ce projet de campement dans le parc national. Dirigeant son regard au-delà de la ville, sur la masse des Collines Noires, il essaya d'y situer mentalement le terrain de camping. Mais il avait perdu tous ses repères. Désorienté, il n'arrivait pas à distinguer le sommet d'une colline d'un autre. Il ferait mieux de se concentrer sur sa conduite. Il appuya sur l'accélérateur et, passant devant les boutiques et les stations-service, il fonça sur la nationale 44 en direction de Rapid City et des Collines qui se dressaient derrière la ville.

Le comté de Lindon avait beau posséder un conseil général, Junior Bailey avait l'impression d'être le seul élu du comté à faire quelque chose. Il tenait pour acquis qu'il était le seul à se sentir responsable de tout ce qui passait. Lui excepté, tous les autres n'étaient que des fonctionnaires ou de simples bénévoles prêts à consacrer du temps à la collectivité. Personne d'autre que lui ne savait affronter les événements. On eût dit que son bureau était équipé d'une valve à sens unique : les problèmes pouvaient s'y glisser mais il n'existait aucun moyen de les en faire sortir. Au fond, Junior Bailey s'en fichait, il était disposé à prendre en charge tout ce qui concernait le comté — après tout, c'était son boulot de shérif. Dans le comté de Lindon, on pouvait facilement se passer des autorités de l'Etat et du gouvernement fédéral et si les gros bonnets de la capitale et de Washington se sentaient tenus d'être représentés dans le comté, pourquoi ne payaient-ils pas quelqu'un pour prendre les choses en main sur place ? Or, on ne rencontrait pas un seul représentant de l'Etat ou de Washington à plus de cent kilomètres à la ronde. Pas de procureur, pas de gendarme mobile, pas même un garde-chasse. C'est Bailey qui portait toutes ces casquettes. En plus, il le faisait à titre gratuit.

Il n'en imposait pas par la taille mais si l'on avait demandé au premier poivrot venu de se prononcer sur la question, il aurait répondu que Bailey faisait au moins deux mètres et qu'il pesait dans les cent vingt kilos alors qu'en réalité il ne mesurait pas plus d'un mètre soixante-quinze et ne pesait que quatre-vingt-dix kilos. Cela venait de ce qu'il paraissait, parfois, plus imposant — lorsque, par exemple, debout à la porte du bar de l'Oasis, il appelait quelqu'un par son nom ou lorsqu'il vous prenait par le bras pour vous faire descendre la rue. Il avait peut-être une légère tendance à l'embonpoint mais personne n'aurait songé un instant à le mettre en rogne et à se le mettre aux trousses, même pour rire. On savait que si Bailey partait à la poursuite de quelqu'un, celui-ci n'allait pas loin et qu'il rattrapait toujours son homme, même s'il lui fallait pour cela l'abattre. Il avait une voix qui aurait cloué un voleur de banque sur place, une voix qui en imposait. Elle avait quelque chose de pénétrant qui vous donnait la chair de poule. Ce n'était pas tant son diapason que son timbre qui impressionnait. Il vous transperçait. Il prenait naissance au fond de sa large cage thoracique et, montant le long de son cou puissant et de ses mâchoires solides, il se transformait en ondes de choc. Bailey pouvait le moduler selon son humeur. Lorsque, au téléphone par exemple, quelque chose le mettait en colère, il le montrait par un simple chuchotement. C'était d'ailleurs exactement ce qu'il avait fait lorsque les Eaux et Forêts l'avaient appelé pour lui demander de faciliter le séjour de Bill Egan. Junior Bailey ne pouvait en aucune manière faciliter le séjour dans son comté d'un trappeur envoyé par le gouvernement fédéral et il ne s'était pas gêné pour le faire savoir, tout en ajoutant qu'il lui réserverait quand même une chambre. Ayant noté l'intonation particulière que Bailey avait prise pour faire cette dernière déclaration, la voix à l'autre bout de la ligne lui avait exprimé sa reconnaissance de bien vouloir s'occuper de la réservation.

Les vieux du pays racontaient que l'Oasis avait jadis été un hôtel chic. Ils ajoutaient qu'on y descendait nombreux à l'époque où le chemin de fer passait encore à Rapid City. Il affichait toujours complet et les thermes y étaient très fréquentés. Mais, à cette époque, la ville était plus importante. Désormais, il n'y avait jamais plus d'un ou deux clients à la fois à l'Oasis et les thermes, laissés à l'abandon, ne servaient qu'à de rares occasions. Seuls le bar et l'hôtel étaient encore en activité. Le hall était poussiéreux et les portraits accrochés aux murs avaient tellement pâli que personne ne savait plus qui ils représentaient. Il faisait sombre dans le hall où les trois vieux qui résidaient à l'hôtel en permanence regardaient la télévision, assis dans la pénombre dans des fauteuils moisis. En ville, on ne louait plus de chambres que là.

Bailey appuya sur la sonnette de la réception. Johnny finit par surgir de derrière un rideau qui cachait une minuscule cuisine où il était en train de prendre son dîner. Il fit un signe de la tête en direction du shérif. « Shérif, dit-il.

— Salut, Johnny, dit Bailey. Je voudrais réserver une chambre pour quelques jours à partir de demain.

— Votre femme vous a mis à la porte ? » Les yeux du vieil homme pétillèrent et son visage se fendit d'un large sourire édenté.

« Non, Johnny, ce n'est pas pour moi. C'est pour un type qui travaille pour les Eaux et Forêts, répondit Bailey.

— Tiens, il vient poser des pièges, c'est ça ?

— C'est à peu près ça, Johnny.

— Jamais il le capturera », dit le vieil homme.

Bailey ne voulait pas s'engager sur ce terrain. Il émit un grognement qui pouvait signifier qu'il était d'accord avec Johnny.

« A quel nom ? » demanda Johnny.

Bailey fouilla dans sa poche et en sortit le papier sur lequel il avait noté le nom. « Egan », répondit-il.

Le vieil homme leva les yeux du registre sur lequel il était penché.

« Bill Egan ? » demanda-t-il. Bailey vérifia sur son papier.

« Oui, dit-il. Qui est ce Bill Egan ?

— Bill Egan est toujours dans le coup ? répondit Johnny. Dans ce cas, je retire ce que j'ai dit.

— Comment ?

— Egan est tout à fait capable de capturer cette saleté de bestiole.

— Qui est Egan ? » demanda encore Bailey. Mais le vieux n'écoutait plus. Il réfléchissait. Bailey se pencha sur le comptoir en cherchant le regard de Johnny. « Qui est Egan ?

— Vous ne savez pas ? répondit Johnny. Bill Egan est le champion des chasseurs de loups. » Le vieil homme fit un signe affirmatif de la tête pour indiquer que la chose était incontestable. « Peut-être le meilleur de tous les temps », ajouta-t-il.

Bailey répondit d'un hochement de tête. Il voulait mettre un terme à cette conversation. Il fit un geste en direction du registre, indiquant à Johnny de faire vite.

Celui-ci murmurait dans sa barbe. « Ce bon vieux chasseur de loups, grognait-il.

— Johnny, dit Bailey, il n'y a pas de loup et tu le sais fort bien. Tous les loups ont été tués. Il y a des années qu'on n'en a pas vu. Alors, tu ne vas pas commencer à exciter les gens avec tes histoires de loups et de chasseurs de loups.

— Vous verrez, shérif. Il se passe des choses dans le coin. Les gens vont arriver de partout. Ici, on va être complet dans une semaine. Vous verrez. Les gens vont venir voir ça de près. Je parie que tout le monde est déjà au courant.

— C'est ça, dit Bailey, c'est ça. » Il jeta un regard derrière Johnny, à travers la baie vitrée. Le ciel s'assombrissait et le vent se levait.

« Et puis, n'oubliez pas, dit Johnny. Bill Egan sera ici demain.

— Merde, Johnny », répondit Bailey.

Johnny découvrit ses gencives dans un sourire. « C'est un vrai chasseur de loups, c'est moi qui vous le dis. Vous, les jeunes, vous n'y connaissez rien », ajouta-t-il en fixant l'endroit où se trouvait le shérif une seconde plus tôt. Mais celui-ci était parti. Il était dans la rue, en train de regarder le ciel zébré d'éclairs au-dessus de la prairie. La pluie n'allait pas tarder à tomber.

Bailey rabattit son chapeau plus bas sur les yeux et enfonça la tête dans les épaules en remontant son col de fourrure. Les lumières de Medecine Springs commençaient à s'allumer une à une. Il aurait dû être chez lui depuis une heure, se disait-il en descendant lentement la rue vers sa voiture. Une camionnette arrivait en sens inverse. Bailey l'avait déjà repérée. Une vieille Chevrolet à l'aile arrière cabossée. Elle transportait trois jeunes Indiens. En passant à sa hauteur, ils jetèrent un regard glacial sur Bailey qui le leur rendit. Il n'avait personnellement rien contre les Indiens mais il n'aimait pas les voir dans Medecine Springs. Ceux-là appartenaient à la nouvelle génération d'Indiens, des Sioux probablement. Des agitateurs politiques, rien d'autre. Pour Bailey, ils étaient jeunes et redoutables. Ils en avaient contre le gouvernement et contre les Blancs en général. Bailey vit leur camionnette prendre la direction de l'Oasis. Ils avaient de bonnes raisons d'être braqués, se dit Bailey. Et pourtant, il les redoutait. Ils revendiquaient la propriété des Collines et ils y avaient établi quelque part un camp, au mépris de la loi, en guise de protestation. Le FBI était sur l'affaire et Bailey avait entendu dire que le mouvement comptait quelques fortes têtes. Mais cela se passait dans les Collines. Il n'y mettait pas les pieds, ayant assez à faire en plaine. Il vit la camionnette disparaître sur le terrain de l'Oasis et, éprouvant une soudaine envie de se retrouver dans sa voiture, il fit le gros dos contre le vent et reprit son chemin.

Une fois installé au volant, il se sentit tout de suite bien. Il mit le contact. D'un geste précis, il retira la cassette Faron Young huit pistes qui se trouvait dans le lecteur installé sous le tableau de bord et la rangea à côté de lui sur le siège dans un coffret en plastique. Après un rapide coup d'œil par-dessus son épaule, Bailey tendit la main vers la boîte à gants. Il en sortit une cassette encore rangée dans son emballage d'origine. On aurait pu penser qu'il s'agissait d'une cassette neuve si l'inscription qui se trouvait dessus n'avait été effacée par des manipulations répétées. Après un dernier regard autour de lui, Bailey sortit la cassette de son emballage. Il la glissa dans le lecteur tout en mettant la voiture en marche. Lorsque le son envahit le véhicule, un sourire béat se répandit sur le visage de Bailey.

C'était son secret. Son seul secret peut-être. Et cela moins parce qu'il avait à rougir de ce point faible que parce qu'il savait combien on serait gêné s'il arrivait qu'on l'apprît. Ses amis et ses voisins n'hésiteraient pas à douter de la virilité de quiconque écouterait ce genre de musique. Les sarcasmes et les sifflets fuseraient parmi les habitués de l'Oasis. Et, tout compte fait, l'image de Bailey en pâtirait. Ce serait déplaisant mais il pourrait à la rigueur faire face à ces taquineries. Par contre, il lui faudrait ensuite expliquer pourquoi il était si attaché à cette cassette et, là, il serait bien embarrassé. En conduisant sa voiture ce soir-là, il se demandait ce qu'il pourrait trouver à dire pour sa défense. Il ne trouvait rien à dire, un point c'est tout. D'autant que Bailey n'était même pas certain de pouvoir prononcer correctement le nom du compositeur. *Chopin.* Apparemment facile à prononcer mais les langues étrangères, ce n'était pas son fort. Il était plus simple pour lui de se contenter d'écouter sa cassette et de n'en souffler mot à personne.

La voiture roulait régulièrement et sans un bruit à quarante-cinq kilomètres-heure. Bailey gardait les yeux mi-clos et balançait imperceptiblement la tête. L'*Opus 25,* pensa-t-il. Mon préféré.

La plus grande partie des Collines Noires est propriété du gouvernement américain. Elles sont sillonnées de routes en asphalte pour les touristes et de chemins forestiers. Au sud, une route pavée, qui commence à la sortie de Medecine Springs, monte en serpentant vers le sommet des Collines. Au bout de dix kilomètres, au milieu des arbres, elle se change en chemin gravillonné à un croisement. Là, elle rencontre une route boueuse qui se dirige vers le sud-ouest. C'est la partie des Collines où la forêt est le plus épaisse. Ce jour-là, cette route boueuse portait des traces de pneus menant à un torrent gelé et à une clairière où six voitures étaient garées. Assis sur les voitures ou debout tout autour de la petite clairière, se trouvaient une douzaine d'hommes et de femmes, des Sioux pour la plupart. Les Collines Noires étaient au cœur de leurs propos mais ils ne les appelaient pas ainsi. Ils les désignaient par leur nom indien, *Paha Sapa,* pour se rappeler à tout moment qu'elles leur appartenaient.

Katie Running était l'une des femmes du groupe. Récemment revenue de Minneapolis, elle échangeait des plaisanteries avec des amis d'enfance de sa réserve. Ayant quitté le Dakota du Sud dix ans auparavant, elle ne s'était guère attendue à retrouver là de vieilles connaissances. En partant, elle avait déclaré que c'était pour toujours. Mais elle n'avait que dix-huit ans à l'époque et la vie dans la réserve lui paraissait insupportable. Elle avait toujours pensé que son charme lui faciliterait la vie. Mais, après dix années passées à Minneapolis, elle avait compris que la vie n'est rose nulle part. La dépression chronique qui avait toujours sévi sur la ville s'était aggravée et, au cours des dernières années, l'idée de revenir au pays avait fait son chemin en elle. Le camp installé dans les Collines Noires lui avait fourni le prétexte idéal. Le camp avait son importance, bien entendu, mais la vérité était qu'elle était sur la mauvaise pente à Minneapolis. Les mœurs y étaient grossières et elle avait commencé à boire pas mal. Elle avait perdu sa place deux ou trois fois et se trouvait sans le sou. Apprenant qu'il y avait de l'action dans les Collines Noires, elle avait fait du stop avec un autre Indien pour venir voir les choses de près.

Katie taquina un des hommes qui essayait laborieusement de dresser une tente à côté des autres. « Tu as vraiment l'intention de dormir là-dessous ?

— Comme tu dis, répondit l'homme en reportant aussitôt son attention sur la tente.

— Vous ne tiendrez pas plus de trois jours, dit-elle. Tu sais, vous n'êtes pas des Sitting Bull. »

L'homme ne la regarda pas et elle se rendit compte qu'elle l'avait blessé. Elle allait ajouter quelque chose quand elle fut interrompue par le bruit d'une voiture sur la route. Ils lâchèrent tous ce qu'ils étaient en train de faire. Ils avaient un peu peur de la police. Mais ce n'était qu'une vieille Chevrolet Impala blanche au pare-chocs avant défoncé. Un des hommes courut à sa rencontre, ses tresses flottant au vent. « James », s'écria-t-il.

La voiture s'arrêta et James Lebeaux en sortit. Katie fut stupéfaite. Une autre tête familière. Beaucoup de temps avait passé mais Katie se rappelait que James avait été un ami de sa famille. Elle les avait entendus, son père et lui, discuter tard dans la nuit à la table de la cuisine dans la vieille maison de la réserve. Son père était mort mais James Lebeaux, lui, bien que vieilli, paraissait en pleine forme. Il serra plusieurs des jeunes gens dans ses bras et partit d'un grand éclat de rire, la tête penchée en arrière.

C'est alors qu'il remarqua Katie. En le voyant venir vers elle, elle se sentit gênée. Il lui faisait penser à son père et s'il avait su quelle sorte de vie elle avait connue depuis leur dernière rencontre, elle aurait eu droit à un sermon du genre de celui que son père lui aurait servi. Mais James Lebeaux eut un large sourire.

« La petite Kitie Running, dit-il. Tu as bien grandi. »

Katie ne trouva rien d'autre à dire que « Bonjour ». Il était étrange qu'il l'intimide, elle qui pourtant n'avait pas froid aux yeux.

« Je ne m'attendais pas à te trouver ici, dit-il. Tu es de retour pour de bon ? »

Katie secoua la tête. « Non, le camping ne me dit rien. » Elle réalisa avec surprise qu'elle avait voulu dire qu'elle ne se sentirait pas à l'aise sans une maison. Peut-être lui fallait-il aussi une ville, des lumières brillantes. Pourquoi pas un bar !

« On ne va pas camper longtemps », dit Lebeaux. Il regarda les autres à la ronde. « Nous sommes ici pour de bon. »

Tout le monde acquiesça et on recommença à se taquiner. Katie éprouva soudain le besoin de partir. De trouver un endroit décent pour vivre, un gagne-pain quelconque. Ce campement la rendait nerveuse. Elle avait l'impression que l'on attendait quelque chose d'elle.

La traversée du Nebraska et de l'angle est du Dakota du Sud avait revêtu une signification quelque peu différente pour McVay. Il n'avait jamais vu la prairie auparavant. Il s'efforçait de faire abstraction de l'effet qu'elle produisait sur lui, allant même jusqu'à rire de sa nervosité en se disant que c'était après tout le cœur de l'Amérique. Mais il se sentait vulnérable. Il roula pendant des heures sans voir d'autres arbres que ceux disséminés le long des lits des torrents qui s'enfonçaient dans un océan d'herbe.

Il avait très peu d'indices auxquels se fier : seulement un nom, celui de P. J. Billion. Le fait que Billion cultive et fasse le trafic de la marijuana n'était pas de nature à arranger les choses. McVay ne savait pas très bien dans quoi il allait mettre les pieds mais il avait la conviction que les habitants de Medecine Springs n'étaient pas au courant des activités de Billion. En approchant de la ville et des Collines Noires, il se dit qu'il lui faudrait trouver un prétexte pour justifier sa présence là-bas. A en juger par la carte, Medecine Springs était un trou où il était sûr de ne pas passer inaperçu. Il voulait trouver Billion avant que celui-ci sache qu'il y avait un étranger dans la ville. McVay était tendu et il comprit que cela venait de ce qu'il se trouvait en terrain étranger. Ni la terre ni les gens ne lui étaient familiers, ce qui signifiait qu'il ne pourrait pas faire de plan à l'avance et qu'il lui faudrait improviser.

Les Collines Noires se profilèrent au loin à la fin de l'après-midi. Elles étaient encore à quatre-vingts kilomètres et pourtant, fidèles à leur nom, elles dressaient leur masse noire sur l'horizon du nord-ouest. Ce n'est que lorsque la route commença à les longer que McVay réalisa que leur couleur venait des grands pins sombres qui les recouvraient. Il roulait maintenant le long de leur flanc est. Il restait encore quelques heures de lumière dans le ciel et McVay étudia la carte. Il y avait une route pour Medecine Springs qui traversait les Collines. Passer par-là ne le rallongerait guère, et, à moins que les routes soient plus mauvaises que celle sur laquelle il se trouvait, il ne mettrait pas plus de temps. McVay obliqua vers l'ouest avant d'arriver à Rapid City et pénétra dans les Collines.

La route grimpa, commença à zigzaguer et McVay

s'aperçut qu'il avait fait une erreur. Il lui serait impossible de rouler à une bonne moyenne sur des routes comme celle-là. Mais il s'était désormais engagé trop loin et il continua, calé au fond de son siège et plongé dans ses pensées. Il songeait à son enfance dans l'Ohio : comme cet Etat était différent de celui-ci. Il se rappela la high school et son unique année de collège. Il essaya de se remémorer les quatre années qui avaient suivi son renvoi de l'école. Mais il avait du mal à fixer son esprit sur le moindre événement concret de ces années-là. Il revit mentalement le camp d'entraînement comme s'il s'agissait d'un rêve. Comme tant de choses de cette époque, rien ne semblait avoir de réalité. Sa mémoire travaillait en couleurs. Le jaune pour ce qu'il avait éprouvé pendant la nuit, le rouge pour la douleur à la tête et la honte, le vert pour la maladie et le désarroi psychologique qu'il avait éprouvé. Puis venait la fierté, mais incolore. De cette dernière, il gardait une mémoire nette. « Si vous devez le faire, autant le faire bien », lui avait dit quelqu'un, il ne se rappelait pas qui. La route faisait des zigzags et McVay, qui s'était laissé distraire, s'aperçut qu'il était complètement perdu.

La fierté. Cela voulait dire être fier de soi, être le meilleur. Il s'était trouvé dans des situations où la fierté avait payé. Où du moins elle lui avait valu d'avoir la vie sauve. Puis les souvenirs s'évanouirent à nouveau et McVay n'éprouva plus rien d'autre que des impressions de couleurs. La route en lacets continuait de grimper et il constata qu'il se passait quelque chose plus haut, devant lui. Il venait de croiser un nombre toujours plus grand de voitures et il y avait une sorte d'aire de stationnement à sa droite, à moitié remplie de voitures et de camions. Peut-être deux ou trois cents en tout. Il se trouvait dans une file de voitures et, machinalement, sa camionnette les suivit dans le parking.

Des hommes en uniforme se tenaient le long du sentier

fourmillant de badauds. Des drapeaux flottaient au vent. Des drapeaux de tous les pays du monde, pour autant qu'il pouvait en juger. Il commençait à faire nuit et l'ambiance qui régnait dans la foule donna à McVay l'impression que quelque chose était sur le point de se produire. La foule obstruait le sentier et était massée sur une énorme plate-forme d'observation. Sur l'édifice qui courait tout le long de la plate-forme on pouvait lire : ACCUEIL DES VISITEURS.

McVay, légèrement abruti par la route et par l'évocation de ces quatre années, se dit qu'il était temps d'essayer de savoir où il se trouvait. Il allait s'adresser à l'un des hommes en uniforme lorsque, avant même qu'il ait le temps de l'interroger, la nuit s'illumina et un murmure se fit entendre dans la foule. Les haut-parleurs crachèrent les notes d'un chant patriotique que McVay avait déjà entendu mais qu'il fut incapable d'identifier sur le moment. En se retournant, il vit que toute la montagne était maintenant illuminée. Il en resta bouche bée. Il contempla les têtes blanches géantes et fantomatiques sculptées dans la montagne de granit. Il était devant le mont Rushmore. McVay reconnaissait les visages sans pouvoir leur accoler un nom.

A partir du monument, la route descendait en lacets vers Medecine Springs et la chaussée était maintenant en mauvais état, parsemée de fréquents nids-de-poule. McVay put constater que Medecine Springs se trouvait du côté des Collines qui tournait le dos à l'afflux touristique. Le premier signe annonciateur de la ville fut un panneau au bord de la route :

L'OASIS
EAUX THERMALES AUX VERTUS CURATIVES
BAR, CAFÉ, CHAMBRES, BAINS PUBLICS
MEDECINE SPRINGS, 10 KILOMÈTRES

Le panneau n'était pas récent, il était petit et à moitié détaché mais il éveilla la curiosité de McVay. Il se demanda s'il trouverait à se loger à Medecine Springs. La route était mauvaise. Elle commença à descendre en serpentant puis le terrain redevint plat. Juste avant que McVay n'aperçoive les lumières de la ville, le revêtement de la route devint caillouteux, puis laissa place à un médiocre asphalte et McVay remarqua pour la première fois que le sol était mouillé comme si une bonne averse était tombée ce jour-là sur la ville. Celle qu'il suivait maintenant était visiblement la rue principale. Il y avait des lumières, mais sans plus, sans cet accueillant halo de clarté que l'on rencontre habituellement dans les villes. Chaque lumière brillait à l'écart, isolée. Il y en avait six. McVay put les compter. Lorsqu'il vit l'Oasis, un sourire éclaira son visage et il eut un hochement de tête satisfait. Il s'agissait d'un bâtiment de taille assez importante dont le corps principal avait deux étages ; derrière, une autre aile, composée d'un seul niveau, se perdait, longue, sombre et sans fenêtres, quelque part dans la prairie. L'une des six lumières de la ville se trouvait justement être une enseigne : BUDWEISER — nette et simple comme le pays lui-même. Il fit glisser sa camionnette dans l'un des emplacements réservés aux voitures. D'autres camionnettes étaient déjà garées, deux Ford et un GMC, qui toutes avaient des fusils de chasse fixés à leur lunette arrière.

Trois cow-boys et un barman se retournèrent vers McVay lorsqu'il passa la porte. Une tête d'orignal était suspendue au-dessus du bar. Les murs étaient recouverts d'oiseaux et d'animaux empaillés de toutes espèces. Au-dessus des deux portes marquées MECS et NANAS trônaient deux aigles jumeaux empaillés. Le juke-box clignotait faiblement tout en poussant un gémissement inconnu de McVay. Il adressa un sourire accompagné d'un signe de la tête aux cow-boys qui gardaient les yeux braqués sur le nouvel arrivant.

Un jeune homme d'apparence aimable et aux cheveux noirs coupés court se tenait derrière le comptoir. Il s'adressa à McVay en souriant. « Qu'est-ce que je peux vous servir ?

— Une bière fera l'affaire. Ce que vous avez. » McVay se hissa sur un tabouret. Quand on lui apporta sa bière, il s'aperçut qu'il s'agissait d'une marque dont il n'avait jamais entendu parler. Il la versa lentement dans le petit verre que le barman avait glissé dans sa direction.

« Le panneau sur la route dit que vous avez des chambres, dit McVay tout en contemplant la tête incrustée dans le petit verre.

— Oui, répondit le barman, il y a encore des chambres à louer dans le bâtiment principal. Adressez-vous à Johnny. C'est lui qui s'occupe de ça. » Il fit un signe de la tête en direction d'une porte. « Vous le trouverez probablement de ce côté.

— Merci », dit McVay. Il ajouta : « Qu'est-ce que c'est que ces eaux thermales ?

— Vous arrivez vingt ans trop tard. » Le barman eut un sourire. « Les thermes sont toujours là, derrière. » D'un léger mouvement de la tête et de la main droite, il indiqua une direction. « Johnny pourrait vous donner une clé. Mais ils ne sont pas vraiment ouverts.

— Les eaux avaient réellement des vertus curatives ? »

Le barman poussa un petit rire. « Je n'en sais rien. Je suis nouveau dans le coin. Ils sont désaffectés depuis que je suis ici. » McVay trouvait le barman sympathique. Il ne ressemblait pas tout à fait aux autres, assis autour de petites tables avec des chapeaux et des bottes de cow-boy. Le juke-box se remit à jouer tandis que les lumières du flipper scintillaient. McVay commanda une autre bière.

Deux heures plus tard, il pénétrait dans le hall de l'Oasis. La première chose qui le frappa fut la vétusté des lieux. La réception avait gardé des traces de sa splendeur passée mais tout était maintenant à l'abandon. Il y avait des canapés et des fauteuils en cuir, mais éventrés. Les boiseries en chêne faisaient riche mais elles avaient elles aussi subi le poids des ans. Une fine couche de poussière grise recouvrait tout. Elle venait probablement de la prairie qui s'étendait au nord de la ville. McVay essaya de se représenter la ville par grand vent. Il s'approcha du vieux comptoir, appuya sur la sonnette, attendit une minute et sonna de nouveau. Il entendit finalement une voix qui sortait de derrière un rideau. Il appuya une fois encore sur la sonnette et la tête d'un vieil homme surgit dans l'ouverture du rideau.

« Je me disais bien que j'avais entendu la sonnette », dit le vieux en rajustant ses bretelles. « Qu'est-ce que je peux faire pour vous ?

— Je voudrais une chambre.

— C'est vrai ?

— Oui.

— Qu'est-ce qui vous amène dans la ville ? »

La question figea McVay. C'était justement celle qu'il voulait éviter tant qu'il ne serait pas familiarisé avec les lieux. Pendant ce temps, le vieil homme lui tendait une fiche d'enregistrement. Il la prit d'un air naturel mais l'esprit en alerte. « Pour affaires, répondit-il.

— Des affaires, hein ? » Le vieux le regarda droit dans les yeux d'un air entendu puis pointa un doigt dans sa direction. McVay se raidit mais continua de remplir la fiche.

« Eh bien, dit le vieux, je parie que je sais. » McVay ne leva pas les yeux, se contentant de pousser la fiche maintenant remplie vers le vieil homme. Il cherchait une histoire plausible. « Je me trouvais dans le bureau du *Recorder* l'autre jour. Je parie que vous êtes un journaliste de l'Est. » Il fit claquer ses doigts. « Alors, vous êtes venu faire un reportage sur le loup. » Son discernement le fit glousser de plaisir. « Vous êtes du *New York Times ?* » Ses yeux ne lâchaient pas McVay. Il attendait une réponse.

Calmement, McVay lui rendit son regard. « Non, répondit-il. Je travaille pour le *Toledo Blade.*

— Le quoi ?

— Le *Toledo Blade.* » McVay ignorait tout du *New York Times.* S'il devait se trouver dans la peau d'un journaliste, autant que ce soit pour un journal qu'il avait déjà lu. « Sans aucun doute l'un des grands journaux d'Amérique, ajouta-t-il en prenant la clé que lui tendait le vieil homme.

« La chambre trois ? demanda-t-il en jetant un coup d'œil sur la clé.

— Oui, monsieur, la trois. En haut de l'escalier puis à gauche. »

McVay ne put s'empêcher de sourire intérieurement en grimpant le vieil escalier poussiéreux. Il devinait le regard stupéfait du vieil homme dans son dos et imaginait sa joie de voir un journaliste descendu dans son hôtel. En ouvrant la porte de sa chambre, McVay se demanda pourtant s'il pourrait faire illusion longtemps. Il avait un alibi parfait tant qu'on n'y regarderait pas de trop près. Et qu'est-ce que c'était que cette histoire de loup ? Le lien qui reliait cette histoire à l'alibi qu'il venait d'inventer lui vint à l'esprit au moment où il ouvrait la porte de la chambre.

Celle-ci était d'une propreté étonnante. Il y avait un lavabo dans un coin, une chaise en bois à dossier droit et une armoire bon marché en contre-plaqué. Le plafond avait au moins trois mètres de haut et, en son centre, pendait une ampoule au bout d'un fil, protégée par un abat-jour en plastique. L'ensemble n'aurait pas détonné dans un décor de western hollywoodien et, pourtant, il n'était pas sans rappeler les chambres des maisons de passe de Tokyo. McVay se dirigea vers le lavabo ; au-dessus était accroché un écriteau sur lequel il put lire : IL N'Y A PAS D'EAU FROIDE À MEDECINE SPRINGS. Il n'y avait qu'un seul robinet.

McVay se laissa tomber sur le lit. Le matelas était mou mais il arriverait à bien dormir dessus. Il se renversa sur le dos et aussitôt pensa à Jimmy. Il aurait dû rester à Toledo, ne jamais s'embarquer dans cette galère. Il jeta alors un coup d'œil à sa montre — 20 h 15 : 22 h 15 dans l'Ohio — en se demandant ce qu'il faisait dans un patelin pareil. Il se dit qu'il avait complètement perdu la tête.

Sa pensée se porta ensuite sur Billion et il se mit à réfléchir aux moyens de lui mettre la main dessus et à ce qu'il ferait alors. Il peut aussi bien se trouver en ce moment même en bas au bar, se dit-il. Billion était peut-être un client régulier. L'affaire serait alors réglée en deux ou trois jours. Mais cela pouvait prendre davantage de temps. Dans ce cas, il lui faudrait se servir de sa toute nouvelle couverture de journaliste. Il se sentit aussitôt mal à l'aise : comment s'embarquer dans cette histoire sans se rendre ridicule...

Comme si ses réflexions avaient à elles seules suffi à précipiter les événements, on frappa à sa porte. Instinctivement, il sauta sur ses pieds et se dirigea vers la porte avant même qu'on ait fini de frapper. « Mr McVay ? C'est Johnny. Le type de la réception. »

Le vieil homme souriait de toute sa bouche édentée lorsque McVay ouvrit la porte. Il avait les bras pleins de livres et de journaux. Il salua McVay de la tête et celui-ci s'effaça pour le laisser entrer.

« Je sais que votre rédacteur en chef a dû vous faire lire tous les articles parus dans le *Recorder* mais je les ai montés quand même. J'ai aussi apporté quelques vieux bouquins. Vous comprenez, j'ai ce qu'on pourrait appeler une passion pour les vieux loups de la prairie. » Il marqua un temps d'hésitation. « Je suis à peu près certain que c'est à un loup que nous avons affaire. Vous savez, même si ça ne se voit pas, je suis assez vieux pour me rappeler l'époque où ils étaient encore nombreux. » McVay s'avança pour soulager le vieux de la pile de journaux et de livres. « Diable ! Je me rappelle avoir chassé Old Lefty à cheval dans les années 20. » McVay examinait les livres. C'était exactement ce dont il avait besoin. « C'était à l'époque où Bill Egan chassait dans le Montana, avant qu'il parte pour le Sud. »

McVay posa son regard sur Johnny. L'intensité de ses yeux gris le fit se taire. « Merci Johnny , dit McVay. Ça va me faciliter les choses. » Johnny sourit. « Etes-vous un expert en loups ? demanda McVay.

— Eh bien (Johnny détourna les yeux avec un vague sourire), pas tout à fait. »

Il se redressa et tapota la pile de livres que tenait toujours McVay. « Mais j'ai lu tous ces livres.

— Parfait. Alors, si j'ai des questions, je peux m'adresser à vous ?

— Absolument.

— Il se peut même que je vous cite dans mon article à titre d'expert. » McVay paraissait calme mais, dans son for intérieur, il avait du mal à croire que ces propos sortaient de sa propre bouche.

— Formidable ! » s'exclama Johnny. Son sourire se fit encore plus large et, pendant un instant, il resta planté là, gêné. « Bon, vous voulez probablement jeter un œil là-dessus. » McVay acquiesça. « Je vous laisse », dit Johnny en reculant vers la porte. McVay continua d'acquiescer de la tête jusqu'à ce que la porte se soit refermée sur Johnny. Puis il revint vers le lit sur lequel il déposa les livres. En songeant au vieil homme, il hocha la tête et jeta un œil sur la pile de journaux et de livres avant de se diriger vers la fenêtre. Le vent secouait les arbres de l'autre côté de la rue. Il pouvait apercevoir quelques clients dans le café.

Les arbres commençaient tout juste à bourgeonner. A Toledo, ils avaient déjà toutes leurs feuilles. Une femme sortit du café. Elle resta immobile un moment, se laissant caresser le visage par le vent chargé de poussière, puis s'approcha du plus gros des peupliers et alluma une cigarette en se servant du tronc de l'arbre pour se protéger du vent. Ses cheveux étaient très longs et très noirs. Ils flottaient au vent. Avant que McVay ait pu en voir davantage, la femme avait disparu mais il avait pu noter qu'elle était jeune et jolie. Il se dit qu'elle devait être indienne. Il songea un instant à retourner au bar pour échanger quelques mots avec le barman et apprendre éventuellement quelque chose sur Billion mais les livres épars sur le lit retinrent son attention. Il s'assit et en ouvrit un. Il contenait la photo d'un loup. McVay fut impressionné. Il était impossible de déterminer la taille de l'animal à partir de la photo mais son poitrail paraissait beaucoup plus large que ne l'aurait cru McVay chez un loup. Il s'était toujours représenté les loups comme de grands chiens galeux. Cette photo montrait un animal d'apparence amicale à l'épaisse fourrure lustrée et avec, autour du cou, des poils qui lui faisaient comme un collier au-dessus duquel se dressait une tête beaucoup plus intelligente que McVay ne l'avait imaginé. Il s'agissait d'une très vieille photo semblable aux anciens clichés au bromure mais elle était nette. Elle permettait de voir que l'animal avait les yeux clairs. McVay était convaincu qu'il devait s'agir d'un loup apprivoisé et qu'un loup sauvage n'aurait jamais accepté de poser pour le photographe. L'animal avait une patte repliée vers l'intérieur et, en y regardant de plus près, McVay constata qu'il avait une patte tordue à laquelle était suspendu un piège d'acier. La légende disait simplement : « Lobo ».

La curiosité en éveil, McVay tourna les pages du livre à la recherche d'un index. *Lobo* était un terme générique. Il désignait le loup mais, plus spécifiquement, le loup gris que l'on appelait aussi le loup à bisons ou le loup de prairie. A la fin de la notice explicative, il lut : « Race éteinte. » McVay revint lentement vers le début du livre. Le copyright datait de 1944. Il s'étendit sur le lit et reprit sa lecture par le début. Dehors, le vent soufflait sur la prairie.

En arrivant à la fin du premier chapitre, McVay avait appris que le loup lobo s'était nourri presque exclusivement de bisons depuis la nuit des temps, qu'il s'agissait d'un animal de taille imposante et qu'il ne craignait pas l'homme, du moins dans les tout débuts. Il interrompit un instant sa lecture et tendit l'oreille. Il venait d'y avoir une grande rafale de vent et il se sentit vaguement désorienté.

Le long de la Grande Rivière, où les arbres penchaient à quarante-cinq degrés sous les rafales, l'une des génisses de Boyd Knutson s'était réfugiée à l'abri du vent sur la rive sud de la rivière. Elle s'était dirigée instinctivement de ce côté après avoir franchi une clôture dans l'après-midi. Dans cette région, les gorges, sèches la plus grande partie de l'année, se remplissent jusqu'à déborder pendant quelques jours chaque printemps, formant des replis de terrain où, lorsque le vent souffle du bon côté, l'air humide s'engouffre avant d'atteindre le plat pays. Au printemps, le vent souffle en aval du courant. A quelques kilomètres de la rivière, sur les terres à herbages, l'air mouillé est ainsi poussé par le vent, répandant sur la prairie un rideau humide de plusieurs mètres d'épaisseur. Ce soir-là, au moment même où le vent portait l'odeur de la génisse vers les herbages, Tom McVay arrivait à la page où l'on expliquait comment, après la disparition des bisons, les loups s'étaient rabattus sur le bétail domestique qui avait remplacé les bisons dans la prairie.

Les vaches et les génisses de Knutson se trouvaient près des bâtiments du ranch car le moment du vêlage approchait. Les quatre semaines suivantes allaient être dures pour les Knutson. Ils allaient devoir inspecter le troupeau cinq fois par jour. Si les bêtes avaient du mal à mettre bas, les hommes devraient intervenir. Avec de la prudence et un peu de chance, quatre-vingt-dix pour cent des vaches auraient de bons veaux en parfaite santé. Si les choses tournaient mal, ce pourcentage ne serait que de quatre-vingts pour cent. En dessous, ce serait une mauvaise année. On attendait que le vêlage commence. Mais, jusqu'à ce soir-là, rien ne s'était encore produit.

La génisse était la première à avoir senti les contractions et, poussée par une force élémentaire, elle était sortie de l'enclos à la recherche d'un coin solitaire. Elle l'avait trouvé au bord de la rivière. Mais son odeur et celle de son veau qui allait naître s'étaient répandues, synonymes pour certains habitants de la prairie de l'odeur forte et puissante de la vie elle-même.

McVay, pendant ce temps, lisait comment les pionniers mal équipés et, finalement, un service gouvernemental avaient tenté de venir à bout des loups. Arrivé au chapitre intitulé : « L'Institut national de biologie », McVay remarqua un nom qui ne lui était pas étranger, dans la légende d'une photo qui montrait un homme à l'air grave, vêtu de pantalons larges et d'un grand chapeau de cow-boy. Mais, à l'instant même où, dans la prairie, l'odeur proprement magnétique de la génisse dominait toutes les autres odeurs qui traversaient les terres basses, McVay se rappela où il avait entendu le nom en question. C'était Johnny qui l'avait prononcé. « Bill Egan, disait la légende. Le dernier des grands chasseurs de loups. » McVay se renversa en arrière, sourit en émettant un gloussement de plaisir vers le plafond, cela, au moment même où, du sommet de l'un des replis de terrain d'où le vent soufflait vers la rivière au bord de laquelle la génisse était en train de mettre bas, s'élevait un de ces hurlements terrifiants qui, depuis la nuit des temps, ont incité l'homme à se munir d'une arme, à rester tout près du feu et à ne dormir que d'un œil.

Harmon Knutson entendit le hurlement sans pouvoir l'identifier. Il inspectait alors le troupeau pour la dernière fois cette nuit-là et pensa qu'il ne s'agissait peut-être que d'une rafale de pluie. Il n'avait pas remarqué la disparition de la génisse et repartit vers la maison, n'éteignant sa lampe de poche que sur le perron. Il se retourna alors pour contempler la nuit et tendit l'oreille sans capter de bruit insolite.

La génisse se redressa dans les douleurs de la délivrance. Le veau était presque sorti. Ecumante, épuisée, elle gardait pourtant la tête levée vers l'extrémité du ravin qui débouchait en pente douce sur la prairie. La pluie commençait à tomber. Elle se sentait bien ainsi, à l'abri du vent. La douleur s'était tue brusquement. Le veau était né mais la génisse ne se sentait pas rassurée pour autant. Elle se tourna aussitôt vers le nouveau-né pour le lécher. Elle le nettoya, le flairant de la tête aux pieds. Voulant le forcer à marcher, elle tenta de le faire tenir sur ses pattes mais il vacilla et se laissa retomber. Elle abandonna finalement la partie, se contentant de veiller sur son petit qui reposait près d'elle et de scruter l'obscurité alentour.

McVay avait fini la lecture du livre sur le loup lobo. Cela l'avait passionné. Il se tenait maintenant debout à la fenêtre, les yeux fixés sur les peupliers. Il pleuvait. Il se demanda où était passée la femme. N'eussent été les lumières projetées par le café, la rue aurait été entièrement plongée dans l'obscurité. Les nuages chargés de pluie voilaient complètement les étoiles. Le vent hurlait.

La génisse sentit plus qu'elle ne l'entendit un mouvement derrière elle. Elle se retourna trop lentement pour parer le coup. Le veau poussa un mugissement et une odeur de sang arriva aux narines de la génisse. Elle fit face à la direction d'où semblait venir le danger et fit quelques pas en avant tête baissée, les yeux grands ouverts sur l'obscurité. Le mugissement du veau se fit entendre une fois de plus. Pivotant sur elle-même, elle vit que son petit avait été gravement blessé. Elle grogna et beugla, esquissa encore quelques courtes charges dans le noir et finit par demeurer immobile à côté du veau agonisant. Le gémissement de son petit à ses pieds l'affolait sans qu'elle puisse voir d'où venait le danger. Elle restait là, debout et tête baissée, respirant l'odeur de sang qui montait de son nouveau-né. Le vent continuait de souffler, la pluie tombait toujours et un long moment passa sans que rien se produise. Puis la génisse reçut un coup latéral qui la heurta avec la violence d'une automobile et l'envoya rouler sur le sol. Elle gémit et fit un effort pour se relever. Elle éprouva encore une fois une immense douleur lancinante. Quelque chose grondait faiblement près de son oreille. Elle se lança la tête en avant vers la masse qui l'avait heurtée, et se mit à courir, insensible à la douleur. Elle ne s'arrêta qu'à la sortie du ravin où son petit avait trouvé la vie et la mort. Il n'y avait pas d'arbres sous lesquels s'abriter. La pluie qui se mêlait au sang chaud qui coulait de son cou et de sa cuisse lui donnait une sensation d'eau glacée. Ses gémissements se perdaient dans le vent.

Tom McVay, dans sa chambre de l'Oasis, écoutait la tempête, les bras étendus hors des draps bien propres de son lit. Une fois encore, il avait l'impression obsédante d'être dans un état second. La pluie venait fouetter les vitres et des forces puissantes, inconnues, étaient à l'œuvre dehors. La pluie qui tombait dru lui rappela les dix mois qu'il avait passés au Viêt-nam et où il ne s'était pas attendu à ce qu'il pleuve.

Aux yeux de Bill Egan, seuls les petits détails n'étaient plus les mêmes. Les routes nationales étaient maintenant pavées. Il y avait davantage de voitures et de constructions et moins de buissons de sauge. Mais l'essentiel n'avait pas changé. Le pays était toujours aussi accidenté, il y avait toujours des ravines et des replis de terrain qui aspiraient l'air et le brassaient d'un endroit à l'autre. Il enveloppait du regard ce paysage qu'il avait l'impression de n'avoir jamais quitté. La nuit précédente, il avait campé le long de la nationale et s'était réveillé trempé mais, comme la prairie elle-même, il était déjà sec à neuf heures. Tout en conduisant, il surveillait le ciel. Il allait encore pleuvoir.

Egan pensa à toute la pluie et à tous les nuages qu'il avait vus s'accumuler sur la prairie dans sa vie. Puis sa pensée se porta sur sa fille : elle n'avait jamais rien compris à ce genre de chose. Il se dit alors qu'il n'avait jamais réussi à expliquer, aux autres pas davantage qu'à lui-même, la signification profonde de ces paysages pour lui. Il se sentait oppressé. On eût dit que quelque chose lui comprimait la poitrine pour lui signifier de laisser tomber et de rentrer chez lui. Mais Egan n'avait pas de chez-soi. Il n'en avait jamais eu, n'avait jamais possédé le moindre objet de valeur — ou bien cela n'avait pas duré. Rien que des mirages, semblables à ces rêves qu'il faisait et dans lesquels il se voyait marcher vers quelque chose qu'il n'arrivait pas à identifier mais dont il éprouvait le désir et qui, à peine à portée de main, s'évanouissait. La sensation d'étouffement dans sa poitrine l'inquiétait et il pensa à prendre un des cachets que le médecin lui avait donnés. Puis la sensation se déplaça et lui étreignit la gorge. Pour la première fois depuis son départ, il lui vint à l'esprit qu'il s'agissait peut-être réellement d'un loup. Un loup d'une personnalité et d'une intelligence exceptionnelles pouvait fort bien avoir profité d'une lacune du monde civilisé et avoir survécu s'il avait réussi à se tenir suffisamment à l'écart. Egan allait peut-être se trouver face à face avec lui. Il examina encore une fois le paysage qui défilait devant lui. Bien des détails avaient changé. Il se demanda s'il fallait considérer l'existence des loups elle aussi comme un détail.

Medecine Springs n'était pas étrangère à Egan. Il n'y était jamais allé et pourtant la ville lui était familière. Elle comportait une artère principale sur laquelle donnaient de nombreuses rues qui se terminaient en culs-de-sac. Il conduisait lentement, attentif à tout. S'il n'avait pas plu, les rues auraient été poussiéreuses. Au bout de la rue principale, les Collines Noires dressaient leur haute masse sombre dans le lointain. Egan les contempla. Les Collines avaient la réputation d'être magiques, sacrées et néfastes. Egan hocha la tête. Il n'était pas vraiment étonné. Oui, se dit-il, dans un endroit pareil, tout était possible.

Il avait passé l'après-midi précédent avec Mel Simmons qui l'avait mis au courant de la situation. Simmons lui avait parlé de Medecine Springs comme s'il avait oublié qu'Egan avait passé la moitié de sa vie dans des villes comme celle-là. Simmons commençait à épaissir. Il avait presque toujours le sourire aux lèvres. Mais, lorsqu'il en était venu à Medecine Springs et aux tueries dont la région avait été le théâtre, il avait secoué la tête d'un air préoccupé, sans quitter Egan des yeux. Ce dernier avait éprouvé de la gêne à l'idée que l'autre le trouvait vieux. Egan aurait aimé lui dire qu'il se sentait en pleine forme, qu'il était aussi dispos que dans le temps avant d'entreprendre une journée de travail. Mais il n'avait rien dit. Il s'était contenté d'écouter.

« Ecoutez, Bill, avait expliqué Simmons. Il s'agit autant d'action sur l'opinion publique que d'un travail de terrain. Les gens veulent que l'on intervienne à propos de ces tueries et ils ne seront pas satisfaits tant que nous ne leur aurons pas livré un loup. » Simmons avait désigné un fauteuil à Egan et ils s'étaient assis. « Ce qui compte, c'est que les gens du pays se disent que l'on fait le maximum pour leur venir en aide, et c'est d'ailleurs le cas. »

Egan avait acquiescé. Il n'avait jamais éprouvé vraiment de sympathie pour Simmons. Bien des années auparavant, ce n'était qu'un gamin qui travaillait pour l'Institut de biologie, un type sans aucune autorité dont Egan n'avait jamais pensé grand bien. Mais, là, c'était différent, il était assis derrière un bureau, responsable de l'ensemble du parc national.

« Je suis certain que vous pouvez comprendre ce genre de situation, Bill. Tout ce que vous avez à faire c'est d'aller jeter un coup d'œil à leurs bêtes tuées et de dire aux gens qu'il n'y a pas de quoi fouetter un chat. » Simmons s'était penché au-dessus de son bureau vers Egan. « A votre avis, Bill, ce sont des coyotes ? » Il avait formulé la question comme s'il avait déjà son idée, mais Egan avait bien compris que Simmons attendait une réponse impossible. Il voulait l'entendre dire qu'il s'agissait d'un loup.

« Difficile à dire », avait répondu Egan qui se préparait déjà à quitter les lieux, sans plus. Mais Simmons le regardait en attendant la suite. Egan avait ajouté : « Ce sont peut-être des chats sauvages. On vit une époque telle que même les chiens deviennent enragés. »

Le sourire était revenu sur le visage de Simmons. « Bien, vous en aurez le cœur net en allant jeter un œil sur les victimes. »

Egan avait fait un signe de tête. « Oui », avait-il répondu et l'on eût dit que Simmons s'était senti soulagé.

Cette entrevue avec Simmons s'était déroulée comme dans un rêve. Mais maintenant qu'il roulait dans la rue principale de Medecine Springs, elle prenait toute sa signification. Ici habitaient les gens avec lesquels il avait travaillé et vécu la plus grande partie de sa vie. Il avait presque oublié à quel point un étranger pouvait leur paraître insolite. Une vieille dame qui marchait sur le trottoir venait de s'arrêter pile pour le regarder passer. Il put apercevoir un visage à la fenêtre du bar. Une fois de plus, Egan éprouva le sentiment que seuls les détails avaient changé. Il avait l'impression de revivre le passé.

Il s'arrêta le long du trottoir, devant le bureau du shérif. Simmons lui avait dit que le shérif s'était montré coopératif et qu'il devrait commencer par là. En descendant de sa camionnette, Egan mit le pied dans une flaque d'eau laissée par la pluie la nuit précédente.

La porte du shérif était close. Egan regarda sa montre. Neuf heures et demie. Le soleil brillait dans le ciel mais des nuages s'amoncelaient à l'horizon. Egan remonta dans sa camionnette, évitant cette fois la flaque, et prit la direction de l'Oasis.

Un petit homme était posté derrière le comptoir qu'il contourna pour aller à la rencontre d'Egan lorsqu'il le vit. « Vous êtes Bill Egan ? » demanda-t-il.

Egan acquiesça.

« Votre chambre vous attend, Mr Egan. Le shérif l'a réservée pour vous. » Johnny lui prit son sac des mains.

« Où est le shérif ? demanda Egan.

— Dans son bureau, en haut de la rue, répondit Johnny.

— Il n'y est pas. »

Johnny jeta un coup d'œil à l'horloge au-dessus du comptoir et haussa les épaules. « Il a dû se passer quelque chose », expliqua-t-il.

A sept heures, ce matin-là, un individu trapu qui n'avait pas l'air facile se présenta à la porte de McVay. Celui-ci, que le bruit des pas dans l'escalier avait aussitôt alerté, jeta un œil prudent au-dessus de la chaîne qui retenait la porte entrebâillée, gardant à la main son calibre .45 qu'il dissimula au regard de l'homme qui se tenait dans le couloir.

« Vous êtes Tom McVay ? demanda l'étranger.

— Oui.

— Journaliste ?

— Oui. Qui êtes-vous ?

— Le shérif Bailey du comté de Lindon. » Il demeurait sur le qui-vive. « Puis-je entrer ? »

McVay vit que le shérif n'avait pas d'intentions inamicales. « Bien sûr. » Il referma la porte et, après avoir caché le revolver et enfilé son pantalon, il ouvrit au shérif.

Bailey passa devant lui et retira son chapeau. « Je suis venu vous voir pour nous épargner à tous les deux des désagréments, à vous de vous perdre en cherchant où habite Knutson et à moi de devoir aller vous récupérer. Sans parler du fait que je ne veux pas vous voir mettre des idées dans la tête des gens. » McVay fixait le shérif en essayant d'y comprendre quelque chose.

« Ecoutez, McVay, vous m'avez l'air d'un type bien. Mettons tout de suite les choses au point. Vous faites votre travail et je fais le mien. Le mieux serait d'agir de concert. Je ne vois pas ce que les gens de Toledo peuvent trouver d'intéressant à ce qui se passe ici mais je sais que vous, les journalistes, vous êtes parfois bizarres. J'ai déjà eu l'occasion d'avoir affaire à des journalistes et je n'aime pas toujours les merdes qu'ils pondent.

— Vous avez parlé à Johnny ? »

Le shérif fit signe que oui. « Habillez-vous. Vous avez un article à écrire et je vais vous montrer sur place ce qui s'est passé.

— Ce qui s'est passé ?

— L'attaque. Si vous ne traîniez pas si tard au lit, vous seriez déjà au courant.

— Le loup ?

— Pas un loup, McVay. Allez, habillez-vous, je vais vous faire voir. »

McVay finit de s'habiller pendant que le shérif allait et venait dans la chambre. McVay voulait mettre un terme à cette comédie. Les choses pouvaient facilement aller trop loin. Il voulait trouver Billion et ne désirait pas particulièrement que le shérif perce à jour sa véritable identité. Pourtant, il avait toujours présent à l'esprit le livre qu'il avait lu la veille et la curiosité commençait à le tenailler. « Que s'est-il passé, demanda-t-il.

— Des coyotes ont tué un veau », répondit Bailey.

Pas de quoi fouetter un chat, se dit McVay en fermant le dernier bouton de sa chemise. Bailey mit son chapeau et en rabattit le bord sur ses yeux. « Allons-y. »

Il leur fallut quarante minutes pour parvenir au ranch de Knutson. Ils sortirent de la ville par le nord, empruntant une route goudronnée, puis obliquèrent vers l'ouest sur un chemin gravillonné. Ils suivirent ce chemin sur vingt kilomètres et reprirent vers le sud. « A présent, nous sommes sur le ranch de Knutson », annonça Bailey. Ils mirent cependant encore dix minutes avant d'arriver en vue des bâtiments du ranch. Ils se trouvaient derrière un monticule isolé qui se dressait dans la prairie comme un poing levé, les protégeant du vent du nord. Quelques arbres s'élevaient autour de la maison, mais ils étaient petits et noueux. McVay trouva qu'ils ressemblaient à des frênes mais, comme ils étaient nains, il n'aurait pu l'affirmer. La maison était rouge, en bardeaux de bois, tandis que toutes les dépendances étaient en aluminium.

Sortant du bâtiment principal, trois hommes apparurent. « Le vieux aux cheveux en broussaille et avec la moustache est Boyd Knutson », expliqua le shérif. Le jeune est son fils, Harmon, et l'autre est Doc Sheen, le vétérinaire de Bell. » McVay fit signe qu'il avait compris. Ils se garèrent dans la cour à côté des camionnettes.

« Bonjour, Junior, dit Boyd Knutson.

— Bonjour, Boyd », répondit le shérif. Il ajouta : « Doc, Harmon. » McVay fit un pas en avant, mais on ne le présenta pas.

« Ça a recommencé la nuit dernière, dit Knutson. Bon sang ! Junior, si nous perdons du bétail, ça va mal se passer.

— Qu'est-ce qui est arrivé, Boyd ? » demanda Bailey.

Knutson lui fit signe de le suivre et les cinq hommes

s'engagèrent dans le bâtiment. L'intérieur était sombre, éclairé seulement au niveau du toit par quatre morceaux de plastique vert transparent. Knutson indiqua une stalle de bois. « Je ne sais pas ce que c'était, dit-il, mais il ne l'a pas ratée. » Bailey jeta un regard dans la stalle, puis se retourna vers Knutson. « Doc dit qu'elle a dû mettre bas à peu près au même moment. »

McVay se pencha au-dessus de la stalle et regarda à son tour. Ses yeux commençaient à se faire à la pénombre. « Pas de traces du veau ? » demanda Bailey. Knutson fit non de la tête. McVay pouvait apercevoir la génisse dans la stalle. Elle tournait en rond, très nerveuse. « Où est-ce arrivé ? » demanda le shérif. McVay écoutait les hommes tout en continuant d'observer la génisse. Il ne remarquait rien d'anormal.

« Je ne sais pas exactement, dit Harmon. Je l'ai trouvée à l'extérieur de l'enclos ce matin, c'est tout. » Juste à ce moment, la génisse présenta son autre flanc à McVay. Il put alors voir nettement qu'on lui avait recousu un grand morceau de peau à la hauteur du cou. Elle avait le flanc recouvert de traînées de sang et du liquide coulait de la cavité de son œil arraché. « J'ai suivi sa piste, dit Harmon, mais j'ai perdu sa trace à cause de la pluie. » Le regard de McVay se porta sur le garçon puis revint à la génisse. Mais elle s'était de nouveau retournée et paraissait tout à fait normale.

« Mon Dieu, dit Bailey, je ne sais vraiment pas quoi vous dire.

— Quand ce trappeur est-il censé arriver ? demanda Harmon.

— D'un moment à l'autre, répondit Bailey.

— Eh bien, envoie-le ici dès que tu pourras », dit Boyd. Le shérif opina de la tête. « Et puis, arrange-toi pour faire un rapport, Junior. Je vais essayer de faire jouer la clause de mon assurance sur les dégâts commis par des prédateurs.

— Merde », fit Junior. Et ils sortirent dans le soleil. McVay avait jeté un dernier regard à la génisse dans la stalle. Elle s'était calmée et regardait les hommes, un œil intact et l'autre, le gauche, réduit à un trou de chair vive.

Quand McVay entra dans le bar de l'Oasis, le barman le salua de la main.

« Comment va ? »

McVay fit signe que tout allait bien, ajoutant : « Drôle de bled. Je vais prendre une bière comme celle que j'ai bue hier soir. » Il recula pour saisir son portefeuille dans sa poche arrière. En se tournant légèrement pour faire ce geste, il constata que des nuages s'accumulaient de nouveau à l'ouest.

« Il pleut toutes les nuits à cette période de l'année dans le pays ?

— Je crois que oui. C'est le premier printemps que je passe ici mais l'automne dernier nous avons connu une sacrée sécheresse. » Le barman leva les yeux au ciel. « Il a fait si sec, la poussière était si épaisse que l'on pouvait à peine respirer. »

McVay jeta un autre regard par la fenêtre. On apercevait les Collines Noires dans le lointain. Elles retinrent son attention. Leur masse anormalement obscure, qui se dessinait au-dessus de la prairie et de la ville, avait quelque chose d'inquiétant. La voix du barman le tira de sa rêverie.

« Johnny m'a dit que vous étiez journaliste. »

McVay fit un geste de la tête. « Exact. Tom McVay de Toledo, dans l'Ohio. » Il tendit la main.

« Traverse Best. Maintenant, je peux dire que je suis d'ici. »

Ils se donnèrent une longue poignée de main dans un geste d'évaluation mutuelle, enregistrant les informations ainsi recueillies dans un recoin silencieux de leur esprit.

« Johnny met son nez partout, non ? demanda McVay.
— Oui, il est bavard mais inoffensif. »

McVay avait l'impression que cet homme devait connaître Billion et qu'il pourrait en tirer quelque chose. Mais, avant qu'il ait eu le temps de l'interroger, la porte s'ouvrit et Jerry Stockton pénétra dans le bar. Il alla droit vers McVay en tendant la main. McVay répondit à sa poignée de main par sa pression habituelle à laquelle l'autre réagit faiblement, lui transmettant une information qui se perdit en lui.

« Jerry Stockton, *Medecine Springs Recorder.* »

— Tom McVay.

— *Toledo Blade,* c'est ça ? »

McVay jeta un regard à Traverse Best.

« Johnny a encore frappé, dit Best.

— J'ai appris que vous alliez faire un reportage. »

McVay fit signe que oui. Il se sentait coincé et voulait gagner du temps.

« J'ai fait pas mal de recherches et j'ai évidemment écrit plusieurs articles dans le *Recorder.* Je pourrais éventuellement vous filer un bon tuyau. » Il se tut, s'attendant visiblement à une réponse.

« Oui, dit McVay, j'avais justement l'intention de passer vous voir aujourd'hui mais le shérif m'a emmené voir une vache qui avait été attaquée.

— Une génisse, corrigea Stockton.

— C'est ça, une génisse.

— Chez Knutson ?

— Oui.

— J'en ai entendu parler et j'en ai pris note. Comme le shérif et moi ne sommes pas toujours d'accord, je n'ai pas droit à un traitement de faveur. Mais je suis au courant de tout ce dont vous aurez besoin pour écrire votre reportage. Vous n'avez qu'à me demander. Je n'ai rien à cacher. Je suis convaincu que cette affaire mérite une couverture nationale. »

McVay sentit dans le regard de Traverse Best qu'il attendait de le voir poser une ou deux questions à Stockton.

« Demandez-moi ce que vous voulez, dit ce dernier.

— D'accord. Alors pourquoi ne pas commencer par ce que vous savez au sujet de ce loup.

— Oh, vous avez dû en parler avec le shérif. Il n'y a pas de loup.

— Dans ce cas, qu'est-ce que vous savez à propos de l'auteur des tueries de bétail dans les environs ? demanda McVay.

— Pour l'instant, je sais ce qu'il a tué jusqu'ici. » Stockton porta la main à sa poche intérieure et en sortit une copie de l'article qu'il avait écrit. Il la tendit à McVay. C'était l'article que Johnny lui avait remis la veille. « Je sais aussi comment il tue et je sais qu'il est drôlement futé. » McVay opina de la tête.

« Vingt et une têtes, selon mes calculs. Ce chiffre peut naturellement avoir été grossi par des morts naturelles. » Stockton entreprit alors d'exposer ce que ça allait être quand le bétail tout entier y passerait. Tout ce qu'il disait avait une résonance familière. « Il finira par faire une erreur, ajouta Stockton ; quelqu'un va le capturer et on pourra alors l'exposer ici dans la rue pour que tout le monde le voie.

— Dans la rue ? demanda McVay.

— On pend toujours les mauvais sujets et on les expose dans la rue », répondit Stockton comme s'il s'agissait d'une chose évidente.

McVay se sentit intéressé. « Pourquoi ? »

Stockton jeta un coup d'œil à Best et haussa les épaules. « La tradition, j'imagine. C'est ce qu'on a toujours fait.

— Vous avez déjà vu un loup pendu dans la rue ?

— En fait, non. Il y a longtemps qu'il n'y en a pas eu dans le coin.

— Oui, dit McVay, environ quarante-cinq ans. »

Stockton sourit. « Vous avez potassé la question à ce que je vois. »

Les deux hommes restèrent à se dévisager jusqu'à ce que Traverse Best vienne leur demander s'ils voulaient boire autre chose.

« Pas pour moi, Traverse, répondit Stockton. Mais laisse-moi en offrir un à Tom. » Il posa un dollar sur le comptoir et se tourna vers McVay. « Passez à mon bureau. Je vous montrerai mes statistiques. »

McVay acquiesça. « Oui, dit-il, ça m'intéresserait. »

Il regarda la porte du bar se refermer derrière Stockton et, lorsqu'il se retourna vers le comptoir, Best était en train de lui servir une autre bière. Best haussa les épaules. « Il vient de Californie », dit-il.

McVay versa un peu de bière dans son verre. « Et toi ? Que penses-tu de toute cette histoire de loup ? »

Best fit un geste d'ignorance. « Je n'en sais rien. Il y en a qui ont eu des bêtes tuées ce printemps. » Il haussa encore les épaules. « Ça peut être bien des choses. »

McVay se demanda ce qu'il voulait dire. « Comme quoi, par exemple ?

— Oh, je ne sais pas. Il se passe des tas de choses louches dans le coin. » Il esquissa un geste en direction des Collines puis se mit à passer avec application un torchon sur le comptoir devant McVay.

« On m'a donné le nom d'un type d'ici, dit McVay. Tu as déjà entendu parler d'un certain Billion ? »

Best s'arrêta un instant de frotter le comptoir. Puis il recommença et souleva le verre de McVay pour essuyer dessous. « Ouais, répondit-il. Il fait partie des types louches que l'on rencontre par ici, dans les Collines. Comment tu as eu son nom ? »

McVay n'hésitait jamais. « Mon rédacteur en chef l'a déniché. Quelqu'un lui a dit que Billion connaissait les Collines et qu'il pourrait m'être utile.

— Pour connaître les Collines, il les connaît, mais je

doute qu'il puisse beaucoup t'aider. Il est plutôt discret », dit Best en s'éloignant vers l'autre extrémité du comptoir pour servir deux clients qui venaient d'arriver.

McVay pivota sur son tabouret pour examiner la salle autour de lui. Tout comme sa chambre à l'étage, elle aurait été parfaite comme décor de western. Même les clients, trois cow-boys qui jouaient au billard et les deux Indiens que Best était en train de servir, avaient l'air de sortir tout droit d'un film. Il se demanda ce que Billion faisait là, pourquoi il ne vivait pas à Dallas ou à Los Angeles. Quelque chose dans l'atmosphère de ce patelin — dans le bar, la ville, les collines et la prairie, dans leur ciel si violemment changeant — le rendait nerveux, quelque chose comme de la peur, mais une peur dans laquelle entraient de la surprise et de l'attente. Il s'était laissé prendre par la tournure récente des événements, il y avait pris plaisir et il était curieux d'en connaître la suite. Il avait affirmé un jour à un ami que rien n'était drôle à moins d'y risquer sa peau. Mais il avait dit cela par boutade, sans le penser sérieusement. Il voulait dire, tout simplement, qu'il y a parfois des situations auxquelles on ne peut se dérober. Des amis qui vous demandent de l'argent, un conseil et, éventuellement, de l'aide. Ainsi, maintenant par exemple, en un certain sens, il aidait son frère. Jimmy n'avait jamais su prendre sa vie en main, il avait toujours fallu l'aider.

McVay éprouva soudain l'envie de rentrer chez lui, de retrouver son travail à l'usine de pneus, l'appartement dans lequel il venait tout juste d'emménager. D'importants soldes de meubles devaient avoir lieu bientôt et il avait projeté de s'acheter un lit neuf et, peut-être, un siège inclinable. Une fois l'endroit agréablement installé, il s'était dit qu'il pourrait commencer à se chercher sérieusement une fille. En un sens, il aspirait à une vie tranquille. Mais il y avait eu cette histoire qui était arrivée à Jimmy. Rien ne prouvait non plus qu'il éprouvât la moindre inclination pour cette vie de pantouflard dans laquelle il lui arrivait de s'imaginer. En tout cas, jusqu'à maintenant, les choses n'avaient pas pris cette orientation. Il n'avait jamais su rester à l'écart de l'action, que ce soit au Viêt-nam, comme videur dans un night-club de Toledo ou en participant à des courses de stock-cars. Un jour, une femme lui avait dit qu'il était égoïste, qu'il ne pensait qu'à lui. Elle avait ajouté qu'il ne connaîtrait jamais la paix et la sérénité tant qu'il verrait les choses de cette façon. Pour McVay, tout cela était vide de sens. La seule chose qu'il savait, c'est qu'il ne supportait plus d'être mêlé à toutes ces histoires. Ainsi, il aurait voulu tirer sur-le-champ un trait sur toute cette affaire mais il savait pertinemment qu'il en serait incapable. Il pivota une fois de plus sur son tabouret en tendant son verre vide.

Best avait discuté avec les cow-boys qui jouaient au billard. Après avoir servi sa bière à McVay, il refusa l'argent que celui-ci lui tendait. « J'espère qu'on découvrira qui a tué ce bétail », dit-il.

McVay hocha la tête d'un air interrogatif.

« On a chez nous un foutu chasseur de loups, le plus vicieux, le plus dur, le plus malin qui soit jamais descendu ici. Il a pris une chambre là-haut. »

McVay savait de toute façon de qui il s'agissait. « Egan ? »

Best fit la grimace. « Comment le sais-tu ? Moi, je n'avais jamais entendu parler de lui. »

Avant que McVay n'ait eu le temps de répondre, la porte s'ouvrit toute grande et, dans un courant d'air, une femme entra avec deux hommes. McVay se dit qu'ils devaient avoir du sang indien. Ils se tenaient enlacés et riaient. McVay se fit aussitôt la réflexion que la femme était belle. Il était presque certain que c'était celle qu'il avait vue de sa fenêtre le soir précédent. Il se tourna vers

Best en espérant que celui-ci n'allait pas l'entreprendre sur Egan.

« Ils s'amusent bien, dit-il. C'est ça la vie nocturne à Medecine Springs ? »

Best hocha la tête tout en saisissant la bouteille d'alcool que buvaient habituellement les trois arrivants. « Il y en a qui regardent la peinture s'écailler, qui comptent les mouches, qui s'ennuient à mourir. Ils ne font évidemment pas preuve de beaucoup d'imagination. » Il sourit. « Moi, j'ai mon petit système.

— C'est-à-dire ?

— Tu oublies, répondit-il, en empoignant les trois verres dans ses grandes mains, que cet endroit a déjà été la Mecque du luxe et de la belle vie. C'est encore vrai si tu en as les clés. »

Il se dirigea alors vers la table où les deux hommes avaient pris place avec la femme. En suivant Best des yeux, McVay la surprit en train de l'observer. Elle reporta son attention sur la table où elle se trouvait mais d'une façon telle que McVay ne put s'empêcher de penser qu'elle avait fait en sorte qu'il capte son regard. Il eut un instant l'idée d'aller lui parler mais changea d'avis. Il se faisait tard et, de plus, il n'était pas exactement en vacances.

McVay sortit du bar. Il voulait respirer un peu d'air frais avant d'aller se coucher. Le vent soufflait par grandes rafales de partout à la fois. Il s'arrêta sur le trottoir devant l'Oasis pour observer un vieux chat gris qui émergeait d'entre deux bâtiments de l'autre côté de la rue. Le chat s'assit et regarda de l'autre côté de la rue un peu comme le faisait McVay. Les premiers signes de vie humaine furent les phares d'une camionnette qui venait à sa gauche. Les phares se rapprochèrent lentement et le véhicule se rangea le long du trottoir avant de s'arrêter. L'arrière de la camionnette était recouvert d'une bâche. McVay remarqua qu'elle portait une plaque de l'Illinois.

Le vieil homme qui en descendit avait l'air las et fragile. McVay le regarda se diriger vers l'arrière de son véhicule et en retirer une vieille sacoche de sous la bâche. Le sac était lourd et l'homme eut du mal à le soulever. McVay sortit de la pénombre de l'immeuble au moment où le vieil homme s'écartait de l'arrière de la camionnette. Comme il trébuchait sous le poids, McVay s'approcha et s'empara de la poignée de la sacoche. Le vieil homme ne la lâcha pas et, un court instant, ils restèrent immobiles à quelques centimètres l'un de l'autre, chacun une main sur la poignée sans se quitter des yeux. McVay, plus grand de plusieurs centimètres, baissa les yeux vers le visage marqué par l'âge, à la fois maladif et hâlé. En quittant l'ombre de l'immeuble pour aider le vieux, il avait obéi à un mouvement de pitié. Mais maintenant qu'il le regardait droit dans les yeux, des yeux bleu pâle, il n'était plus aussi sûr que le vieil homme ait besoin de son aide. Ni reconnaissance ni méfiance ne se lisaient dans son regard. « Merci », dit-il.

McVay relâcha la poignée, toujours sous l'emprise du regard délavé qui finalement se détacha du sien. Il fit de la tête un signe de résignation. Le vieil homme se redressa et se dirigea vers la porte de l'Oasis. Egan avait presque disparu à l'intérieur lorsque McVay réalisa à qui il avait eu affaire. Il regarda Egan passer la porte et, celle-ci refermée, se retrouva de nouveau seul dans la rue balayée par le vent. Il éprouva comme le besoin d'aller le retrouver, de se présenter à lui, de lui poser des questions. Mais il resta là, dans l'obscurité, se demandant si le vieil homme qu'il venait de croiser était bien le héros dont on lui avait parlé. Il tenait à peine debout et McVay se demanda si Egan avait encore toute sa tête. Trouverait-il vraiment la force de chasser une fois encore ? Comment avait-on pu mêler un homme de cet âge à toute cette histoire ?

Lorsque McVay entra à son tour dans l'hôtel, Egan

avait disparu et Johnny ne donnait aucun signe de vie. Fatigué, McVay monta se coucher de bonne heure mais il dormit mal. Il rêva de Saint Louis, de son frère disparu et de trucs impossibles. Dans ses rêves, il y avait des femmes aux cheveux noirs, tantôt en larmes, tantôt souriantes. Il reconnut la fille du bar. Puis les femmes se transformèrent toutes en Vietnamiennes. Elles dardaient sur lui leurs yeux sombres et il tendait la main pour effleurer la peau douce de leur visage. Elles le croisaient, vêtues de jeans moulants, et lui adressaient des sourires par-dessus leur épaule. Puis il se retrouvait dans un hôtel de passe en train de faire l'amour à l'une de ces femmes sur des draps vite changés. Il y avait des cris dehors et une vache borgne buvait de l'eau croupie dans une bassine au coin de la rue.

En bas, dans le bar, Traverse Best se demandait comment un journaliste de Toledo, dans l'Ohio, avait pu se procurer le nom de P. J. Billion. Il avait remarqué le regard que Katie Running avait eu pour l'étranger, un regard pour lequel Billion eût payé cher. Tout à coup, comme si le fait de penser à lui avait suffi à le faire apparaître, P. J. Billion pénétra dans le bar.

Best ne sortit pas de bière du réfrigérateur. Billion avait déjà bu amplement. Il s'assit sur un tabouret et fouilla ses poches à la recherche d'une cigarette. A peine l'avait-il portée à sa bouche qu'elle tomba par terre. Billion émit un sourire qui ressemblait davantage à un rictus et inspecta le plancher. Il ne voyait pas la cigarette que tous les clients du bar pouvaient, eux, voir. Personne ne lui vint en aide. Il en alluma une autre et demanda à Best de lui servir une bière. Puis il se mit à parler du fleuve Mékong.

Billion parlait en balançant la tête. Il avait le regard trouble et l'on aurait dit qu'il voyait réellement ce dont il parlait. « On ne peut pas savoir ce que c'était à moins d'y avoir été. On remontait et on descendait le fleuve trois fois par nuit. » Il regarda à ses pieds et s'arrêta comme s'il avait oublié ce qu'il voulait dire. La plupart des clients du bar avaient déjà entendu cette histoire. Ce qui ne l'empêcha pas de continuer. « On traînait des coffres de munitions, chacun le sien. Remplis de cinquante kilos de C-4 et d'autres explosifs. En putains de barres d'une livre ! Une seule barre, et on était foutu. »

Il laissa encore tomber sa cigarette et s'agenouilla pour la ramasser. Best put observer la largeur de ses épaules et remarqua que ses bras jadis puissants étaient encore solides, vestiges éloquents de l'époque dont parlait Billion.

Billion alluma une autre cigarette. « Vous est-il déjà arrivé..., commença-t-il, cherchant la meilleure façon d'en venir à ce qu'il voulait dire. Vous est-il déjà arrivé de le sentir ? » demanda-t-il. Il s'aperçut que Best ne l'écoutait pas. « Je veux dire comment les os craquent lorsqu'on frappe quelqu'un là où ça fait mal ? » Il dressa son poing puissant, davantage pour le contempler lui-même qu'à l'intention de Best. « Ce qui s'appelle cogner là où ça fait mal », dit-il en se parlant tout bas à lui-même.

Il but une gorgée de bière et Best se dit qu'il devait avoir fini de parler. « J'adore la bagarre, reprit-il. Et je n'ai peur de rien et c'est pour ça que je suis un dur. » Il regarda Best et, pendant un instant, celui-ci crut percevoir une note de défi dans ses propos pâteux. Mais Billion eut un sourire. « *Pow !* » lança-t-il, en se frappant la paume de la main de son poing. « *Pow ! Pow !* C'est toujours celui qui n'a pas peur qui gagne. Pas vrai ? » Best avait déjà entendu ce refrain à l'époque de son service militaire.

« Juste, dit-il.

— Parfait, lança Billion. Tu sais, ajouta-t-il avec le sourire, que les os sont vraiment mous. Il suffit d'un rien. Vraiment, j'adore ça. » Refermant les poings à nouveau, il pencha la tête et frissonna comme si un souvenir agréable l'avait touché. Puis il releva la tête. « Ça, dit-il, et la baise. » Il plaça ses deux mains devant lui comme si elles tenaient des hanches et se balança le bassin d'avant en arrière et de gauche à droite.

Il montra alors du doigt Katie Running qui était toujours assise dans un box avec les deux hommes et qui feignit de ne pas entendre ce que Billion disait. « J'aimerais bien baiser cette squaw », dit-il.

Tous les Indiens présents dans le bar s'étaient tournés dans sa direction. Les Blancs s'agitaient nerveusement sur leur chaise. Mais personne ne souffla mot à l'exception de Katie. Elle se leva et marcha lentement vers la place de Billion. Best le surveillait : il souriait d'un air méprisant mais il y avait une autre expression dans le regard. Lorsque la gifle partit, il crut que Billion allait se mettre à pleurer. « Tu n'es qu'un porc », dit-elle, puis Best s'interposa. Ils parurent tous les deux soulagés de le voir intervenir et les choses en restèrent là.

Lorsque Bailey vit Egan pour la première fois à l'hôtel, il crut s'être trompé. L'homme qu'il avait en face de lui avait l'air de quelqu'un qui n'aurait pas su reconnaître un loup s'il en avait rencontré un dans sa chambre d'hôtel. Il était de carrure étroite, faisait peut-être un mètre soixante-quinze et devait peser environ soixante-quinze kilos. Il avait les yeux bleus, enfoncés. Mais, lorsqu'ils se serrèrent la main, Bailey sentit que celle d'Egan était plutôt large et noueuse, non sans un reste de puissance. Ils se présentèrent l'un à l'autre par leur nom de famille. Puis ils restèrent plantés dans l'embrasure de la porte jusqu'à ce qu'Egan l'invite à entrer.

La chambre était pleine de bagages. Il y avait des pièges étendus sur le lit et une boîte d'huile sur la commode. « On dirait que vous avez tout prévu, dit Bailey.

— Prêt à tout, répondit Egan avec un sourire.

— Voilà, je ne sais pas de quoi il s'agit, dit Bailey. Je

viens tout juste du ranch de Knutson. On lui a tué un veau nouveau-né et déchiqueté une génisse.

— Quand c'est arrivé ?

— La nuit dernière. Mais la pluie a effacé toutes les traces. Le fils de Knutson a essayé de les retrouver. Il n'a rien pu dire. »

Egan alla vers la commode et sortit un carnet du tiroir du haut. Il griffonna quelque chose. « J'irai là-bas demain matin, dit-il. Comment on s'y rend ?

— Ce n'est pas tout à côté, répondit Bailey. Vous avez dîné ?

— Non.

— Je vous ferai un topo devant un sandwich. Je vais même tout vous expliquer puis vous laisser vous débrouiller. Moi, je laisse tomber. »

Egan fit un signe de la tête. « Bien, shérif, dit-il, mais j'aimerais que vous restiez dans les parages.

— Dans les parages ? demanda Bailey.

— Juste au cas où, expliqua Egan.

— Au cas où quoi ? »

Egan recula d'un pas. « Il se pourrait que j'aie besoin d'aide, c'est tout. »

Bailey observa le vieil homme pour essayer de comprendre ce qu'il voulait dire. « Bien sûr, dit-il. Je suis toujours dans le coin. C'est mon boulot.

— Parfait », dit Egan. Ils restèrent tous les deux à se regarder en essayant de lire dans les pensées l'un de l'autre.

« Que diriez-vous d'un sandwich ? demanda Bailey.

— D'accord. Vous connaissez un endroit où l'on peut manger correctement dans cette ville ? Je ne peux plus rien avaler », ajouta Egan.

Bailey sourit. « Au café on vous préparera tout ce que vous voudrez », précisa-t-il. Bailey se sentait intrigué. Egan n'était peut-être plus tout jeune mais Bailey avait l'impression qu'il était capable de manger tout ce qu'on lui servirait.

La grisaille réapparut dans le ciel au moment où le soleil se levait à l'est. On ne pouvait pas dire que le temps était nuageux, ç'aurait été trop simple. La journée serait belle, Egan le sentait dans toutes ses fibres. Cette conviction lui était venue de l'air piquant, juste avant l'apparition du jour. Mais ce matin-là, il n'y avait pas de véritable lever de soleil. Rien de spectaculaire. Le soleil était simplement au rendez-vous, pâle, sorte de trou jaunâtre et brûlé dans le ciel. A l'ouest, des nuages, mais légers, rien de semblable aux lourds nuages orageux qu'Egan avait vus le soir précédent. Il ne pleuvrait que dans l'après-midi. La rosée recouvrait tout d'une pellicule liquide, les herbes, la sauge, les rochers nus et les minuscules cactus. Elle allait vite s'évaporer.

Egan contemplait ce spectacle en conduisant sur la route privée qui menait au ranch de Knutson. Il aurait aimé arrêter la camionnette et se déplacer lentement et silencieusement sur la prairie. Mais il lui fallait parler aux Knutson. Ils pourraient lui faire gagner un temps précieux. Il n'était jamais venu dans cette région auparavant et, même s'il se sentait à l'aise, il savait qu'il était préférable, avant de s'engager dans une affaire d'animaux tués, de recueillir le maximum d'informations.

Il y avait de la lumière dans la maison et, dès qu'il pénétra dans la cour, quelqu'un jeta un coup d'œil à la fenêtre. Avant même qu'il fût descendu de sa camionnette, un garçon se tenait debout sur le perron. Il laissa Egan s'avancer vers la maison sans prononcer un seul mot. Lorsqu'ils furent enfin en face l'un de l'autre, le jeune homme fit un signe de tête en direction d'Egan et attendit.

Egan tendit la main. « Je suis Bill Egan, dit-il. Je

travaille à temps partiel pour les Eaux et Forêts. Je suis venu jeter un œil sur votre bête tuée. »

Harmon Knutson lui serra la main. « Bonjour. Il y a une cafetière sur le feu », dit-il et, s'effaçant devant Egan, il l'invita à pénétrer dans la maison.

Boyd Knutson se leva de table.

« C'est Mr Egan, papa, dit Harmon. Il est trappeur. »

Knutson regarda sa montre. « Dites donc, vous êtes à l'heure », dit-il. Ils se serrèrent la main et s'assirent.

Egan ne se rappelait plus qu'un café comme ça pouvait encore exister : on l'aimait noir et bien tassé. « Alors, dit Boyd, je suppose que le shérif vous a mis au courant. On a perdu sept moutons et puis un veau et on a une génisse plutôt esquintée. » Knutson s'interrompit pour siroter une gorgée de café. « Je ne sais pas ce que c'est mais je commence à en avoir assez. »

Egan hocha la tête en signe d'assentiment. Ces gens lui plaisaient. « J'aimerais voir cette génisse », dit-il.

Knutson acquiesça. « Harmon va vous montrer tout ce que vous voudrez. Tant que vous serez chez nous, il sera à votre disposition. Autant le prendre avec vous. Je n'arriverai pas à le faire travailler tant qu'il y aura quelque chose dans le coin à piéger. » Il se tourna vers son fils en secouant la tête. « Bon Dieu, ajouta-t-il, je vous accompagnerais si je n'étais pas si vieux. » Egan baissa les yeux. Boyd Knutson était son cadet de vingt ans.

La génisse n'apprit pas grand-chose à Egan. En tout cas, ce n'était pas un chat sauvage qui l'avait blessée et il était à peu près certain qu'il n'y avait pas de lions de montagne dans les environs. Un lynx ne se serait pas attaqué à une bête adulte. S'il ne s'agissait pas d'un félin, ce ne pouvait être qu'un carnidé. « Où est-ce arrivé, Harmon ? demanda Egan.

— Je ne sais pas exactement. Les génisses étaient enfermées ici dans l'enclos près de l'étable. Elle a dû s'éloigner pour aller mettre bas ailleurs, je l'ai trouvée le lendemain qui essayait de rentrer dans l'enclos.

— Quelle nuit ?

— La nuit où il a plu. »

Egan hocha la tête en repensant à cette nuit-là. « De quel côté le vent soufflait-il ? » demanda-t-il.

Harmon réfléchit une minute. Il se tourna de manière à faire face à l'enclos et se souvint alors du vent sur son visage au moment où il venait de vérifier le troupeau. « Du sud », répondit-il.

Egan embrassa le ranch du regard. « Comment s'appelle la rivière ? demanda-t-il en indiquant une rangée d'arbres dans le lointain.

— C'est la Grande », répondit Harmon.

Egan lorgna du côté de la rivière en se mordillant les lèvres. « Je crois qu'il faut commencer par là, déclara-t-il.

— Il a drôlement plu. Il ne restera plus une seule trace, hasarda Harmon.

— Allons tout de même y jeter un coup d'œil », dit Egan.

Harmon n'aurait jamais cru qu'il devrait aller jusqu'à la rivière à pied. Il s'attendait à ce que le vieux veuille s'y rendre en 4 × 4, mais pas du tout. Il voulait marcher. Et il marchait très lentement.

Harmon pensa d'abord que c'était à cause de son âge mais, en l'observant bien, il tira la conclusion qu'Egan devait avoir une bonne raison de marcher si peu vite. Comme il ne disait jamais un mot, Harmon garda ses questions pour lui et se contenta de le suivre. Ils se déplaçaient avec précaution dans la prairie, sans bruit. Les yeux bleus d'Egan ne passaient pas d'un obstacle à l'autre, ils balayaient le paysage sans à-coups. Par deux fois, un daim manifesta sa présence et, lorsque Harmon se tourna vers Egan pour le lui signaler, le vieil homme l'avait déjà repéré et regardait droit devant lui. Ils virent des renardeaux s'ébattre à la sortie de leur tanière. Ils continuèrent leurs jeux tandis que les deux hommes s'éloignaient. Ils se comportaient comme si leurs mouvements les rendaient invisibles.

Avant de partir, Egan avait pris sa carabine dans sa camionnette. Harmon, qui n'avait jamais vu une carabine comme celle-là, l'avait remarquée. Dans le pays, personne ne se baladait avec un fusil à lunette. On ne s'en servait que pour abattre les chiens de prairie depuis une camionnette. Mais, pour tirer vraiment, on utilisait des mires. Les lunettes ne convenaient pas pour les tirs rapides. Et pourtant, la carabine de Bill Egan était équipée d'une lunette. L'arme était munie d'un chargeur, avec un croissant de lune incrusté dans la crosse. Harmon demanda à examiner la carabine. Elle était légère et agréable mais, à la vue du calibre, il fut étonné. « C'est un calibre .22 », dit-il.

Egan lui reprit l'arme des mains. « Une .22 automatique, précisa-t-il. Bud Dalrymple l'a faite spécialement pour moi. Un barillet de sept millimètres capable de recevoir de la grenaille de soixante-dix. » Il tendit une de ses cartouches à Harmon. Le barillet était plus gros que celui de son arme à lui, un calibre .30-30, et pourtant ce n'était qu'un calibre .22. « Je préfère un calibre un peu plus gros », dit Harmon.

La .22 se balançait au rythme de la marche d'Egan comme un prolongement naturel de ses pas. La lunette ne semblait pas le gêner. Harmon avait pensé qu'il employait une lunette à cause d'une vue défaillante, mais Egan voyait tout ce qui se passait dans la prairie. Il réagissait avec la finesse d'un cheval : dès que Harmon entendait un bruit, il regardait dans la direction d'Egan, pour s'apercevoir que celui-ci était déjà aux aguets. C'était décidément un sacré vieux.

Ils s'arrêtèrent sur une éminence au-dessus de la rivière. Le vent soufflait dans leur dos en direction de la rivière comme la nuit où la génisse avait mis bas. « Y a-t-il un gué quelque part ? Où une vache pourrait-elle traverser ? demanda Egan.

— Il y a un gué tout à côté. » Harmon indiqua un point en aval, à deux cents mètres de là. Sans un mot, Egan s'engagea dans la direction indiquée.

Le gué, quoique peu profond, l'était néanmoins d'une trentaine de centimètres. Le pas d'Egan se fit encore plus lent à mesure qu'ils approchaient des arbres en bordure de la rivière. Il examina le sol boueux autour du gué. Il indiqua alors une bosse minuscule dans la boue. Harmon l'examina. Ce n'était qu'une simple bosse. Egan descendit la rivière. Il trouva une grosse branche cassée qu'il tira à lui et jeta par-dessus la rivière. Il gagna ainsi l'autre rive. Harmon passa à gué.

« Regarde », dit Egan, désignant une trace dans la boue.

C'était l'empreinte d'une vache. « Ce ne peut pas être celle de la génisse. Il pleuvait fort, cette nuit-là, remarqua Harmon.

— Elle a pu traverser au matin », répliqua Egan.

Ils se trouvaient maintenant à l'endroit des gorges. Le temps se réchauffait et le vent commençait à souffler. Egan examinait le sol tout en avançant. Parfois, il marquait une pause et décrivait plusieurs cercles autour de l'endroit où il s'était arrêté. Harmon lui aussi examinait le sol. Il ne voyait rien. Ils mirent une heure pour parcourir cent mètres en aval de la rivière. Ils suivaient la lisière des pâturages et, finalement, arrivé au sommet de l'une des gorges, Egan montra un point du doigt. « Regarde », dit-il. En effet, en contrebas de la gorge, à proximité de la rivière, au sud d'un buisson de genévrier, gisaient les restes du veau.

Il avait été entièrement dévoré à l'exception de la tête et des pieds. Egan ne s'attarda pas auprès de la carcasse. Voyant qu'il ne pourrait rien tirer des traces alentour, il se tourna alors vers le nord, dans la direction d'où le vent devait souffler cette nuit-là. Il pivota sur lui-même de cent quatre-vingts degrés en embrassant le paysage du regard puis s'engagea sur la pente de la gorge. Harmon le suivait difficilement. Il aurait dû se taire mais il ne put s'empêcher de faire une remarque. « Vous êtes un sacré trappeur », déclara-t-il.

Egan sourit. « Il n'y avait pas une seule trace sur les derniers cent mètres. Tu avais raison. La pluie a tout effacé.

— Vous continuez à chercher une trace ?

— Non. Je grimpe seulement là-haut pour jeter un coup d'œil sur les environs. Pourquoi ne prends-tu pas l'autre versant ? Nous les suivrons jusque dans la prairie. Ils doivent se rejoindre là-bas.

— D'accord, acquiesça Harmon.

— Regarde bien droit devant toi. On ne sait jamais. »

Egan le regarda s'éloigner. A peu de chose près, se disait-il, le Bill Egan d'il y a cinquante ans.

Il y avait presque une heure qu'Egan et Harmon Knutson s'étaient séparés. Ils s'apercevaient de temps à autre mais, la plupart du temps, chacun cherchait de son côté. Egan fit halte sur une hauteur pour examiner le paysage. La plaine couverte de sauge descendait en pente douce. Une centaine de mètres plus loin, les eaux d'un barrage de retenue construit avec la terre des environs déplacée au bulldozer étincelaient dans le soleil et le vent de l'après-midi. Au-delà du barrage se dressaient les Collines Noires. Egan sortit une paire de jumelles de l'une des vastes poches de sa veste de chasse. Il observa les alentours dans toutes les directions. Au sud, au-delà des replis de terrain qui précédaient les Collines, il repéra un reflet en bordure de la première rangée de pins. Il régla ses jumelles qui lui révélèrent une camionnette. On aurait dit une Chevrolet blanche. Le reflet avait été produit par le chrome des roues. Un homme se tenait à côté du véhicule. Egan ne l'aurait pas juré mais il lui semblait bien que l'homme se livrait exactement à la même activité que lui : il inspectait les lieux, à la recherche de quelque chose.

Egan fit un dernier tour d'horizon, puis rangea ses jumelles dans sa poche et leva la tête pour humer l'air en provenance du barrage. Amorçant alors un demi-cercle à découvert dans la prairie, il accéléra le pas. Il ne trouverait plus rien dans ce secteur et partit à la rencontre de Harmon.

Ils se retrouvèrent à mi-chemin, là où les deux versants se rejoignaient dans la prairie. Harmon agita les bras pour indiquer qu'il n'avait rien noté de particulier. Ils revinrent alors rapidement sur leurs pas, marchant dans la direction opposée à celle suivie par la génisse cette nuit-là et traversèrent la rivière au même endroit que dans la matinée. Ils furent de retour au ranch avant que la pluie se mette à tomber.

Ils burent un autre café et Harmon eut alors le loisir de poser toutes les questions qui lui étaient venues à l'esprit pendant leur sortie matinale. Il demanda à Egan comment il s'y prenait pour discerner tous ces signes sans jamais ralentir le pas. Harmon avoua être fatigué. Egan se contenta de répondre qu'ayant passé pas mal de temps dans la prairie, il avait derrière lui cinquante ans d'expérience.

Harmon lui demanda alors qui avait tué leurs bêtes. Egan lui répondit qu'il n'en savait rien, que pour se faire une idée précise il lui aurait fallu autre chose comme empreintes que ce qu'ils avaient trouvé ce jour-là. « Mais vous avez bien une idée ? insista Harmon.

— Non, ce serait une erreur de faire des supputations », dit Egan.

Harmon posa son regard sur lui. « Je crois qu'il s'agit d'un loup », déclara-t-il.

Le visage de Egan resta de marbre. « On ne dirait pas, se contenta-t-il de répondre.

— Oh, je connais la chanson. » Harmon sauta sur ses pieds et se dirigea vers le placard. Il en retira une pile de livres. « La race s'est éteinte, ajouta-t-il en posant un livre devant Egan. C'est ce que raconte ce livre. Ce livre-ci dit qu'il est possible qu'il en reste et cet autre décrit le comportement des loups et c'est exactement ce qui se passe avec nos bêtes. » Harmon avait l'air gêné. « J'en ai parlé à Mr Stockton. Il a publié ce que je lui ai dit.

— Oui, j'ai vu ça, dit Egan.

— Alors, c'est possible, non ? » insista Harmon. Egan se concentra sur sa tasse de café. « Mr Egan, le pays est étendu. Aussi vaste que l'océan, et l'on trouve toujours des choses que l'on croyait disparues dans l'océan. La chose n'est donc pas impossible, vous ne croyez pas ? »

Egan fit tourner le café dans sa tasse. « Oui, Harmon, c'est possible.

— Voilà qui est parlé, dit Harmon, et je vous jure que je ne vais pas le rater. »

Egan ne put s'empêcher de sourire. Harmon était un jeune homme comme on n'en rencontre pas souvent, de ceux qu'Egan aimait bien.

Au-dessus du campement indien, au fond des *Paha Sapa,* ainsi que les Sioux appellent les Collines Noires, se trouve une longue déclivité qui a brûlé il y a une centaine d'années. La foudre était tombée sur un grand pin ponderosa une nuit d'août alors que la forêt était sèche comme de l'amadou. Le vieil arbre ne s'était pas consumé sur-le-champ et ses branches enflammées s'étaient affaissées sur le tapis d'aiguilles de pin de la forêt. L'incendie s'était alors déclaré, se propageant rapidement jusqu'à ce que les pluies qui avaient suivi l'orage le circonscrivent à quelques foyers épars. La chose s'était passée l'année qui avait précédé l'invasion des Collines par les Blancs qui avaient fini par trouver l'or qu'ils cherchaient. C'était avant que les pionniers ne viennent violer les traités, avant que les Eaux et Forêts n'appliquent des mesures de prévention contre les incendies de forêt, avant que les prés ne commencent à être envahis par la forêt livrée à une croissance anarchique, avant que les formes d'habitat sauvage de la vie animale ne commencent à disparaître à la suite de la plantation d'arbres de même espèce. Cet incendie, un parmi les cent qui se déclarèrent cette année-là, était survenu au terme d'un développement naturel de la forêt qui avait duré un million d'années, à la fin d'une époque où la forêt avait abrité des animaux de toutes sortes, où les oiseaux avaient trouvé à volonté des arbres pour bâtir leurs nids, où les lapins à la recherche de fourrés à l'orée des herbages étaient sûrs de les trouver dans les *Paha Sapa,* où le daim était certain d'y trouver aussi bien un abri que de la nourriture et où il y avait encore les troncs pourris dont certaines bêtes avaient besoin pour se reproduire.

La forêt était désormais partout la même et il n'y avait plus d'incendies parce que les *Paha Sapa* étaient devenues des pépinières pour les Blancs. Tout y était artificiel, les arbres y étaient identiques, l'environnement stérile. Plus rien ne poussait en sous-bois, le feuillage des arbres empêchant la lumière de passer. Toute la forêt ressemblait à la déclivité qui dominait le camp indien et sur laquelle quatre hommes se déplaçaient. Robert Lance marchait à leur tête, à plus d'une heure du camp, dans le coin le plus reculé de la forêt. Ils arrivèrent bientôt en vue d'un ensemble de constructions enfouies au plus profond des bois. Les hommes connaissaient les lieux et ne s'engagèrent pas dans la clairière, préférant continuer sous le couvert des arbres sur quelque deux cents mètres. Au fond d'une vallée, ils traversèrent une futaie et un sourire éclaira leur visage. Ils continuèrent encore un peu jusqu'à ce que Robert Lance leur indique un endroit plat et dégagé où ils entreprirent de rassembler des pierres. Ils alignèrent et empilèrent les pierres les unes sur les autres, se servant de branches d'arbres si nécessaire. Ils travaillèrent ainsi deux heures durant. Puis ils se reculèrent afin de contempler leur œuvre. Robert Lance eut un geste approbateur de la tête, ce qui provoqua un sourire chez les autres. « Ça fera l'affaire, dit-il. Ce sera notre arsenal du mont Rushmore. »

McVay s'était levé de bonne heure. C'était déjà sa deuxième nuit à l'hôtel et il avait eu l'impression de ne pas voir le temps passer. Il était encore trop tôt pour faire quelque chose à Medecine Springs. Il alla à la fenêtre et regarda le soleil se lever derrière les Collines Noires.

A un moment donné, dans la nuit, il s'était dit qu'il lui fallait se mettre en quête de Billion le jour même. Il utiliserait sa couverture de journaliste. Un regard à son réveil lui avait appris qu'il n'était que six heures et demie, qu'il lui faudrait attendre encore des heures avant de pouvoir tenter quoi que ce soit contre Billion.

Il traversa la chambre pour regagner son lit, alluma la lampe de chevet qui jeta aussitôt une lumière brutale. Un des livres que lui avait prêtés Johnny se trouvait sur la table de nuit. Il les avait tous parcourus ainsi que les journaux, à l'exception de celui-ci. Il s'assit donc sur son lit et l'ouvrit. Il le feuilleta, s'arrêtant aux illustrations : des paysages de montagne, un homme entouré de loups et de coyotes morts et, enfin, lui sautant aux yeux, la photo d'un homme coiffé d'un Stetson et portant de vieux vêtements de cow-boy. Le cliché avait été pris dans la grand-rue d'une ville de l'Ouest. Et, derrière l'homme, on voyait un loup suspendu la tête en bas à la devanture d'un magasin. Sa langue pendait et, malgré le faible rendu de la photo, on distinguait dans sa gueule ce qui devait être du sang. Il jeta un coup d'œil à la légende sous la photo. On pouvait lire : « Bill Egan et vieux loup à courte queue. » McVay examina le visage d'Egan. Impassible, la mâchoire volontaire. Mais le regard — McVay dut plisser les yeux pour bien voir — manquait d'assurance. Il dénotait un malaise, semblait trouble, voilé par une sorte de tristesse.

Cinq minutes plus tard, Tom McVay était dehors, dans Medecine Springs. Ayant envie d'un petit déjeuner, il se dirigea vers le café Top de l'autre côté de la rue. Il avait hâte de voir Billion mais, en même temps, il sentait monter en lui de la curiosité, le désir d'en savoir davantage sur la cause des massacres de Medecine Springs. Il voulait discuter avec Bill Egan.

McVay n'avait pas avalé un petit déjeuner semblable à celui-là depuis son enfance. Des œufs, des toasts, du café et quelques pancakes aux myrtilles. Il resta assis à siroter une deuxième tasse de café tout en regardant par la fenêtre. Même s'il n'était guère plus avancé dans sa recherche de Billion que deux jours plus tôt, il ne voulait pas laisser paraître son impatience. Il commanda une autre tasse de café. La serveuse, en même temps que le café, lui présenta un cornet à dés. « Les affaires sont calmes, lui dit-elle. Si on jouait à qui met l'argent dans le juke-box. » McVay se tourna vers l'endroit qu'elle lui indiquait. Dans un coin, près de la machine à café, il y avait un vieux juke-box qu'il n'avait pas remarqué plus tôt.

« Oui, pourquoi pas », répondit-il.

Deux heures plus tard, McVay était toujours attablé devant un café. Le juke-box jouait des chansons western qu'il ne connaissait pas, payées avec son argent. A travers la fenêtre, il observait l'animation matinale de la petite ville. Des éleveurs entraient et sortaient de la quincaillerie tandis que des Indiens étaient assis sur le trottoir en face de l'Oasis. Le shérif, l'air très affairé, quitta son bureau et grimpa dans sa voiture. McVay se demanda si Billion se trouvait parmi tous ces gens qu'il observait. Il essaya alors de penser au moyen de le repérer sans attirer l'attention. Traverse Best savait où le trouver mais quelque chose en lui interdisait à McVay de l'interroger trop avant. Le shérif devait aussi savoir mais il souhaitait se tenir à l'écart de la loi dans la mesure du possible. Peut-être au bureau de poste. Là, on devait savoir où vivait Billion. Il s'agissait seulement de leur soutirer le renseignement sans éveiller leur curiosité.

McVay fit un effort pour se lever. Au moment où il demandait l'addition, il vit la vieille camionnette d'Egan s'arrêter devant l'Oasis. L'arrière du véhicule était rempli de boîtes de métal et de bois. Egan en sortit et McVay observa sa manière de se déplacer — aisée, peut-être un peu raide, mais aisée tout de même. Il se dirigea vers l'arrière de la camionnette. Là, il vérifia son matériel, essaya les fermetures des boîtes et McVay se dit que c'était le moment de lui parler. Il chercha de l'argent dans sa poche pour payer à l'instant même où Egan prenait la direction de l'Oasis. Il dut fouiller dans ses poches pour trouver l'appoint. La serveuse prit l'argent en souriant et lui rendit la monnaie. Lorsque McVay se retrouva finalement dans la rue, Egan avait disparu.

A peu près au même moment, Katie Running se réveillait dans un ranch situé aux abords immédiats des Collines. Elle avait une gueule de bois due aux excès de la veille, mais la douleur était supportable. Elle se rendit à la cuisine où elle mit le café sur le feu. Jake dormait sur la chaise près du poêle et sa respiration émettait un sifflement presque semblable à celui de la cafetière. Comme la porte de la chambre de Peter était fermée, elle se dit qu'il avait dû aller se mettre au lit après qu'elle l'eut chassé de sa chambre pour la troisième fois. Elle se mit à rire en versant le café. Jake et Peter était deux frères. Ni l'un ni l'autre n'avaient pris au sérieux ce qu'elle leur avait dit au moment d'emménager dans la maison. Ils avaient tous les deux essayé plus d'une fois de se glisser dans son lit. Ils acceptaient cependant facilement les rebuffades, feignant parfois d'avoir trop bu pour se rappeler quoi que ce soit, si bien qu'elle ne leur en tenait pas rigueur.

Elle emporta la cafetière dans sa chambre puis revint prendre le téléphone dans le couloir. Non sans difficulté, elle amena le fil jusqu'au chambranle et ferma la porte derrière elle. Elle s'assit alors sur le sol, le dos au mur, et composa un numéro.

« C'est Katie, dit-elle. Non, il ne s'est rien passé. »

Elle hochait la tête, écoutant son interlocuteur. « Bien sûr, il y a deux ou trois nouvelles têtes dans le coin. » Elle hocha la tête de nouveau. « Si, il y a un sale type du nom de Robert Lance et un Blanc que j'ai vu au bar.

« Je ne sais pas, ajouta-t-elle, se forçant à adopter un ton indifférent. Je n'ai pas fait attention à lui. »

Elle appuya ensuite le récepteur contre son épaule et se mit à examiner ses ongles. « Oui, oui. Ecoute, ça ne peut plus durer, je suis fauchée. » Elle opina de nouveau de la tête. « Entendu. Oui. Je ne bouge pas. » Elle raccrocha brusquement. Ses excès de la veille lui avaient donné mal à la tête. Elle avait l'estomac douloureux. Elle songea à se recoucher. Mais son lit était tout défait et le simple fait de le voir la déprimait encore davantage.

De retour dans la cuisine, la cafetière à la main, elle jeta un regard sur le ciel au-dessus de l'évier. Derrière la maison, le terrain s'élevait en pente douce jusqu'aux premiers arbres des Collines. Elle avait grimpé au sommet de la colline la plus proche le jour de son arrivée dans la maison. L'air lui avait alors fait du bien. Elle se dit qu'il lui ferait autant de bien ce matin-là. Une petite promenade dans l'air vif lui éclaircirait les idées. L'air pur faisait partie des choses dont elle avait été privée pendant longtemps et c'était l'une des raisons de son retour dans les Collines.

Le *Recorder* paraissait le jeudi. Stockton finissait de le composer la veille, en fin d'après-midi. Il mettait parfois jusqu'au jeudi matin pour tirer un millier d'exemplaires de son journal. Ce mercredi-là, c'était son éditorial, auquel il avait travaillé toute la journée, qui l'avait retardé.

Il débutait par une citation du premier gouverneur du territoire : « La prairie ne pourra pas être colonisée tant qu'il restera des loups en liberté. » Cette fois, Stockton ne se contentait pas de faire allusion à la possibilité qu'il y ait un loup. Il affirmait carrément qu'il y en avait un. L'article sonnait comme un éditorial. On s'y référait peu aux faits qui étayaient le point de vue de Stockton et ce dernier se doutait que le shérif allait surgir dans son bureau aussitôt qu'il l'aurait lu. Mais Stockton l'attendait de pied ferme. Il avait une preuve de ce qu'il avançait.

Le vieux Joe « Standing » Elk était passé à son bureau le mardi après-midi, juste avant la fermeture. Si Stockton l'avait vu venir, il aurait fermé plus tôt pour lui faire croire qu'il n'était pas là. Old Joe était berger. Pas un de ces gardiens de troupeau que l'on trouve sur les ranches mais un berger à l'ancienne manière. C'était un Sioux de race pure, ce qui est rare de nos jours, paisible et à la peau très foncée. Contrairement aux Indiens de la nouvelle génération, il n'était pas révolté. Il vivait à l'écart, observait les coutumes anciennes, parlait le vieux dialecte et croyait à la magie. Il vivait sous la tente et faisait transhumer le troupeau de son patron à travers la prairie d'avril à octobre. On lui prêtait tous les vices reconnus aux bergers et, même s'il avait rarement eu l'occasion d'échanger quelques mots avec lui, Joe n'était pas exactement le genre d'homme dont Stockton souhaitait recevoir la visite. Mais on était au moins d'accord sur une chose, une chose positive cette fois : c'était que Joe, étant un Indien de race pure, ne mentait pas.

La première chose que Stockton voulut savoir, ce fut

qui gardait ses moutons. Joe lui répondit qu'il les avait laissés seuls pour venir le voir et qu'il ne pourrait pas trop s'attarder. Stockton se dit que Joe devait être gravement préoccupé. Il ne l'avait jamais vu abandonner son troupeau auparavant.

« Il y a deux semaines, expliqua Joe, j'ai lu votre article dans le journal. » Il parlait lentement, faisant un gros effort pour bien parler anglais. « Je me souviens de l'époque où il y avait des loups ici et, Mr Stockton, ce n'était pas drôle. » Stockton pouvait voir que Joe parlait sérieusement. Il avait même l'air un peu effrayé. « Je vous en ai d'abord voulu d'écrire ces choses dans votre journal », déclara Joe. Stockton retint son souffle, prêt à se justifier. « Maintenant, je le regrette, précisa Joe.

— Vous le regrettez ? demanda Stockton.

— Vous aviez raison, dit Joe en fixant le sol. Il y a un loup. » Stockton regarda Joe droit dans les yeux pour essayer de lire dans sa pensée. Il prenait pour la première fois conscience de l'enjeu que représentaient les articles qu'il avait écrits. Joe était effrayé. « Le plus gros que j'aie jamais vu », ajouta-t-il.

A partir de cet instant, Stockton accorda foi à ses paroles. Cependant, comme s'il s'était attendu à ce qu'on ne le croie pas, Joe mit la main dans la grande poche de son manteau et en sortit un crâne qu'il tint devant lui à deux mains. Stockton eut un mouvement de recul. Il ne s'agissait pas d'un crâne séché, blanchi au soleil. Il était encore tout frais. Des poils et de la chair y étaient encore accrochés. Sa mâchoire inférieure pendait, décrochée, au bout des tendons blancs et rouges, eux-mêmes déchiquetés. Le crâne avait une forme oblongue, certainement pas humaine. « C'est mon chien, expliqua Joe. Le meilleur gardien de moutons que j'aie jamais eu. » Il déposa le crâne entre eux. « Il veillait bien sur le troupeau. »

Stockton examina soigneusement la tête. Il avait dû s'agir d'un chien énorme. Dans les quarante kilos. Il avait des centaines de questions sur les lèvres mais avant qu'il puisse articuler un seul mot, Joe retourna le crâne. Stockton fut obligé d'y regarder de plus près encore pour voir ce qu'on lui montrait. Il finit par comprendre. Plantée dans un orifice juste au-dessous de la cavité de l'œil, on pouvait voir l'énorme dent d'un canidé ; brisée à la racine. Elle était enfoncée de près de quatre centimètres dans le crâne.

« Il n'a eu le temps d'attaquer qu'une seule fois, expliqua Joe. En s'enfuyant, il a abandonné la dent. » Le vieil homme sortit un mouchoir de sa poche, le déplia et montra à Stockton une douzaine de poils sanglants. « Je l'ai touché », ajouta-t-il.

Stockton se pencha en avant pour examiner le crâne et les poils. Il se tapota le menton avec l'index, perplexe. « C'est pour me montrer ça que tu es venu, Joe ? »

Le vieil homme acquiesça. « Je veux que vous fassiez quelque chose, dit-il. Je suis tout seul là-bas. » Stockton lui fit signe qu'il comprenait. Il tendit à Joe une enveloppe pour les poils et trouva une boîte où il déposa le crâne.

« Je ferai ce que je peux », lui dit-il. Le soir même, il s'attela à son éditorial. Il garda la chose pour lui. Il ne dit rien à Bailey et évita le trappeur. Ils allaient hurler en lisant son papier et se précipiter dans son bureau mais il pourrait leur montrer les poils et le crâne comme preuves de ce qu'il avançait. Son éditorial terminé, Stockton en fut fier. C'était du solide. Quiconque le lirait le prendrait au sérieux et quelqu'un se déciderait peut-être alors à agir. Pour Stockton, cette histoire de loup restait pure spéculation. Il ne craignait pas les loups. Il ne risquait guère d'en trouver un sur son chemin. Quelque chose lui disait que, comme la plupart des autres animaux sauvages, ils réagissaient par la peur aux mutations de l'environnement. Ce soir-là, en travaillant à son éditorial, Stockton n'avait cessé de voir le vieux visage ridé de Joe dans les recoins de son bureau. Un visage terrifié. Pour Joe « Standing » Elk, les loups étaient autre chose que de la spéculation.

Kate Running était en train de faire frire des pommes de terre pour Jake et pour Pete. Cela faisait partie du marché qu'ils avaient conclu : c'est elle qui ferait la cuisine. La veille, ils avaient passé la soirée avec certains des gens du campement des Collines tandis qu'elle était sortie avec Traverse Best. Elle était debout depuis neuf heures mais Jake et Pete étaient restés au lit jusqu'à trois heures. Il était maintenant cinq heures passées et il était temps de manger, de recharger les batteries.

La maison dans laquelle ils vivaient avait autrefois appartenu à la grand-mère de Jake et de Pete. On l'appelait la mère Hermany-Horses. Elle se trouvait sur une concession qui comprenait aussi un droit de pacage délivré par les Eaux et Forêts et portant sur soixante-dix hectares de terrain. Ils avaient le droit de faire paître cinquante têtes de bétail pendant l'été dans les bois avoisinant Whitewood Creek. Pendant cette période, Jake et Pete tiraient de la concession le maximum de fourrage possible afin de pouvoir nourrir le bétail jusqu'à la fin de la saison. La vente des veaux à l'automne ne rapportait pas gros mais il y avait toujours du bœuf à manger et, avec l'aide des allocations chômage, ils arrivaient juste à joindre les deux bouts.

Kate avait rencontré Jake et Pete à peine deux ou trois semaines plus tôt. Leurs familles avaient été liées dans le passé, comme c'est souvent le cas chez les Sioux. Ils étaient un peu comme des cousins. Ils avaient fait la fête pendant quelques jours et ils s'étaient retrouvés tous les trois dans la maison. Elle n'en était pas repartie. Les choses se passaient bien, mieux qu'à Minneapolis, mais pas tellement différemment. Elle avait la cuisine et un peu de rangement à faire mais ce qu'elle cherchait, c'était un vrai travail. Il lui arrivait parfois de se demander pourquoi elle était revenue dans les Collines. Cela lui faisait tout drôle de se retrouver là. Dans l'attente de quelque chose, en quelque sorte.

Jake et Pete s'occupaient de leur troupeau et donnaient à l'occasion un coup de main aux éleveurs des environs. Pete était berger de profession et était employé par les gros élevages à la saison de l'agnelage. Cette dernière durait de janvier à juin. Mais, cette année-là, Pete ne s'était pas fait embaucher. Lui et Jake passaient trop de temps avec les hommes du campement indien pour travailler pour les éleveurs. Ils s'étaient de surcroît dressés contre les éleveurs blancs, contre l'Etat, contre les Eaux et Forêts.

Ils se mirent à table sans un mot, essayant de faire passer leur gueule de bois et regardant Katie les servir. Les pommes de terre étaient recouvertes de graisse et les oignons qu'elle avait fait sauter en même temps formaient des masses jaunes et informes au bord des assiettes. Elle déposa une bouteille de ketchup au milieu de la table. Avec des gestes lents, ils se servirent tour à tour de ketchup et en recouvrirent les pommes de terre. Manger leur redonnait du tonus. Jake demanda un verre de lait. Kate le lui apporta en riant.

« On peut dire que vous êtes gais aujourd'hui.

— On a descendu sec, hier soir », dit Pete. Il était de race pure, avait la peau plus foncée que son frère et la diction plus épaisse.

« On a bu à peu près une caisse de bière chacun, précisa Jake.

— Qui était avec vous ?

— Louie et Pattie, commença Pete.

— On ne va pas commencer à t'énumérer le nom de tous ceux qui étaient là, reprit Jake, sur un ton tel que Pete leva le nez de son assiette.

— Merde, Jake, tu te prends pour James Bond ou quoi ? Il y avait aussi Lebeaux, un type du Nouveau-Mexique, et un couple de Denver.

— Tu connais leur nom ? » demanda Katie.

Jake secoua la tête. « Bon Dieu, s'impatienta-t-il, tout le monde veut tout savoir. Et toi maintenant qui veux leur nom ! »

Pete lui fit signe de se taire. « Petit Aigle, Grand Aigle, Aile d'Aigle ou quelque chose comme ça. Le nom des gens de Denver, je ne m'en souviens pas. » Pete hocha la tête. « Puis il y avait Robert Lance. Lui, tu le connais. Aussi faux jeton qu'un billet de trois dollars. »

Jake haussa les épaules. « Il est correct.

— Foutaises ! Tu n'as pas entendu ce que Lebeaux lui a envoyé ? Lance n'est même pas son vrai nom. Lebeaux dit qu'il vient de Virginie. » Pete se mit à rire. « C'est juste un petit mec qui joue les durs. »

Jake haussa les épaules. « Il n'est pas si mal que ça.

— Vous sortez encore ce soir ? » demanda Katie. Les deux hommes ne répondirent pas. Ils n'en savaient encore rien. « La prochaine fois que vous retournerez au camp, j'aimerais vous accompagner.

— Bien sûr », dit Pete. Il prit un paquet de cigarettes dans sa poche de chemise et, sans même un regard pour Jake, en sortit une qu'il lui lança de l'autre côté de la table. Il alluma la sienne et fit glisser la boîte d'allumettes vers Jake. Ils restèrent silencieusement assis à table à fumer leur cigarette pendant que Kate finissait de laver la vaisselle. Quand elle eut fini de se préparer pour aller en ville, ils étaient passés au salon. Lorsqu'elle s'arrêta pour leur dire au revoir, le reflet bleu de l'écran de télévision allumé faisait une lueur sur leurs silhouettes. Pete s'était endormi sur le canapé.

Jake était étendu sur le sol, les yeux rivés sur la télévision, une cigarette presque achevée au bout des doigts. « C'est ça, fit-il, amuse-toi bien. »

Lorsque Bill Egan entra dans le bar vers dix-huit heures trente, McVay dut lutter contre le désir pressant qu'il éprouvait d'aller vers le nouvel arrivant et de se présenter à lui de but en blanc. A la place, il resta assis au comptoir à bavarder avec Traverse et à écouter le juke-box. Egan commanda un whisky-soda que Best lui apporta dans le box où il avait pris place, contre le mur. McVay lorgna deux ou trois fois de son côté pour essayer de voir de quoi Egan avait vraiment l'air. Mais Egan saisissait chaque fois son regard et McVay était forcé de regarder ailleurs pour dissimuler sa curiosité. A son retour, Best lui indiqua Egan. McVay signifia d'un signe de tête qu'il savait qui était le vieil homme et profita de l'occasion pour quitter le comptoir, expliquant à Best qu'il lui fallait s'entretenir avec Egan pour son article.

Lorsqu'il toucha la main de Egan, elle lui parut plus dure que lorsqu'il l'avait effleurée sur la poignée de la sacoche. Il sentit toute la force contenue dans la vieille main, il sentit aussi les longs doigts noueux enserrer les siens et il se dit que, dans le temps jadis, Egan avait dû avoir un bourrelet de muscles à la naissance du pouce. La sensation née en lui à ce contact bouleversa McVay. Il jeta les yeux sur la main ridée qu'il tenait dans la sienne et comprit qu'il n'y avait pas de différence entre leurs mains à tous les deux à part l'âge et la peau transparente et cireuse tendue sur les jointures pleines de cicatrices d'Egan. Les yeux bleus délavés fixaient les siens tandis que leur propriétaire disait : « Enchanté de vous revoir. »

McVay répondit d'un signe de la tête, un moment interdit. « J'ai lu des choses à votre sujet », finit-il par dire et la pression parut se relâcher. Leurs mains se séparèrent enfin et les deux hommes s'assirent.

McVay pouvait maintenant observer intégralement la physionomie d'Egan et, pendant qu'ils échangeaient des propos convenus sur la ville et l'hôtel, il passa en revue son visage et sa carrure. Il avait les cheveux blancs et coupés court, dégagés sur les tempes et dégarnis sur le sommet. La peau de son visage était poreuse comme du grès. Les rides autour de sa bouche évoquaient aussi bien des sourires que des plis maussades tandis que celles qu'il avait à l'angle des paupières, de loin plus accentuées, racontaient à un McVay réceptif les heures interminables passées à cligner des yeux dans le soleil, vers l'est au lever du jour, vers l'ouest à la fin de l'après-midi. Il se représenta Egan plissant les yeux, aveuglé par le soleil qui se reflétait durement sur une congère entassée par ce même vent qui lui avait buriné le visage. Son cou était maintenant amaigri, sillonné de veines apparentes, et sa pomme d'Adam bougeait tandis qu'il parlait sans élever la voix. Ses épaules et sa poitrine s'étaient tassées mais elles avaient dû jadis être puissantes. Egan donnait l'impression d'un homme qui n'avait jamais été apprécié à sa juste valeur, un homme capable de se surpasser. Mais les yeux bleus du vieil homme retenaient ceux de McVay, l'obligeant à être attentif à ses paroles. McVay pouvait toujours entendre Best et un client, les seules autres personnes dans le bar, converser entre eux derrière lui, mais le regard d'Egan, qui répondait avec bienveillance aux questions qu'il lui posait tout en ayant l'esprit ailleurs, le captivait.

« En 1910, répondait Egan, dans une petite ville du Nebraska.

— Et quand avez-vous commencé à chasser les loups ? »

Egan ne laissa paraître aucune émotion. « Je ne me souviens plus exactement. Dans les années qui ont suivi la guerre.

— La Grande Guerre ?

— Evidemment.

— J'en ai fait une moi aussi.

— Evidemment », répéta Egan.

Best vint alors leur demander s'ils voulaient boire autre chose. McVay commanda une bière mais Egan, lui, refusa de prendre un autre verre. « Pour moi maintenant, un verre c'est déjà trop. »

McVay le regarda avaler sa dernière gorgée. « Vous êtes allé faire un tour pour retrouver la piste du loup aujourd'hui, non ? »

Egan eut un sourire. « Oui, je suis allé faire un tour. Mais sur la piste du loup, ça, c'est une autre histoire.

— Vous ne croyez pas qu'il y ait un loup, c'est ça ? »

Pour la première fois, Egan détourna les yeux. « Non, répondit-il, je ne crois pas. »

McVay ne voulait toutefois pas en rester là. « Mais se pourrait-il qu'il y en ait un ? » La porte s'ouvrit et plusieurs personnes pénétrèrent bruyamment dans le bar. Egan se leva et, baissant les yeux sur McVay, répondit : « Bien sûr. Tout est toujours possible. »

Puis McVay se leva à son tour, le regard à nouveau plongé dans celui du vieux. Il s'entendit lui demander s'il pourrait l'accompagner un de ces jours et vit Egan acquiescer de la tête. Il s'entendit aussi lui demander de lui raconter la suite. Egan répondit : « Il y en aurait long à raconter », et se dirigea vers la sortie.

Les gens derrière lui chantaient en accompagnant le juke-box. Il regarda Egan sortir. Juste avant que la porte se referme derrière lui, il eut le temps d'apercevoir les arbres courbés par le vent. En se levant pour retourner au comptoir, il faillit bousculer une femme. Elle lui sourit de son visage rond et de ses larges yeux encadrés de cheveux noirs.

« Salut, lança-t-elle. Je m'appelle Katie. »

Bailey avait observé le vent qui se levait. Il avait commencé par souffler au ras du sol, faisant à peine onduler les vieilles herbes de la prairie. Il avait ensuite secoué les buissons de sauge puis, juste avant la tombée de la nuit, il avait commencé à balayer les peupliers. Il faisait maintenant nuit. Dans le jardin qui s'étendait derrière chez lui, Bailey faisait les cent pas en réfléchissant. Il n'était pas le genre d'homme à éprouver souvent le besoin de marcher et, pourtant, sa promenade l'avait entraîné loin de la maison. Ce soir-là, il lui semblait tout naturel de marcher dans l'obscurité au milieu des sifflements du vent annonciateur de tempête. La lune et les étoiles brillaient au-dessus de sa tête. La prairie était claire. Mais, vers l'ouest, les étoiles devenaient invisibles et une masse sombre s'était formée dans le ciel. L'orage se préparait.

Bailey s'était senti mal à l'aise toute la journée. Il avait le pressentiment qu'il allait arriver quelque chose. Ce printemps-là, les choses s'étaient jusqu'alors bien passées. Puis, le jour même, il s'était produit un petit incident — rien de bien grave. En temps normal, Bailey n'y aurait pas attaché d'importance. Il l'aurait aussitôt oublié mais, maintenant, ses sens étaient en éveil. Bailey n'avait pas l'habitude de croire aux présages, il n'était pas superstitieux. Le fait que l'on ait tiré par mégarde sur le fils de David Olson n'avait en soi aucune signification. Un gamin était allé se promener dans la prairie, sans plus. Le fils Olson faisait du vélo sur une route à l'écart. Il s'agissait d'un authentique accident. Bailey en était convaincu. Tout le monde était indemne mais l'incident ne cessait de le tracasser. Il ne pouvait s'empêcher de se dire que le tireur ne se serait pas trouvé dans la prairie, n'eût été cette histoire de loup. Ce qui mettait Bailey mal à l'aise, ce n'était pas qu'une balle ait raté le gamin de peu. C'était plutôt ce que la chose avait de symptomatique. Bailey s'était retrouvé dans son jardin balayé par le vent sans trop savoir ce qu'il faisait là. Le véritable problème n'avait pas encore fait surface. Il n'y avait encore rien de palpable. Les lumières de sa maison située à la sortie de la ville éclairaient son jardin rempli de mauvaises herbes. La prairie commençait une centaine de mètres plus loin, de l'autre côté de son terrain. Il faisait noir. Les rares lumières étincelaient, visibles de très loin. Les accords d'un enregistrement de Chopin parvinrent aux oreilles de Bailey qui se demanda s'il aurait aimé jouer du piano.

Harmon Knutson était lui aussi plongé dans la contemplation de la prairie. Elle était sans limites, pleine d'enclaves inaccessibles au regard. Il avait arrêté sa camionnette le long de la route empierrée qui menait de la ville au ranch. L'arrière de la camionnette était plein de sacs de pains de sel destinés au bétail. Il avait passé la plus grande partie de l'après-midi en ville. Mais, pour l'instant, il était garé dans la pénombre, les yeux tournés vers la prairie. Il lui semblait avoir vu bouger quelque chose sur un repli de terrain au loin mais la lumière était trop mauvaise pour qu'il en fût certain. Il redémarra et reprit le sentier gravillonné en direction du monticule. La lune était haute dans le ciel.

Quelques heures plus tard, Tom McVay sortit du bar de l'Oasis, le contourna et pénétra dans le hall de l'hôtel. Là, il se mit à la fenêtre qui donnait sur la rue et observa le ciel. Il s'était assombri. La lune était pleine, ronde et toujours brillante. Mais menacée par les nuages. Il se dit qu'il allait se mettre à la recherche de Billion le lendemain. Il était sûr que Katie pourrait l'aider. Elle lui avait manifesté de l'intérêt et avait affirmé connaître Billion.

En montant vers sa chambre, il pensa aux gens qu'il avait rencontrés à Medecine Springs. Il ne pouvait s'empêcher de les trouver curieux, singuliers, comme s'ils étaient tous réunis là dans un but déterminé. Il était conscient d'avoir trop bu de bière et il ne parvenait pas à chasser de son esprit les visages obsédants de Best et de Katie, sans parler de celui d'Egan. Le passé s'insinua de nouveau dans son esprit embué par l'alcool. Il ne savait rien de ces étrangers mais avait dû autrefois rencontrer des gens qui les lui rappelaient — un peu comme si leur espèce ne lui était pas inconnue. Le couloir de l'hôtel lui était devenu aussi familier que les couloirs de certains hôtels de Saigon. Il fit halte devant une porte dont il lut le numéro. Numéro deux, sûrement la chambre d'Egan. Il se représenta le vieil homme endormi tel un fantôme dans son lit, étendu sur le dos, la bouche ouverte, respirant difficilement. McVay se passa la main dans les cheveux et reprit le chemin de sa chambre.

Mais Egan ne dormait pas. Il n'avait pas de mal à respirer. Il était en train d'observer le ciel envahi peu à peu par les nuages. La nuit avait ce quelque chose de particulier qui l'empêchait de dormir. Aussi s'était-il assis dans le fauteuil droit, vêtu seulement de ses sous-vêtements blancs, son cou maigre tourné vers le ciel. Il s'imagina en train de se déplacer librement et silencieusement dans la prairie.

Harmon ne s'était pas trompé. En se rapprochant de l'éminence, il avait vu quelque chose bouger encore une fois. Il faisait complètement nuit, mais la lune et les étoiles brillaient et il était certain d'avoir vu quelque chose. Quelque chose qui ne semblait pas le craindre et qui n'avait pas pris la fuite. Au contraire, quelque chose qui s'était laissé repérer par deux fois. En arrivant au sommet du monticule, Harmon manœuvra lentement, sachant qu'il n'était pas très intelligent de conduire en pleine nuit au beau milieu de la prairie. Il voulait aller jeter un coup d'œil sur la hauteur suivante. A partir de là, le terrain redevenait plat et il pourrait examiner les environs sur plus d'un kilomètre à la ronde.

Le repli de terrain ondulait dans l'obscurité. Il était peu élevé mais son sommet était couvert de petits arbres. Le clair de lune projeta l'ombre de ces arbres en fines bandes sur le capot de la camionnette. Les arbres étaient rapprochés et il lui fallut s'assurer que son véhicule pourrait se glisser entre eux. Il réussit finalement à passer et plongea son regard sur les pâturages qui descendaient en pente douce. On y voyait mal et ce qu'il avait cru apercevoir était maintenant hors de vue. Il décida d'abandonner et fit faire demi-tour à sa camionnette pour repasser à travers l'écran d'arbres. Les yeux de Harmon sur lesquels venait se refléter le clair de lune s'écarquillèrent soudain. Quelque chose s'était détaché des arbres sur sa gauche et détalait en terrain plat. Harmon saisit sa carabine au râtelier de la lunette arrière tout en accélérant. Il avait eu le temps, en redressant la camionnette au sommet du monticule, de placer l'arme sur son genou. Il avait maintenant la pente droit devant lui. Harmon eut un instant d'hésitation. La descente était raide. Il repéra alors le mouvement, au loin sur le plat. Il appuya à fond sur l'accélérateur et la camionnette bondit en avant.

Un bruit de papier qui se déchire se fit entendre : Jerry Stockton venait d'arracher à la rotative le premier exemplaire du *Recorder.* Il sourit et tourna le journal de façon à avoir son éditorial devant les yeux. « Le loup assassin », annonçait le titre. Stockton sourit une fois encore. Il détenait la preuve.

TROISIÈME PARTIE

BILL EGAN ouvrit les yeux et balaya du regard le plafond de sa chambre. Il était toujours assis dans son fauteuil. Le matin était gris et il tombait une pluie fine. Quelque chose l'avait réveillé.

Le poing de Bailey heurta la porte de sa chambre trois fois de suite. « Debout, Egan, il est arrivé un accident. »

Egan se leva de son fauteuil en se frottant le visage. Il avait les jambes engourdies et dut ralentir le pas à mi-chemin de la porte. Il l'ouvrit et le shérif entra sans le regarder. « Un accident terrible, dit Bailey. Enfilez votre pantalon. » Ils se regardèrent. « Harmon Knutson », reprit Bailey. Egan fit un geste de la tête et alla chercher son pantalon.

L'horloge de la réception indiquait cinq heures et demie lorsqu'ils apparurent tous les deux au bas de l'escalier. Johnny se tenait près du comptoir en pyjama. « Il est mort, shérif ?

— La ferme, Johnny », dit le shérif.

Johnny fit un geste de résignation. « Oui, monsieur », dit-il.

Les deux hommes demeurèrent silencieux pendant les huit premiers kilomètres. Egan s'était levé trop brutalement. Il éprouvait une légère nausée et ses jambes lui faisaient très mal. Bailey prit enfin la parole.

« C'est Boyd qui l'a trouvé, dit-il. Il le cherchait depuis

minuit. » Egan ne répondit rien. « Boyd affirme qu'il est mort. » Bailey s'essuya la bouche. « Il dit que la camionnette lui est passée sur le corps. » Egan fit signe qu'il comprenait mais resta un long moment sans parler.

« Pourquoi moi ? » demanda-t-il enfin. Ses yeux avaient retrouvé leur éclat.

Bailey lui jeta un regard puis reporta son attention sur la route. « Je ne sais pas, Egan. J'ai pensé que vous devriez m'accompagner.

— Ce n'est pas mon job, reprit Egan.

— Je sais.

— Vous trouvez cet accident bizarre, c'est ça ?

— Je ne sais pas, Egan. Les choses ne tournent pas rond dans le coin », répondit Bailey. Il préférait ne pas regarder le vieil homme. Il se concentrait sur la route. « Harmon Knutson n'était pas un casse-cou, Egan. »

Boyd Knutson les attendait, assis dans sa camionnette arrêtée sur le chemin gravillonné. Il avait les traits tirés, une expression de désarroi sur le visage. Il avait pleuré.

« C'est à deux kilomètres environ à l'écart de la route, dit-il en leur montrant la direction.

— L'ambulance de Rapid City devrait être là d'un moment à l'autre, dit Bailey.

— Il n'a pas besoin d'ambulance. Il est mort, Junior.

— Tu restes ici afin qu'ils sachent où se diriger quand ils arriveront. Nous allons aller jeter un coup d'œil », dit Bailey. Knutson fit un signe d'acquiescement et retourna s'asseoir dans sa camionnette.

Bailey jura dans sa barbe. « Bon Dieu de bon Dieu », marmonna-t-il en dirigeant sa voiture vers l'endroit que leur avait indiqué Knutson. Il ajouta à voix plus distincte : « Bon Dieu, Egan. Ce gamin n'était pas si stupide.

— Quand est-ce arrivé ? demanda Egan.

— Hier soir », répondit Bailey. Son aîné hocha la tête.

Bailey traversa le même écran d'arbres que Harmon la

veille. Ils virent le pâturage qu'il avait vu au clair de lune. Trois cents mètres plus loin, en bas du monticule, la camionnette gisait, renversée, sa cargaison de sacs de sel éparse sur la prairie. Egan se mit à examiner le sol dès qu'ils roulèrent dans cette direction.

« Il l'a fait chavirer, dit Bailey, il a fait chavirer cette saleté de camionnette. » Egan se contenta de hocher la tête. Le terrain était très cahoteux et ils roulaient tout doucement en direction de la camionnette.

Harmon avait été écrasé sous la cabine du véhicule. Il était mort. Bailey frappa le sol d'un coup de pied. « Il y a quelque chose qui cloche, dit-il. Il lui aurait fallu faire du quatre-vingts à l'heure, avec une charge pareille, pour verser. Ce n'était pas la manière de conduire de Harmon. » Ils entendirent le moteur de l'ambulance. Elle apparut au sommet du monticule, suivie par Knutson. Bailey se porta à leur rencontre tandis qu'Egan se mettait à faire le tour du véhicule.

Ils accrochèrent la camionnette à une chaîne et la redressèrent avec le 4 × 4 de Boyd. Ils avaient presque remis la camionnette sur ses roues lorsque la chaîne glissa. Le véhicule retomba lourdement sur le corps de Harmon et Boyd donna un coup de poing de rage dans la portière. On parvint finalement à libérer le corps et les ambulanciers l'emmenèrent. Pendant ce temps, Egan n'avait cessé de décrire de grands cercles autour de la camionnette. Il se trouvait maintenant à cent mètres du lieu de l'accident, en contrebas du monticule. A l'appel de Bailey, il revint vers lui et Boyd Knutson, un fusil à la main.

Arrivant à portée de voix des deux hommes, il entendit Bailey demander à Knutson s'il avait une quelconque idée de ce que Harmon faisait à cet endroit. Knutson fit un signe de dénégation et se força à sourire à l'approche d'Egan. « J'ai trouvé sa carabine, dit celui-ci. Elle a dû être jetée depuis la camionnette. » Bailey prit l'arme des mains d'Egan. « C'était un brave petit », dit ce dernier.

Boyd acquiesça en silence et une gêne s'installa entre eux pendant que Bailey actionnait nerveusement le cran d'arrêt de la .30-30. Une douille vide fut expulsée du chargeur et le regard de Bailey chercha celui d'Egan. Egan ne manifesta aucune surprise. Il avait déjà examiné l'arme après l'avoir trouvée dans les buissons de sauge. Bailey jeta un coup d'œil à Knutson qui ne s'était aperçu de rien. Il referma le magasin et mit le cran de sûreté.

P. J. Billion venait de se rendre compte de l'état de saleté de la maison. Son regard fit le tour de la pièce dans laquelle il était assis. Le temps avait passé sans qu'il s'en aperçût. Il remarqua la poussière sur les étagères et sous les meubles. Des magazines traînaient un peu partout par terre et du courrier non ouvert s'était entassé sur la table près du téléphone. Il gardait les mains totalement immobiles sur les bras du fauteuil, essayant de ne pas bouger la tête. Il laissa errer son regard autour de la pièce. C'était le matin. Avait-il dormi ? Non, seulement pris un peu de repos. Il n'aimait pas dormir.

C'était le matin et la journée allait commencer mais il devait d'abord se rassurer. Il se demanda si la pièce était sur écoutes. Il laissa encore une fois ses yeux l'examiner, s'attachant cette fois à vérifier sous le plateau des tables, sous les fauteuils et à l'arrière des meubles collés contre le mur. C'est le matin, se répéta-t-il mentalement une fois de plus. Le matin, l'heure de se faire un café. Il respira profondément, en soulevant sa poitrine. La cafetière se trouvait dans la cuisine. La vaisselle ne devait pas être lavée. A moins, se dit-il, que quelqu'un l'ait lavée durant la nuit. Mais il savait pertinemment que personne d'autre que lui n'avait pénétré dans la maison. Sauf peut-être les agents du FBI. Peut-être en avaient-ils profité pour laver la vaisselle lorsqu'ils étaient venus mettre la maison sur écoutes.

Tout à coup, il porta les mains à son visage. Merde ! Il se frotta le visage. Merde ! Il avait besoin d'une tasse de café. Il écarta la vaisselle et chercha les éléments de la cafetière. Il y a cette espèce de tube et cette petite passoire dans laquelle on met le café, pensait-il. Comment les extraire de la cafetière ? Il prit le récipient dans sa main droite et le secoua. Il contenait encore du café. Du vieux café, froid. Il souleva le couvercle et versa le café dans l'évier. Le tube et la passoire vinrent heurter bruyamment l'émail blanc, ce qui le fit sursauter. Il déposa violemment la cafetière et porta les mains à sa nuque. Lorsque ses bras se furent détendus, il se mit à se masser le cou. Il entendit alors son chien grogner et se tourna vers un gros berger allemand assis sur le pas de la porte de la cuisine. Billion n'eut pas un sourire.

« Ici », lui lança-t-il sèchement. Le chien accourut vers lui, tourna la tête dans la même direction que Billion et s'assit. Ils regardèrent tous les deux droit devant eux. Puis Billion poussa un juron et ils sortirent ensemble de la cuisine. Ils traversèrent le salon et Billion passa rapidement dans sa chambre. Le chien restait sur ses talons. Arrivés à la commode de la chambre, ils s'arrêtèrent. Billion poussa un profond soupir. « Couché », commanda-t-il et le chien s'affaissa sur le plancher, la tête entre les pattes de devant.

En ouvrant le tiroir de la commode, Billion pensa aux agents du FBI. Il devait à tout prix savoir quand ils arrivaient. Il prit un petit coffret à bijoux dans le tiroir du haut et le déposa délicatement sur le dessus de la commode. Le coffret était recouvert de velours et son couvercle était cerclé de cuivre. Billion resta un long moment à le contempler avant d'en soulever le couvercle. Il contenait ses décorations militaires, le Purple Heart et la Navy Cross. Fermant les yeux, il les caressa lentement de la main. Sentant sous ses doigts les motifs du Purple Heart, il se dit que la décoration avait moins de valeur que ses blessures. Il sortit la croix de bronze de son écrin et la tint entre ses deux mains. Puis, il la reposa et referma le coffret. Il le serra contre sa poitrine, les yeux toujours fermés, et se mit à se balancer d'avant en arrière. Cela, ils ne me le prendront jamais, pensa-t-il. Les Fédéraux ne me le prendront jamais.

« Qu'est-ce qu'il pouvait bien poursuivre ? demanda Bailey alors qu'ils s'engageaient de nouveau sur le chemin caillouteux.

— Je ne sais pas, répondit Egan.

— Vous avez passé une heure à examiner le terrain et vous n'avez pas trouvé une seule trace ?

— Non.

— Quoi, non ? reprit Bailey. Pas une seule trace ?

— Il y en avait », dit Egan.

Bailey réduisit la vitesse de la voiture. « Allez-y, dites-moi tout, dit-il. Y a-t-il un loup dans les parages ? »

Egan se tourna vers lui. « Je ne sais pas, shérif. Il a un peu plu la nuit dernière. Une chose est sûre, c'est que Knutson poursuivait quelque chose lorsqu'il a versé avec sa camionnette.

— Quoi ? Un coyote ? Harmon ne se serait pas tué pour un coyote.

— Je n'en sais rien, répondit Egan. Je dirais cependant que c'était un canidé. »

Le shérif hocha la tête d'un air méditatif. Il accéléra. « Très bien, dit-il. Une saleté de bête non identifiée en cavale. Je vais le mettre dans mon rapport. »

Bailey déposa Egan à l'hôtel et s'engagea dans la rue en direction de son bureau. Le *Recorder* l'y attendait. Il ne prit même pas la peine de s'asseoir. Appuyé des deux mains sur son bureau, il se pencha pour lire le journal. Lorsqu'il eut fini de le parcourir, le saisissant de sa main droite, il le froissa et quitta son bureau.

Stockton l'attendait depuis huit heures. Il était presque midi. « Avant que tu dises quoi que ce soit, Junior, je tiens à te dire que j'ai la preuve, déclara Stockton.

— La preuve ? » Bailey brandit le journal. « La preuve qu'il y a un loup qui tue ? » Il jeta violemment le journal sur le bureau de Stockton. « Moi aussi, j'ai mes preuves, Stockton. J'ai la preuve qu'il y a eu un mort et que c'est ce genre de connerie qui en est responsable. » Il reprit le journal et le déchira en deux.

« Espèce de dégueulasse, s'écria Bailey. Harmon Knutson s'est tué ce matin en poursuivant une foutue apparition que tu lui as mise dans la tête. Il a eu un accident de voiture en roulant à quatre-vingts à l'heure à travers la prairie et a fini sous cette saleté de bagnole. » Le visage de Bailey tremblait de colère. « Sa poitrine ne faisait pas plus de cinq centimètres d'épaisseur lorsqu'on l'a trouvé, Jerry. »

Bailey fit demi-tour vers la porte. Il la ferma à clé, descendit le store et fit glisser l'écriteau JE REVIENS TOUT DE SUITE à la place de celui qui indiquait OUVERT. « Ecoute, dit Bailey en brandissant le journal. Ici, c'est écrit qu'il y a un loup. » Stockton, qui pensait encore à Harmon Knutson, ne répondit rien.

« Il y a deux semaines, je t'ai dit que si tu ne cessais pas d'écrire ces bobards, quelqu'un en ferait les frais. Tu ne m'as pas écouté. Hier, on a tiré sur un gosse et Harmon Knutson est mort, alors je te redis la même chose. »

Stockton s'éclaircit la gorge. « Junior ? » demanda-t-il.

Bailey jeta un regard dans sa direction. « Je ne veux rien entendre.

— Il faut que tu m'écoutes, Junior. Il y a vraiment un loup. » Bailey émit un long soupir. « J'ai essayé de te dire que j'en avais la preuve », ajouta Stockton. Il ouvrit le dernier tiroir de son bureau et en sortit l'enveloppe et la boîte. Il ouvrit l'enveloppe, étala les poils sur unc feuille de papier, puis ouvrit la boîte. Bailey se rapprocha du bureau pour regarder ce que Stockton lui montrait. Après un moment, il comprit. Sans un mot à l'adresse de Stockton, il prit le téléphone et composa un numéro.

« Johnny, dit-il, trouve-moi Bill Egan. Dis-lui de rappliquer au bureau du *Recorder* en vitesse. »

Les pressions politiques se faisaient plus nombreuses sur Simmons. Il recevait de plus en plus d'appels au sujet du « loup » des Collines Noires. Il l'avait répété des centaines de fois : « Il ne peut pas s'agir d'un loup, il n'y a pas eu de loup dans les forêts depuis des dizaines d'années, les plus proches sont au Canada et ce sont des loups des bois. » Il l'avait dit de la manière la plus aimable possible. Aux trois éleveurs qui s'étaient déplacés pour venir le voir, aux sénateurs de l'Etat qui l'avaient appelé sur leur ligne directe et à son patron qui lui avait téléphoné de Denver. « La chose est à peu près impossible. Cela voudrait dire qu'il a le plus grand rayon d'action de tous les loups de la planète. » Par ailleurs, il faisait tout ce qui était en son pouvoir. Il avait déjà fait venir le dernier trappeur vivant des Etats-Unis et il attendait son avis. Que pouvait-il faire d'autre ?

Mel Simmons avait fait ce qui pouvait être fait, et, pourtant, il n'avait pas l'esprit tranquille. A elle seule, l'idée de loup, sans parler du loup réel, avait de quoi vous mettre mal à l'aise. Vous foutre la trouille. Il se pourrait bien, se dit-il, que la peur des loups soit ancestrale, héréditaire. On avait peur des loups depuis la nuit des temps et ce qu'on craignait ce n'était pas seulement les dégâts causés par les loups ou même qu'ils tuent des hommes. On craignait les loups parce que l'on gardait profondément ancrée dans la mémoire l'époque où l'homme devait s'initier à la chasse aux grands mammifères sur la calotte glaciaire et où le loup était son principal rival. Réflexion faite, Simmons était convaincu que le seul énoncé du mot « loup » terrorisait les gens parce qu'ils n'étaient pas tout à fait sûrs que cette lutte pour la suprématie soit terminée. Il n'est pas certain que le cerveau humain se soit débarrassé du réflexe qui fait du loup le plus cruel prédateur qui ait jamais foulé la surface de la terre. Les gens, se disait Simmons, doivent craindre que les loups ne se promènent toujours en liberté. Sinon, pourquoi leur ferait-on cette réputation de cruauté injustifiée ? De tueurs qu'ils ne sont en aucune manière ? De bêtes assoiffées de sang humain qu'ils ne sont nullement ? Ce ne sont rien d'autre que des animaux qui cherchent leur pitance comme ils l'ont fait pendant des millions d'années. Et puis, il n'y avait pas de loup dans l'Etat, en tout cas certainement pas dans les forêts de Simmons.

Mais il y avait une chose qui était aussi certaine que l'inexistence des loups sur le territoire de l'Etat : c'était l'existence, bien réelle, de la politique politicienne. Pour qui se prenait-on pour tenter de faire pression sur lui afin qu'il capture un loup qui n'existait pas ? Il leur faudrait faire voter une loi décrétant l'existence du loup s'ils voulaient qu'il le capture. Simmons connaissait les politiciens. On n'occupait pas un poste comme le sien sans rien connaître aux mœurs gouvernementales. Il savait fort bien que s'il ne mettait pas un terme à cette histoire de loup, on ne cesserait de le harceler de questions parfaitement stupides. Il lui faudrait sans doute même se rendre à Medecine Springs pour donner un caractère officiel à toute l'affaire, pour sauver les apparences. Avec un peu de chance, ce bon vieil Egan tirerait l'affaire au clair en moins d'une semaine. En attendant, Simmons avait rassemblé toute la littérature disponible sur les loups et avait demandé à sa secrétaire de voir ce que la bibliothèque de l'Etat possédait de plus récent sur le sujet.

« Etes-vous absolument sûr qu'il s'agisse d'une dent de loup ? » demanda Bailey à Egan.

Egan prit la tête du chien entre ses mains et l'éleva vers la lumière. Il examina la dent sous tous les angles possibles, la considéra un long moment et déclara : « Non, je n'irais pas jusqu'à l'affirmer.

— Et les poils ? demanda Stockton.

— C'est moi qui pose les questions, intervint Bailey. Et les poils, Egan ? » Celui-ci les examina encore une fois attentivement. Il les roula entre ses doigts.

« Je ne saurais me prononcer, répondit-il.

— Ce sont des poils de loup, de loup gris à bisons », insista Stockton.

— Ta gueule, répliqua Bailey en se tournant vers Stockton. Tiens-toi tranquille.

— Se peut-il qu'il s'agisse d'une dent de loup et de poils de loup ? demanda-t-il.

— Oui, répondit Egan.

— OK. » Bailey essayait d'être consciencieux. « Est-il possible que l'histoire qu'Old Joe a racontée à Jerry soit vraie ?

— Il y a quarante ans, elle l'aurait été, répondit Egan. A cette époque, les loups tuaient les chiens domestiques dès que l'occasion se présentait.

— Donc, vous dites qu'il est possible qu'il s'agisse d'un loup ? » demanda à nouveau Stockton.

Bailey lui fit signe de se tenir tranquille. « On a déjà assez anticipé sur les conclusions comme ça, dit-il. Il se peut que Joe soit en possession de ce crâne depuis son jeune âge.

— C'est un crâne frais, précisa Egan.

— Joe ne ment pas, ajouta Stockton.

— Tu n'en sais rien, Jerry. » Bailey se tourna de nouveau vers Egan et saisit le crâne. « Comment un loup ou autre chose aurait-il pu faire ça ? » Il montrait la dent enfoncée dans le crâne derrière l'orbite de l'œil du chien.

« C'était un sacré gros chien », ajouta-t-il en soupesant le crâne.

Egan l'examina une fois de plus. « Un gros loup aurait pu faire ça », dit-il. Il prit le crâne des mains de Bailey. « Un sacré gros loup », ajouta-t-il.

Une heure plus tard, les trois hommes roulaient en cahotant sur le chemin de terre qui menait au camp de Joe « Standing » Elk. Ni Stockton ni Bailey n'étaient sûrs de le trouver mais ils savaient de quel côté chercher. Il faisait chaud et Bailey remarqua qu'Egan n'avait pas l'air bien. Il mit l'air climatisé qui commença par projeter de la poussière. L'air frais arriva enfin et Bailey s'enfonça profondément dans son fauteuil afin de le recevoir en plein visage. A l'extérieur, de minuscules mirages, les premiers de l'année, dansaient sur le relief et jouaient sur le flanc des Collines.

La tente de Joe se trouvait à l'extrême limite de celles-ci. Derrière son campement, les pins s'étendaient jusqu'aux premiers contreforts des Collines, en bordure de la prairie. C'était un campement bien tenu. La tente était d'un modèle hexagonal, de celles que l'on trouve à l'armée, munies d'un seul piquet supérieur et dont les trois côtés d'un mètre de hauteur sont attachés à des barres transversales fixées à des pins nains. Le bois à brûler était empilé à côté du rabat de la tente solidement fermé et tout autour, sur des pierres et suspendus aux arbres, on voyait des outils et du matériel de camping. Une égoïne, une cuvette pour la toilette et une serviette, des rênes et une entrave, une hache et même de petites longueurs de corde enroulées et suspendues aux arbres, hors de portée des rats. Le vieil Indien avait construit un abri contre le soleil à une quinzaine de mètres de sa tente. Il était entièrement en pin fraîchement coupé. Il ne faisait pas encore assez chaud pour que le besoin s'en fasse ressentir mais apparemment Joe avait pris ses précautions en vue des jours de canicule qui n'allaient pas tarder. Le toit de l'abri était constitué de quatre arbres. Joe les avait étêtés et avait étendu d'épaisses branches de pin sur les barres transversales fixées aux arbres. L'abri faisait six mètres carrés et protégeait totalement du soleil. Au centre de la zone d'ombre se trouvait une chaise de cuisine. De toute évidence, c'était là que Joe avait établi ses quartiers d'été.

Les trois hommes se trouvaient au milieu du campement de Joe. Egan n'appréciait guère de pénétrer dans le campement de quelqu'un pendant son absence. Stockton s'émerveillait et furetait partout pour examiner de près les possessions de Joe, allant même parfois jusqu'à les manipuler. Bailey ne trahissait aucune émotion. Il se contentait de scruter l'horizon à la recherche d'un indice qui leur permettrait de savoir où se trouvait l'Indien.

Ils étaient dans le campement depuis à peine une demi-heure lorsque Bailey les prévint qu'il avait repéré Joe. Entre-temps, Egan avait trouvé un endroit confortable où s'asseoir, sur un rocher surélevé à la limite du campement. Il y avait bien cinq minutes déjà qu'il avait repéré le vieil Indien, qui avait lâché la bride à son cheval sur le chemin du retour au camp à travers la sauge et les yuccas, mais il n'avait pas jugé opportun de prévenir les autres. Le vieux Joe approchait, précédé de deux chiens de berger, de son allure immuable, sans presser le pas. Quand Bailey les prévint de l'approche de l'Indien, Stockton était en train de dénouer les lanières de toile qui fermaient le rabat de la tente. Elles étaient au nombre de trois et Stockton les avait toutes dénouées. En apprenant que Joe arrivait, il tenta avec précipitation de les renouer. Ce faisant, il ne cessait de surveiller par-dessus son épaule dans la mauvaise direction, de sorte qu'il ne fit rien de mieux que d'attacher la lanière gauche du bas à la lanière droite du haut. Egan le regardait faire depuis son rocher. S'apercevant de son erreur, Stockton s'empressa de dénouer à nouveau les deux lanières. Mais, plutôt que de défaire calmement le nœud, il s'acharna nerveusement dessus, ne réussissant, dans son effort pour en venir à bout, qu'à le resserrer encore davantage. Joe se trouvait encore à plusieurs minutes du camp mais Stockton commençait à s'affoler. Il jeta encore un coup d'œil par-dessus son épaule, se tourna dans la direction où Joe devait apparaître et resta un moment le regard fixe. Lorsqu'il reporta son attention sur le rabat de la tente, il avait visiblement perdu tout espoir de défaire le nœud. Avec des mouvements saccadés et l'air de quelqu'un pressé d'en finir, il attacha la lanière droite du bas à la lanière gauche du haut. Puis ses mains s'écartèrent du nœud comme s'il était brûlant. Stockton s'écarta et Egan vit les lanières nouées en forme de X au beau milieu de l'entrée de la tente de Joe « Standing » Elk. Il hocha la tête et descendit de son rocher pour aller à la rencontre de l'Indien dont les chiens s'étaient mis à aboyer en tournant autour de Bailey.

Joe « Standing » Elk était en effet un Indien à l'ancienne mode, semblable à ceux qu'Egan avait connus dans sa jeunesse. Egan pensa qu'il devait être de race pure ou presque. Il avait la peau sombre pour un Indien et ses cheveux, à l'exception des tempes, à peine argentées, étaient noirs et raides. Il montait un petit cheval trapu à la robe aussi fournie que la laine de ses moutons — il n'avait pas commencé à perdre son pelage d'hiver. La bride était en cuir tressé et Egan se dit que Joe avait dû la fabriquer lui-même. Une couverture de laine était jetée sur la selle dont on n'apercevait que les étriers de bois qui pendaient sous la frange rouge de la couverture. Du haut de son cheval, Joe parla doucement à ses chiens qui gagnèrent tous deux leur place près de la tente où ils se mirent en boule, la tête sur la queue mais sans quitter les étrangers de leur regard noir.

Joe mit pied à terre, attacha son cheval et défit la sangle de la selle avant de se tourner vers les hommes. Il adressa un signe de la tête à Bailey pendant que Stockton jacassait. Debout sur le sol, il paraissait plus vieux. Les rides profondes de son visage portaient la marque des ans sans qu'il fût pourtant possible de déterminer son âge.

Bailey et Stockton entreprirent de le questionner. D'abord de façon méthodique, Bailey posant ses questions d'un ton officiel, avec précision. Mais Stockton ne put s'empêcher de l'interrompre. « Tu dis que tu l'as vu, dit-il.

— Oui.

— Bon, ça suffit, coupa Bailey. Reprenons au début.

— C'est inutile, répliqua Stockton. Il dit qu'il a vu un loup.

— Il est facile de se tromper. Je veux en être sûr.

— Le loup a tué son chien », continua Stockton en faisant un geste vers les deux chiens pelotonnés près de la tente.

— Jerry. » Stockton se tourna vers Bailey. « Es-tu capable de la fermer pendant une minute ? »

Joe s'était détourné des deux hommes et regardait en direction de sa tente. « Ecoute, Joe, je sais que tu as raconté à Jerry que tu avais vu un loup et je ne dis pas que tu n'en as pas vu un. Je voudrais seulement que tu décrives ce que tu as vu pour Mr Egan ici présent. » Bailey désigna Egan qui était resté à dix mètres d'eux.

« Bon Dieu, Junior, c'est un Indien. Tu crois qu'il est incapable de reconnaître un loup s'il en voit un ?

— La ferme, Jerry.

— Tu n'as aucune raison ni aucun droit de me faire taire. »

Le visage de Bailey s'empourpra. « C'est moi qui suis shérif dans ce comté et alors que j'essaie d'y voir clair dans cette histoire, toi tu ne fais qu'aggraver les choses. » Bailey et Stockton étaient maintenant nez à nez. Bailey avait le visage rouge et Stockton était visiblement énervé.

« Maintenant, si tu le permets, je vais poser quelques questions à Mr “ Standing ” Elk. »

Il avait parlé d'une voix calme. Il se tourna ensuite vers Joe mais celui-ci s'était éloigné. Il était allé retrouver Bill Egan sous l'abri et, séparés l'un de l'autre par la chaise de cuisine, ils se regardaient droit dans les yeux. Les deux vieux parlaient ensemble. Ils s'exprimaient avec la tête et les mains. A l'extérieur, le soleil commençait à taper. Bailey et Stockton étaient en sueur mais n'allèrent pas se joindre aux deux autres sous l'abri.

Les deux vieux conclurent leur conversation par un signe de connivence de la tête et Egan s'approcha des deux autres Blancs. Puis il les dépassa, se dirigea vers la voiture de Bailey et ils le suivirent sans un mot. Pendant qu'ils roulaient vers la ville, Stockton demanda à Bailey ce que Joe lui avait dit. Egan, assis à côté de Bailey qui conduisait, regardait devant lui.

« Il a dit beaucoup de choses », répondit Egan et, continuant avant que Stockton n'insiste pour en savoir davantage : « Il a dit que le mal s'était abattu sur les Collines et que les choses allaient empirer. Il craint que nous ne soyons pas de taille à l'affronter.

— C'est tout ? Rien que ce radotage superstitieux ?

— Non, répondit Egan. Il a dit qu'il voulait que je capture le loup. Il a aussi demandé qui était entré dans sa tente. »

McVay, assis au bar de l'Oasis depuis six heures et demie, cherchait à amener par des voies détournées Traverse Best à lui confier quelque chose au sujet de P. J. Billion. Mais Best ne disait rien, au grand dépit de McVay. Qu'est-ce que Best avait à voir avec Billion ? Qu'est-ce que cela pouvait bien lui faire que McVay découvre l'adresse de Billion ? Au vu des résultats obtenus, McVay avait passé trop de temps dans cette ville. Maintenant, tout le monde le connaissait, même si l'on ne savait pas exactement qui il était, tandis que lui ne savait toujours rien au sujet de Billion. Cette femme, Katie, pourrait peut-être l'aider si jamais elle réapparaissait. Autrement, si rien ne se passait, il allait devoir se résoudre à utiliser son alibi de journaliste pour obtenir des renseignements.

Il avait recommencé à boire de la bière. Pas trop, afin de garder la tête claire, mais assez pour que l'on croie qu'il prenait du bon temps. Best était un bon barman. Lorsqu'un verre était vide, il était aussitôt remplacé par un plein. Il ne demandait pas aux clients ce qu'ils voulaient et ne les poussait pas à la consommation. En tout cas, il ne le faisait pas avec McVay. En revanche, à l'autre extrémité du comptoir, il y avait deux Indiens que Best incitait à se saouler, McVay l'aurait parié. Il leur servait parfois de nouvelles bouteilles de bière avant même qu'ils n'aient terminé celles qu'ils avaient entamées, et McVay remarqua à plus d'une reprise qu'on ne les voyait jamais donner d'argent à Best. Si celui-ci essayait de leur soutirer leur chèque d'allocation gouvernementale, il s'y prenait d'une drôle de manière.

Il ne se passait pas grand-chose d'autre dans le bar. Aussi McVay, tout en feignant d'être absorbé par la musique qu'il avait mise sur le juke-box, épiait-il les deux Indiens et Best. Best commença par bavarder avec McVay, ne se rendant à l'autre bout du comptoir que s'il jugeait que les Indiens voulaient une bière. Mais, après les avoir servis, il hésitait toujours un moment et restait à parler avec eux. A chaque bière, il semblait s'attarder un peu plus longtemps. Il échangeait des plaisanteries avec les deux hommes et leur donnait des claques dans le dos. Les deux clients paraissaient passer un bon moment mais ils vacillaient un peu plus sur leur tabouret à chaque verre qu'ils buvaient et leurs propos se faisaient de plus en plus confus.

McVay pouvait les entendre de là où il était assis. Lorsque Best revint lui porter une autre bière, il lui demanda qui ils étaient.

« Pete et Jake, deux Indiens qui font un peu d'élevage à l'extérieur de la ville. »

McVay surveillait Best à mesure qu'il parlait. Quelque chose sonnait faux dans le ton anodin qu'il avait adopté et dans sa façon innocente de regarder McVay tout en essuyant de la bière renversée sur le comptoir devant lui. « Pile ou face pour le juke-box », lui proposa McVay.

Best parut soulagé. « D'accord », répondit-il, et il fouilla dans sa poche à la recherche d'une pièce de monnaie. A cet instant, McVay entendit s'ouvrir la porte du bar. Puis il vit dans le miroir placé derrière le comptoir Katie debout derrière lui. Best émit un long sifflement à l'adresse de McVay. Il était facile de comprendre pourquoi : Katie était une belle fille. Ses longs cheveux noirs tombaient symétriquement en deux lourdes tresses jusqu'aux poches de poitrine de sa chemise cow-boy. McVay eut l'impression qu'elle était bronzée et qu'elle portait des jeans et des bottes flambant neufs. Pete et Jake l'aperçurent et l'invitèrent bruyamment à venir se joindre à eux. Elle regarda McVay qui s'était retourné pour lui faire face. Elle lui sourit, salua Best d'un signe de la tête et alla s'asseoir avec Pete et Jake.

« On tire ? » demanda Best.

McVay reprit sa position initiale et, mettant la main à sa poche à la recherche d'une pièce, répondit : « Tout de suite. » Il saisit la pièce et la lança en l'air. Tandis qu'il la suivait des yeux, son regard croisa celui de Katie dans le miroir.

« Face, annonça-t-il.

— Même chose, dit Best en découvrant sa pièce. « Mets B-12, tu veux ? »

McVay entendit Best lui demander ce qu'elle voulait

boire. Encore de la bière. L'instant d'après, elle était à ses côtés. « Je peux vous aider ?

— Bien sûr. »

D'un air grave, McVay et elle se mirent à choisir des chansons sur le juke-box. Dans leur dos, Pete et Jake criaient à Katie de revenir s'asseoir avec eux mais le couple faisait la sourde oreille. Puis des clients entrèrent bruyamment dans le bar et les voix de Pete et de Jake se noyèrent dans le brouhaha.

« Il faut que je vous parle », dit McVay.

Katie leva les yeux vers lui. « D'accord, allons nous asseoir dans un coin. »

McVay emporta sa bière dans un box pendant que Katie allait chercher la sienne que Best avait déposée sur le comptoir à côté de celles des deux Indiens. McVay surveillait la scène pour voir si tout se passait sans accroc. Lorsqu'elle prit sa bière, Pete se contenta de la retenir sans méchanceté par le bras. Ils échangèrent quelques mots puis Katie leur tourna le dos et se dirigea vers le box. Elle sourit à McVay, découvrant une rangée de dents bien plantées et parfaitement blanches. Elle tenait sa bière d'une main et son sac à main de l'autre. Lorsqu'elle s'assit, McVay put sentir son parfum. Il n'était pas suave mais aigre et McVay en éprouva un frisson dans la nuque. Le bar ne cessait de se remplir mais il ne s'en souciait guère. Il regardait Katie fouiller dans son sac et en retirer une cigarette. McVay détestait la cigarette mais cela ne l'empêcha pas, lorsqu'elle saisit son briquet, de le lui prendre gentiment des mains et de lui allumer sa cigarette. Le sourire qu'elle lui adressa creusa des fossettes aux commissures de ses lèvres. Il la trouvait belle.

Best était maintenant débordé. Les clients lui commandaient des consommations à chaque bout du comptoir et il n'avait plus le temps de faire la conversation aux Indiens, toujours perchés sur leur tabouret. McVay ne les perdait pas de vue, les observant par-dessus l'épaule de

Katie. Ils jetaient parfois un regard dans sa direction et McVay aurait juré qu'ils parlaient de lui dès qu'ils revenaient, éméchés, à leurs bières. McVay se demanda si Billion n'était pas l'un des clients présents dans le bar. Enfin, il se pencha vers Katie pour lui chuchoter quelque chose à l'oreille. Son odeur aigre l'attirait irrésistiblement. Il resta penché, la joue contre la tresse noir corbeau, les narines envahies par son odeur. « Billion, finit-il par dire. Il faut que je vous parle au sujet de P. J. Billion. » Katie lança un regard interrogatif à McVay. Puis elle lui fit un signe de tête affirmatif et lui prit la main. Lorsqu'ils se levèrent pour sortir, McVay vit que les deux Indiens les suivaient des yeux.

Ils traversèrent lentement la piste de danse sur laquelle trois couples évoluaient. Avant qu'ils n'atteignent la sortie, Katie fut abordée par un couple. McVay jeta un œil derrière lui et vit que les deux Indiens assis au comptoir avaient pivoté sur leur tabouret et il les soupçonna d'être en train de se donner du courage pour l'interpeller avant que Katie et lui n'atteignent la porte. McVay voulait éviter la bagarre. Il prit gentiment Katie par le bras, adressa un sourire au couple et poussa Katie vers la sortie. Best servait trois clients à la fois, ce qui ne l'empêcha pas, lorsque McVay se retourna dans sa direction, de lui souhaiter bonne chance d'un signe de la tête et de la main. La dernière chose que vit McVay avant que la porte ne se referme derrière lui fut les deux Indiens qui glissaient de leur tabouret sur leurs jambes flageolantes.

« Ouf, dit Katie lorsqu'ils débouchèrent dans l'air frais. Quelle cohue ! »

McVay acquiesça et aspira une bouffée d'air chaud qui lui parut très pur. Une soirée de printemps, pensa-t-il, mais pas humide comme celles de Toledo — sèche, plus marquante aussi d'une certaine manière. Il se tourna vers Katie et ils échangèrent de nouveau un sourire. Sans une parole, ils s'éloignèrent du bar et se dirigèrent vers un vieux peuplier qui se dressait à sept ou huit mètres de là, vers l'angle du bâtiment.

McVay ne songeait pas à l'embrasser. Il voulait seulement qu'elle lui indique un moyen de trouver Billion. Il devait aussi la convaincre de ne pas prévenir ce dernier que quelqu'un était à sa recherche. Mais lorsqu'elle tourna vers lui son visage auquel l'éclairage projeté par la fenêtre du bar donnait un teint olivâtre, il resta sans voix. Elle lui faisait penser à une autre femme qu'il avait connue à Saigon et qui avait semblé savoir mieux que lui-même ce qu'il faisait alors dans cet hôtel de passe. La fille de Saigon ne parlait pas anglais et ils n'avaient pas échangé un seul mot. Peut-être était-ce pour cette raison qu'il lui semblait tout à fait naturel que Katie et lui restent ainsi à se regarder sans un mot tandis que leurs visages se rapprochaient, que leurs lèvres se cherchaient pour finalement se toucher. Il sentit ensuite la pression de ses lèvres contre les siennes, la pression de ses seins contre sa poitrine, une pression plus forte sur ses lèvres et les siennes qui s'ouvraient. Tout se passa tout à fait naturellement jusqu'à ce que McVay entende la porte du bar s'ouvrir. Il écarta sa tête de celle de Katie, la tenant toujours enlacée : les deux Indiens sortaient du bar en titubant.

« C'est Pete et Jake », lui souffla Katie. Elle ne savait pas ce qui la poussait à rester dans les bras de McVay mais elle ne se détacha pas de lui. « Ne bouge pas », dit-elle. Elle espérait qu'ils quitteraient les lieux sans les voir. Elle sentit les muscles de McVay se tendre sous ses caresses.

Mais les deux autres ne déguerpissaient pas. Ils restaient immobiles. Ils cherchaient Katie et McVay et, leurs yeux finissant par s'habituer à l'obscurité, ils les aperçurent sous le peuplier. Katie se détacha de McVay qui avait desserré son étreinte et se tenait à ses côtés, calme mais sur le qui-vive. Les deux autres venaient lentement dans leur direction en échangeant quelques mots. Ils essaient de se donner du courage, se dit McVay, l'alcool les enhardit. Katie alla à leur rencontre tandis que McVay, qui n'avait pas bougé d'un pouce, restait à six ou sept mètres en arrière.

« Qu'est-ce que vous faites, pour l'amour de Dieu ? » demanda-t-elle. McVay nota un changement dans sa voix et ce n'est que lorsque les deux hommes prirent la parole qu'il parvint à identifier ce qu'elle avait de différent.

« On se demandait seulement ce que tu faisais avec le *Wasicu* », dit Jake. McVay comprit alors qu'elle avait pris l'accent indien pour leur parler.

« Ça vous regarde pas », rétorqua-t-elle.

Pete était complètement ivre. « C'est qu'un sale connard, déclara-t-il.

— Ferme-la, s'écria-t-elle.

— Connard ! »

Ils dépassèrent Katie. « Rentrez, ça vous passera en dormant », dit Katie.

McVay tâta de la main derrière lui pour vérifier où se trouvait l'arbre. « Hé, le Blanc, qu'est-ce que tu fais ? » demanda Pete.

— Tu veux encore de la terre ?

— Des bagnoles ?

— Tu as tout foutu en l'air, le Blanc. »

McVay ne répondit rien.

« Ça va, dit Katie. Vous avez assez rigolé.

— Ce mec n'est rien qu'un foutu connard, éructa Jake qui avait lui aussi la voix pâteuse et les gestes maladroits.

— Ne fais pas attention à eux, dit Katie à McVay. Ils sont tellement saouls qu'ils ne savent pas ce qu'ils font.

— Ça va pas, le Blanc ? T'as perdu ta langue ?

— Ils ne savent pas ce qu'ils font, répéta Katie. Ils ne se rappelleront de rien demain matin. » Elle adressa un sourire à McVay. Elle s'aperçut que sa respiration s'était accélérée et elle se demanda s'il avait peur.

« Ce petit con ne veut pas parler, Jake. »

Les deux hommes s'étaient rapprochés de McVay qu'elle surveillait du coin de l'œil pour essayer de deviner ses intentions.

« On devrait peut-être lui délier un peu la langue.

— Comme le Blanc de merde s'y est pris avec le bison, ajouta Jake. Avec un couteau ! »

Katie vit l'éclair de la lame à l'instant même où elle percevait un mouvement chez McVay. Elle crut d'abord qu'il se préparait à fuir — ce qui ne l'aurait pas surprise. Mais ce n'était pas le cas. McVay franchit si vite les deux mètres qui le séparaient de Jake que Katie le perdit une seconde de vue. Elle vit une botte s'élever à près de deux mètres du sol et toucher Jake au-dessus de l'oreille avant de venir écraser le bras qui tenait le couteau qui tomba sur le gravier de la ruelle. Il faisait sombre et tout s'était déroulé très vite. Elle entendait la respiration saccadée de McVay et les brefs grognements qu'il poussait tout en frappant les deux Indiens. Ceux-ci étaient maintenant au sol et agitaient en vain les pieds et les poings. McVay continuait de leur assener en ahanant des coups dont Katie pouvait juger, au bruit qu'ils faisaient, qu'ils atteignaient leur but. En entendant le bruit d'un os qui se brisait, elle remarqua du sang sur les poings de McVay.

« Arrête ! » s'écria-t-elle. Elle s'avança vers McVay et tenta de lui saisir un bras par-derrière. Mais McVay ne sentait rien.

« Arrête ! »

Elle le vit alors se pencher vers une de ses bottes sans changer de cadence. Sa main ramena un couteau.

« Arrête ! » Cette fois, elle s'interposa.

Ses yeux la terrifiaient. « Arrête ! » répétait-elle. Son haleine devenait forte et elle sentait l'intérieur de son corps. « Arrête, ce ne sont que deux Indiens ivres. » Le couteau resta suspendu en l'air mais sa respiration restait haletante. Leurs regards se croisèrent de nouveau pendant qu'ils humaient tous les deux l'odeur du combat, une odeur faite de sueur et de sang, de peur et d'excitation. L'haleine de McVay continuait de lui parvenir par bouffées.

Le couteau s'abaissa et il l'enveloppa d'un regard de désir. Ils s'embrassèrent alors, sa langue pénétra dans sa bouche et il lui mordit les lèvres. Ils se mirent ensuite à courir. McVay ne savait pas de quel côté ils se dirigeaient mais le contact de l'air sur son corps en sueur lui faisait du bien. Il courut encore plus vite, plus fort, en la traînant derrière lui. Il pouvait l'entendre rire.

Lorsqu'ils arrivèrent aux pins, ils s'effondrèrent en riant, en sueur et à bout de souffle. Ils s'arrachèrent leurs vêtements et attendirent que chacun soit complètement nu. Ils avaient cessé de rire. McVay s'agenouilla entre ses jambes et la regarda. Ses seins se dressaient, durs. Elle était prête à le recevoir. Lorsqu'il la pénétra, ils frémirent tous les deux et poussèrent un gémissement qui se fit entendre à travers la prairie.

L'odeur du sexe est forte et, dans la prairie, elle était incomparable en ce soir de début d'été. Par certaines nuits sans un souffle d'air, elle flotte dans les creux de terrain, épaisse et paisible. Son parfum trouble effraie ou intrigue.

Katie Running était étendue sur le souple tapis d'aiguilles de pin légèrement humides que les années avaient accumulées au pied des arbres qui, pour le moment, lui masquaient partiellement une lune menacée par des nuages venant de l'ouest. Elle avait les yeux grands ouverts et laissait son esprit divaguer au gré des nuages. Le bruit de la respiration de McVay étendu à ses côtés se mêlait à la brise qui agitait les branches de pins au-dessus de sa tête. Elle se demanda ce qu'elle faisait là, étendue ainsi. Elle caressa légèrement de la main la poitrine de McVay et comprit qu'elle tenait là une partie de la réponse. Elle hocha la tête : purement physique, se dit-elle. Mais une faute. Presque toujours une faute. McVay incarnait ce que Lebeaux aurait appelé le mal qui frappait les Collines. Mais McVay n'y était pour rien. Il n'était pas du pays. Une raison quelconque avait dû l'amener dans la région. Quant à elle, c'était autre chose : elle était du pays, qu'elle le veuille ou non. Qu'elle le veuille ou non, elle était aussi forcée d'admettre que les hommes avaient toujours été des objets de plaisir pour elle. Non seulement il fallait se méfier des hommes mais les bagarreurs enragés comme McVay, il fallait les fuir comme la peste. Elle le savait bien, elle savait qu'il n'existait pas de réponse, que personne ne pourrait jamais remplir son vide intérieur. Mais quel type de réponse espérait-elle ? Qu'est-ce qui l'empêchait de s'accepter telle qu'elle était ? Elle passa sa main sur la poitrine de McVay en l'écoutant respirer, consciente que son monde à lui obéissait à des forces sauvages et que cela avait à voir avec l'attirance qu'elle ressentait pour lui. Elle se tourna vers le sud, du côté des sommets noirs, en se demandant une fois encore dans quelle galère elle s'était embarquée.

L'odeur du sexe se confondit alors avec des voix humaines, s'envolant au-delà du petit bosquet d'arbres situé aux abords de Medecine Springs, sans que personne ou presque s'en aperçoive. L'odeur du sexe se mêlait à celle de la sauge et les voix à la brise légère qui se levait.

« Viens, habille-toi. » Des voix dans le vent. Composant une sorte de puzzle dans la nuit. A la différence d'un objet visible, l'odeur et le son forment une espèce de cercle qui se déforme au gré du vent. Ils se diffusent à partir du centre de ce cercle mais la configuration du terrain et le vent, fût-il aussi faible que celui qui soufflait ce soir-là, en distordent l'image, rendant le centre difficile à repérer.

« Où allons-nous ? » Il leur fallait jouer à deviner quelle modification le vent et la terre allaient apporter au cercle et de quelle manière ils allaient en rendre le centre irrepérable.

« Que dirais-tu d'un bain ? » Le centre est là, sur le monticule. Ou là, peut-être, sous les pins dans le petit creux de terrain au-dessus de la source.

« De quoi parles-tu ? » demanda McVay en mettant sa chemise.

Elle faisait de même, assise devant lui les jambes en tailleur. Son jean était toujours en boule sur les aiguilles de pin derrière elle. « Fais-moi un peu confiance », lui répondit-elle.

Une fois à l'intérieur du cercle, l'odeur est pénétrante. Elle est riche et forte, elle enveloppe tout. Une fois à l'intérieur du cercle, tout repose sur le son. Il suffit d'être immobile et d'écouter.

Elle lui fit un large sourire et se releva à moitié d'un mouvement de hanches. Ils étaient maintenant tous les deux à genoux et à demi vêtus, face à face. « D'accord, dit McVay. Je te fais confiance. »

Oui, là. Dans les pins.

Ils se levèrent et enfilèrent maladroitement leurs pantalons. Katie mit ses bottes, fourrant ses chaussettes et son slip dans sa poche arrière. « Nous n'en aurons pas besoin. »

Sortant rapidement de sous les pins, ils se dirigèrent vers la ville, quittant le cercle, trébuchant sur les buissons de sauge et s'écorchant aux pointes épineuses des cactus. McVay se demanda comment ils avaient pu parcourir cette distance en courant une heure auparavant. Cela lui rappela les deux Indiens, Pete et Jake, et il espéra ne pas les avoir trop amochés. Les choses se compliqueraient si la mémoire leur revenait de ce qui s'était passé.

McVay et Katie rentrèrent en ville directement, en passant derrière l'Oasis qui paraissait plus imposant vu de derrière. Son architecture intriguait McVay. Ils en suivirent le mur jusqu'à une petite porte et, là, Katie porta un doigt à ses lèvres. Elle sortit une clé de sa poche. « Cadeau de notre ami le barman », expliqua-t-elle en l'introduisant dans la serrure et en ouvrant la porte. Ils entrèrent et Katie alluma.

McVay fut aveuglé par l'éclat de la lumière. L'endroit était partout éclairé de lampes brillantes qui dégageaient de la chaleur. McVay bondit vers le commutateur.

« Toute la ville va nous voir. »

Katie le retint. Elle lui dit en souriant : « Il n'y a pas de fenêtres. » Et, montrant à McVay l'espace qui se trouvait derrière lui : « Regarde. »

McVay se retourna et vit pour la première fois l'intérieur du bâtiment. Il avait une trentaine de mètres de longueur, sans ouvertures pour la lumière, et était occupé sur toute son étendue par une piscine sur l'un des bords de laquelle se trouvaient des bancs surmontés de lampes solaires fixées au plafond. De l'autre côté de la piscine, il y avait une rangée de portes, certaines fermées, d'autres entrebâillées. Les lieux étaient dans un piètre état — des morceaux de ciment avaient été arrachés tout autour du bassin, plus de la moitié des lampes solaires étaient hors d'usage, les bancs avaient des lattes brisées — mais on devinait qu'ils avaient connu des jours fastes.

« Qu'est-ce que c'est que cet endroit ? demanda McVay à voix basse.

— L'Oasis, lui chuchota Katie. Les eaux thermales. Autrefois, on venait se baigner ici de partout. »

McVay s'approcha du bord de la piscine. « L'eau bouge.

— Medecine Springs, dit Katie. La source commence ici. Vingt-huit degrés. Elle coule sous terre sur une distance de quatre cents mètres. Puis, en dehors de la ville, elle devient Medecine River. » Elle se mit à déboutonner sa chemise.

« Qu'est-ce tu fais, demanda McVay.

— Je me baigne, répondit-elle. Tu m'accompagnes ? »

McVay resta une minute à la contempler. Katie étendit les bras et tourna lentement sous le feu des projecteurs. « Je te plais comme ça ? lui demanda-t-elle en souriant. Ne t'en fais pas tant, personne ne sait que nous sommes ici. L'endroit est complètement clos. » Elle fit un pas vers la piscine et effectua un plongeon parfait dans l'eau chaude.

Pourtant, la piscine de l'Oasis n'était pas complètement à l'abri des regards. Il y avait une légère fente dans le mur du fond qui s'était lézardé. Cette fente ne pouvait être repérée que de l'extérieur, de la prairie. Elle était passée inaperçue pendant des années. Mais, ce soir-là, deux yeux jaunes y brillaient, deux yeux au-dessus de narines humides qui avaient déjà flairé méthodiquement les aiguilles de pin sur lesquelles Tom McVay et Katie Running avaient fait l'amour.

Le bureau de Simmons ne désemplissait pas. Quelques touristes avaient commencé à envahir petit à petit les Collines. Ils se plaignaient de la malpropreté des terrains de camping et de la neige persistante sur les sommets. Les bûcherons déploraient la mévente des arbres tandis que les particuliers regrettaient que l'on dégarnisse les forêts. Ce n'étaient que lamentations selon lesquelles la politique de coupe des arbres des Eaux et Forêts modifiait l'environnement mais, comme ces récriminations étaient le fait de gens par ailleurs hostiles aux mines d'uranium, Simmons avait depuis longtemps cessé d'y prêter attention. Restaient les coyotes qui tuaient les agneaux un peu partout dans les Collines, mais des trappeurs s'en occupaient. Simmons ne pouvait pas faire grand-chose de plus.

Simmons savait que le comportement des coyotes faisait partie de la nature au même titre que le vol des oies vers le nord au printemps. En revanche, ce qui se passait à

Medecine Springs était d'un autre ordre. Il avait reçu un rapport au sujet du veau tué sur les terres de Knutson. Egan lui-même avait reconnu que la mère avait été, elle aussi, attaquée. Une génisse de deux ans était une proie un peu grosse pour des coyotes. Simmons le savait aussi bien qu'Egan, même si ni l'un ni l'autre n'y avaient fait allusion au téléphone. De quoi pouvait-il alors s'agir ? S'il s'était agi d'un gros chat, Egan aurait été en mesure de répondre à cette question sans la moindre hésitation. Ce pouvait aussi bien être des chiens, bien sûr, mais les chiens ne sont pas assez futés pour rester longtemps sans se faire repérer. Restait l'hypothèse d'un loup. Egan n'avait pas dit qu'il ne s'agissait pas d'un loup. Simmons en savait aussi long que quiconque en matière de loups, en théorie du moins, et il était sûr qu'il ne pouvait plus rester de loup gris à bisons en vie. Simmons laissa son esprit vagabonder. Il pouvait peut-être s'agir d'un loup des bois venu du Canada. Il fit une moue négative. Cela aurait signifié plus de mille cinq cents kilomètres parcourus à travers des terres cultivées. Impossible. Les vastes plaines de la prairie, les abords immédiats des Collines étaient l'habitat des loups gris à bisons, pas des loups des bois.

Simmons se mit à rêvasser. Les loups gris étaient, après tout, les plus séduisants d'entre les loups. Ils représentaient, sans discussion possible pour un amoureux des plaines, la plus merveilleuse des sous-espèces de loups. Il y avait bien, il est vrai, les loups de l'Arctique au comportement très voisin de celui des loups gris, quoique légèrement plus gros, mais les loups de l'Arctique chassaient le caribou tandis que les loups gris avaient toujours chassé le bison. Le simple fait que les loups gris aient pu abattre des animaux de la taille et de la force d'un bison suffisait à faire d'eux les plus formidables des loups. La disparition des bisons, suivie de celle des loups, ne faisait qu'ajouter à la mystérieuse fascination exercée par ces derniers. Simmons, qui n'était pas dépourvu d'une profondeur de vue toute romantique, ne pouvait s'empêcher de voir dans le loup gris une sorte de héros tragique, une sorte de Hamlet carnivore acculé à la déraison par un monde injuste.

Le destin du loup, son extinction finale, était tout aussi fatale que la fin de Hamlet. Pourtant, se dit Simmons, sait-on jamais... S'il n'y avait pas une petite chance que le héros s'en sorte, il n'y aurait pas de tragédie. Quelle histoire à Medecine Springs s'il s'avérait qu'on avait affaire à un loup gris à bisons ! Mieux encore, si Egan réussissait à le capturer vivant, ce serait comme si on découvrait un dinosaure. Le prestige et la notoriété du Service y gagneraient, pensait Simmons. Lui aussi. Il feuilleta les pages de son agenda. Il disposait de deux ou trois jours encore. Un peu de travail sur le terrain lui ferait du bien. Il y avait longtemps qu'il n'était pas allé faire un tour dans la prairie. Il ne lui restait qu'une seule chose à régler, qu'il ne pouvait déléguer à aucun de ses adjoints. Larry Mullens des Parcs nationaux lui avait téléphoné pour lui demander un rendez-vous afin de discuter des questions de sécurité. Simmons leva les yeux au ciel rien qu'en y pensant. Les Parcs nationaux et les Eaux et Forêts ne s'entendaient guère. Il y avait trois parcs nationaux dans la forêt : Wind Cave, Jewel Cave et, bien entendu, celui du mont Rushmore. Mullens avait cette mentalité typique des gens qui veulent toujours faire régner l'ordre et qui se prennent pour des spécialistes en armes à feu. Il portait des lunettes de soleil réfléchissantes.

Simmons se doutait du sujet sur lequel porterait l'entretien. Mullens avait mis au point plusieurs plans de protection du mont Rushmore au cas où celui-ci serait attaqué par ce qu'il appelait des terroristes. Ses plans avaient fait sourire jusqu'aux années 70, époque où les militants indiens avaient occupé le pied de la montagne, munis de bidons de peinture et d'acide et décidés à défigurer les têtes géantes sculptées dans la pierre de la montagne. Un des plans de Mullens prévoyait que la police fédérale devait empêcher les Indiens d'accéder au sommet. On y avait déposé Simmons par hélicoptère et il avait fait personnellement l'inspection des fortifications élevées par Mullens et par les Fédéraux. Il avait vu les fils barbelés et les armes automatiques qui gardaient l'étroit défilé encastré dans les rochers qui menait au plateau au-dessus des têtes sculptées. Chaque policier fédéral avait reçu, en plus d'une carabine et d'un revolver, des grenades et des talkies-walkies. Sur le coup, ce dispositif avait pu paraître pour le moins excessif mais des rapports arrivés par la suite avaient affirmé que les Indiens étaient équipés d'un armement équivalent. On s'était pas mal bagarré au-dessus des quatre têtes de granit dont Simmons n'ignorait pas qu'elles avaient une grande valeur symbolique pour les deux camps. C'était précisément pour cela qu'elles avaient été choisies comme prétexte à l'accrochage.

Mullens avait gagné sa réputation pendant la semaine qu'avait duré le siège. Jusqu'alors, personne ne l'avait pris au sérieux. Mais depuis, et après avoir raconté lui-même l'histoire un bon millier de fois, Mullens était devenu un personnage légendaire des Parcs nationaux. Raison de plus pour que Simmons, garde forestier en chef des Eaux et Forêts, refusât même de lui adresser la parole. Il savait que Mullens lui sortirait encore des histoires à dormir debout à propos des Indiens dont les forces étaient censées s'être massées quelque part dans la forêt de Simmons dans le but d'attaquer le monument que lui, Mullens, était chargé de défendre. La perspective de devoir passer l'après-midi à écouter Mullens lui confier ses soupçons de paranoïaque, tout en étant obligé de supporter ses lunettes de soleil réfléchissantes, ne réjouissait guère Simmons. Il aurait préféré aller se faire une idée de la situation à Medecine Springs. Mais, comme il fallait que les services gouvernementaux aient au moins l'air de collaborer, il lui faudrait voir Mullens avant d'aller faire un tour dans la prairie. Il prit le téléphone à contrecœur. Mullens allait délirer au sujet de la menace que représentait le campement indien. Il allait délirer sur tout ce qui pouvait arriver au mont Rushmore et il aurait probablement déjà établi une liste des individus dangereux qui y avaient cherché refuge. Simmons voulait bien prendre la situation au sérieux, mais c'était difficile.

Bailey trouvait, à la réflexion, que McVay ne se montrait pas très curieux pour un journaliste. Il avait mené sa petite enquête et découvert que McVay n'avait interviewé personne. Il n'avait pas posé une seule question sérieuse. Quelque chose clochait. L'attitude bourrue de Bailey l'avait peut-être effrayé. On lui avait dit que c'était parfois l'effet qu'il faisait sur les étrangers. Mais McVay ne paraissait pas du genre à se laisser intimider par quelques ronchonnements. McVay n'avait pas l'air de se laisser intimider par quoi que ce soit. Justement, il ne se conduisait pas comme un journaliste. Bailey n'avait jamais porté les journalistes dans son cœur — par exemple Jerry Stockton, pour ne prendre que lui. Pourtant McVay était réglo, peut-être parce qu'il ne posait pas de questions. Mais par ailleurs, il ne fallait pas oublier qu'un vrai journaliste posait toujours des questions. Bailey décida d'être plus attentif envers McVay — il se pouvait, après tout, que ce soit un timide. Chez un homme, surtout chez un étranger, la timidité n'est pas toujours facile à déceler.

Tous ces étrangers. Encore autre chose. Alors que personne ne mettait jamais les pieds à Medecine Springs ou dans le comté de Lindon, ces derniers temps, il en arrivait de partout. La semaine précédente, ç'avait été

McVay et Egan. Traverse Best était arrivé environ un an auparavant. Il y avait aussi cette Indienne qui vivait chez Jake. Bailey se sentit légèrement tendu à la pensée des autres étrangers, ces agitateurs venus de l'extérieur qui s'étaient installés, en toute illégalité, dans le campement indien sur le terrain des Eaux et Forêts. Encore heureux qu'ils aient dressé leur camp là-bas, hors de sa juridiction, tout près de chez l'autre grand trouble-fête du pays, P. J. Billion. La seule pensée de ces Indiens radicaux en train de camper à proximité du petit ranch de Billion donna la chair de poule à Bailey.

Il était en train de penser à l'agitation qui secouait les Collines lorsque Egan entra dans son bureau. Son arrivée lui remit en tête comme un mauvais rêve tous les problèmes qui l'attendaient dans l'immédiat. La visite d'Egan le réjouissait. Il souhaitait mettre cartes sur table, tirer les choses au clair et adopter une ligne de conduite. Egan s'approcha lentement du bureau en tirant une chaise derrière lui. Il parut à Bailey plus vieux que jamais. Ses yeux ridés étaient mi-clos, les pattes-d'oie qui les prolongeaient disparaissant sous le rebord étroit de son chapeau.

« Bonjour, shérif », dit Egan d'une voix douce.

Le shérif retira son chapeau et le lança sur le classeur en désordre qui se trouvait derrière lui. Il allait dire à Egan de prendre une chaise mais celui-ci était déjà assis. « Alors, où en sommes-nous, Egan ? demanda Bailey.

— Pas très avancés, répondit doucement Egan.

— Où cela nous mène-t-il ?

— Nulle part, répondit Egan.

— Je me demande si nous ne devrions pas prendre des hommes et passer au peigne fin toute la région entre le camp d'Old Joe et les Collines.

— Je pense que ce que vous cherchez se trouve dans les Collines elles-mêmes », dit Egan.

Bailey hocha la tête. « Je me doutais que vous me diriez

cela. Je fais tout ce que je peux pour rester à l'extérieur des Collines. Il ne sort jamais rien de bon de ce coin-là.

— Faites comme il vous plaira, dit Egan. Moi, je rentre chez moi.

— Vous rentrez ? Vous parlez sérieusement ? » Bailey fit la grimace. Egan posa sur la table le mot qu'il avait reçu de Simmons. « Qu'est-ce que c'est, Egan ? » Celui-ci y jeta un coup d'œil. Bailey saisit le papier et le lut. « Pour qui ce type se prend-il ?

— C'est lui qui m'a embauché. Garde forestier en chef. Il prend tout en main. Moi, je rentre.

— Foutaises ! » Bailey relut la note. « Ce type ne veut que vous aider. » Egan ne répondit rien. « Vraiment, Egan, vous n'avez rien compris. » Bailey brandit la note.

« Vous ne voyez pas où il veut en venir ? » demanda Egan.

Bailey jeta un nouveau coup d'œil sur la note. Il fit signe que non.

« Il le veut vivant, dit Egan.

— Et alors ?

— Qu'il ne compte pas sur moi. » Egan avait les mâchoires serrées.

« Alors, vous le laissez tomber? demanda Bailey. Après tout, vous êtes assez grand pour savoir ce que vous faites.

— J'ai le choix ?

— Egan, ça suffit, je veux que vous restiez. Ce Simmons n'est bon à rien. J'ai besoin de vous. »

Egan opina de la tête. « Simmons est incapable de capturer un loup, dit-il. Si loup il y a. »

Cette dernière remarque d'Egan retint l'attention de Bailey qui le surveillait, essayant de le sonder. « Vous avez vu ce qui se passe dans le coin, dit-il lentement. C'est bizarre et vous le savez comme moi. J'ai l'impression que je vais avoir besoin de quelqu'un qui connaisse son affaire. » Bailey avait adopté un ton grave. « Je tiens à ce que vous restiez.

— Sincèrement, shérif, je ne demande pas mieux. Mais c'est Simmons qui m'a engagé et il me virera si je ne fais pas ce qu'il dit.

— Dans ce cas, vous êtes viré. Ce qui ne signifie pas que vous ne puissiez pas traîner quelques jours dans les parages. Fauché ? »

Un coup d'œil rapide permit à Egan de constater que le shérif s'apprêtait à lui avancer de l'argent. « Non, j'ai ce qu'il faut.

— Dans ce cas, restez. Vous n'allez pas m'abandonner dans ce merdier, seul en face de cet imbécile qui va bientôt rappliquer. » Egan gardait les yeux rivés au sol. « Quelques jours seulement, qu'en dites-vous ? insista Bailey. Et puis, vous êtes déjà embarqué dans l'affaire, Egan. »

Egan hocha la tête. « D'accord, répondit-il. Je vais rester, le temps de voir comment les choses tournent. »

Bailey donna une petite tape sur l'épaule d'Egan. « C'est parfait », dit-il, en lui lançant un clin d'œil complice.

Le vent était tombé pour la première fois depuis le matin et le relief érodé des monticules pierreux prenait des formes grotesques selon l'intensité changeante de l'ombre. A l'extrémité ouest d'une éminence de forme oblongue qui se dégageait nettement sur l'immensité d'un ciel rose, une forme humaine, sinistre dans la lumière du soir, s'employait à poser la dernière pierre au sommet d'une tour complètement achevée et qui constituait maintenant le point le plus élevé du paysage. La tour, qui avait plus de deux mètres cinquante de hauteur, était circulaire, d'un diamètre de deux mètres à sa base, s'élevait en cône jusqu'au sommet qui s'achevait en une unique pierre de cinquante centimètres carrés. La silhouette en descendit et recula légèrement. Un monument, pensait-il, à la solitude, à l'ennui et à la peur.

Comme tous les bergers, Joe « Standing » Elk avait bâti un millier de tours semblables au cours de sa vie, uniquement pour s'occuper. Enfant, elles l'émerveillaient : elles se dressaient dans des régions, se disait-il à l'époque, où l'homme n'avait jamais mis les pieds. Berger à son tour, il en avait lui aussi construit parce que les bergers avaient toujours fait ainsi. Au début, il les élevait machinalement puis, les années passant, il avait fini par les considérer comme de véritables monuments. A partir de ce jour, ses tours n'avaient cessé de gagner en pureté, ressemblant de plus en plus à celles de son enfance et lui rappelant leurs constructeurs disparus à jamais, ces bâtisseurs anonymes qui n'avaient jamais songé que quelqu'un verrait un jour leur travail. Puis la patine du temps avait confondu les tours de Joe et celles de ses prédécesseurs.

Plongé dans ses réflexions, il s'était donc reculé pour apprécier son œuvre. La lumière tombait maintenant des buttes, éclairant la tour par en dessous. Elle reposait sur d'énormes rochers qui avaient été roulés jusqu'au site choisi par Joe. Les rangées supérieures consistaient en pierres de plus en plus petites, toutes recueillies dans la campagne environnante, parfois dans un rayon de plusieurs kilomètres. Etait alors venu le tour de cette ultime pierre qui, balancée à plus de deux mètres de hauteur depuis le sommet du monticule, couronnait l'édifice. Parfait, se dit Joe, persuadé qu'il avait trouvé là la voie de la sérénité cherchée en pure perte par les hommes de la ville. Ils se moqueraient sûrement de cette tour inutile, sauf peut-être le vieux, celui qui s'appelait Egan.

Les yeux de Joe allèrent de la tour aux derniers rayons du soleil couchant. Il prit sa carabine sur une grosse pierre, où il l'avait déposée pour travailler. La nuit n'allait pas tarder. Mais lui, il ne dormirait pas. Pas de sommeil pour le vieux Joe « Standing » Elk qui ferait encore le guet toute la nuit. La tour avait bien rempli sa journée, la garde de ses moutons remplirait bien sa nuit.

A une heure et demie du matin, Traverse Best était allé ramasser trois bouteilles vides sur la table de la banquette qui se trouvait dans le coin du bar. Il avait réveillé le client qui s'y trouvait depuis onze heures. « C'est l'heure d'aller au lit, Buddy. » Les yeux de Buddy s'étaient aussitôt ouverts comme s'il était déjà parfaitement éveillé. Il était manifestement encore ivre mais il sauta sur ses pieds, agité et plutôt embarrassé.

« Hum, s'excusa-t-il, je crois que j'ai fait un petit somme. Je ne sais pas ce qui m'a pris. C'est comme ça quand on se lève tôt et qu'on travaille comme une bête toute la journée. » Best fit signe qu'il comprenait. « Le printemps est le moment où je travaille le plus.

— Je sais, répondit Best en essayant de le pousser vers la sortie.

— Merci, Traverse », dit Buddy en passant la porte.

Best fit alors demi-tour et, un torchon à la main, entreprit d'en donner un dernier coup sur chaque table en se dirigeant vers le fond du bar. Tout en travaillant, il songeait à McVay. Un type bien. Dommage qu'il soit mêlé aux histoires de Billion. Best avait remarqué que McVay ne posait pas de questions au sujet du loup. Il ne semblait s'intéresser qu'à Billion et il ne pouvait pas avoir connu le nom de ce dernier autrement qu'en ayant affaire à lui d'une manière ou d'une autre. Probablement une histoire de drogue, se dit Best. C'était malheureux mais, si McVay traitait avec Billion, il y avait de grandes chances pour qu'ils finissent par se retrouver chacun d'un côté de la barrière. Dommage, songea Best.

L'air de la nuit était frais. Après des heures passées

dans le bar, c'était agréable. Best s'appuya contre sa camionnette et alluma une cigarette. La lune était haute mais les nuages recommençaient à tourbillonner dans le ciel. Sur le pare-chocs, il y avait des plaques de boue que Best frotta machinalement de la main. Il passa sa manche de chemise sur le chrome jusqu'à ce qu'il étincelle comme le reste du véhicule. Il prit ensuite place au volant mais sans refermer la portière. Il resta un bon moment à contempler la prairie qui s'étendait derrière l'Oasis. Il ramena finalement ses jambes à l'intérieur de la camionnette et ferma la portière. Ses phares éclairèrent la prairie tandis qu'il prenait la direction de la vieille ferme dont il était locataire. Lorsqu'il arriva sur la nationale, la prairie s'anima. Ainsi que des acteurs attendant en coulisses que les feux de la rampe leur donnent la vedette, les gros lièvres et les daims dressaient la tête sans bouger, éblouis, et détalaient aussitôt dans la lumière des phares. Best leur accordait une attention distraite. Il pensait à McVay et à Billion, puis à Katie Running, se demandant quel jeu elle jouait.

Ils s'étaient rencontrés de temps à autre, au bar, dans des soirées, et, même si Best aurait pu aller plus loin s'il l'avait voulu, leurs soirées s'étaient toujours achevées, parfois très tard, en longues discussions. Quelque chose en elle l'attirait et le repoussait à la fois. Il était persuadé qu'elle manquait de sincérité. Il n'y avait rien d'étrange là-dedans, tellement de gens se composent un personnage. Ce qui le gênait, c'était la façon dont il s'était senti attiré vers elle. Jamais une femme n'avait fait autant impression sur lui et il regrettait de s'être trop livré lors de leurs conversations. Il lui en avait trop dit et il ne pouvait s'empêcher de penser que tous les hommes en arrivaient là avec elle. Sans avoir jamais fait l'amour avec elle, il lui avait pourtant parlé comme si c'était sa meilleure amie. Il était mécontent de lui-même sans trop s'étonner de sa propre conduite. Il était vulnérable, indiscutablement. Il vivait seul depuis trop longtemps, il haïssait son job, il haïssait la ferme dans laquelle il vivait. Il allait bientôt s'en sortir mais, en attendant, il était seul. Il avait hâte que tout cela soit de l'histoire ancienne. Quelque chose dans ce patelin le poussait à se comporter bizarrement.

En réalité, rares sont ceux qui supportent la solitude dans la prairie. Celle-ci nourrit dans une large mesure l'esprit grégaire. L'instinct qui pousse les animaux à se rassembler leur fait perdre la tête lorsqu'ils sont séparés du troupeau, ce qui facilite les choses pour celui qui les guette. Le daim, l'antilope, le mouton, le bétail, le bison, tous, même les êtres humains, sont des animaux grégaires. Rares sont ceux parmi eux qui peuvent penser lorsqu'ils sont seuls. Sans leurs congénères, ils ont facilement peur, commettent des erreurs, courent dans la mauvaise direction, se coincent eux-mêmes, ne voient pas ce qui devrait leur sauter aux yeux, ces embuscades où les attend un chasseur solitaire.

La nuit s'était assombrie. La lune était complètement voilée par les nuages lorsqu'il s'engagea dans la longue allée qui longeait la clôture sur deux cents mètres avant de déboucher sur le chemin qui conduisait chez lui. Best mit ses codes. L'obscurité se dissipa un peu, les yeux de quelques lapins se réfléchirent dans ses phares. Il fut secoué par les ornières du chemin et le rétroviseur lui renvoya l'image de l'arrière vide de sa camionnette. Ses feux arrière faisaient un halo rouge dans la nuit.

La maison n'avait qu'un niveau. Les bardeaux qui la recouvraient lui donnaient l'apparence d'un énorme reptile préhistorique. Des arbres se dressaient dans la cour. En hiver, le vent soufflait à travers les murs de la maison. Best arrêta la camionnette devant la porte mais, après réflexion, alla la garer dans le hangar qui se trouvait à côté du silo à grain. L'intérieur du hangar s'éclaira et, pendant un moment, Best se sentit au chaud. Mais cette sensation ne dura pas. Il coupa le moteur et fouilla dans la boîte à gants pour y prendre sa lampe de poche. Il finit par la trouver, l'alluma, ouvrit la portière de la camionnette et éteignit les phares. La pile usée de la lampe de poche ne donnait qu'un faible rayon de lumière qui éclairait à peine le mur du hangar. Best contourna rapidement la camionnette et ferma la porte du hangar dans un grincement. Comme il prenait la direction de la maison, le faisceau de sa lampe tomba sur des traces de pneus profondes à ses pieds. Les traces ne menaient pas au hangar où il venait de se garer. Elles continuaient tout droit et se perdaient dans l'obscurité. Best secoua la lampe de poche dans l'espoir d'en raviver la lumière. Elle donna un éclat plus vif qui s'affaiblit aussitôt. Best projeta le pâle faisceau vers la maison. Son rayon n'arrivait même pas à la porte arrière et se perdait dans les ombres noires des buissons qui formaient un massif entre la maison et lui. Le cœur de Best se mit à battre comme celui d'une antilope aux abois. Il pensa revenir à la camionnette pour y attendre le lever du jour et peut-être même retourner en ville. Il projeta le rayon de la lampe de tous côtés, scrutant l'obscurité. Puis, après avoir pris une profonde inspiration, il dirigea la lampe vers la maison et fonça dans sa direction.

Tout vient à point pour qui sait attendre. Il suffit d'un peu de patience. La victime finit toujours par se jeter les yeux fermés dans le piège. La longue traque donne alors ses fruits. Lorsque la proie, ne se doutant de rien, se présente enfin, l'attente s'achève et le guetteur sort de l'ombre. La suite est alors inéluctable.

Le lendemain matin, il n'y avait toujours pas un souffle d'air. Les nuages qui s'étaient amassés durant la nuit ne s'étaient pas encore déversés sur la prairie. Il y avait même à parier qu'ils ne le feraient plus. Il nc pleuvrait presque plus de toute l'année. Peut-être les nuages allaient-ils se disperser pour ne plus se montrer avant la fin de l'automne où ils amèneraient alors la neige. Mais, ce matin-là, ils étaient encore suspendus, menaçants, au-dessus de la ville de Medecine Springs. Ils étaient immobiles. Il n'y avait pas de vent. Le temps était gris.

McVay se trouvait à flanc de colline, loin de la ville, caché dans l'ombre des pins. Vêtu de son treillis et en bottes de para , il étudiait avec ses jumelles les bâtiments et les petites clairières à ses pieds qui s'offraient à son regard . Katie lui avait dit où il trouverait Billion. McVay avait la certitude qu'elle aurait préféré qu'il n'en sache rien. « Billion et toi, vous n'êtes pas faits pour vous entendre », avait-elle expliqué. Il avait alors compris, sans qu'elle lui pose aucune question, qu'elle désirait savoir ce qu'il voulait à Billion.

McVay avait laissé sa camionnette à un peu plus d'un kilomètre de là, sur un terrain de camping désert, et il avait pris à travers la forêt. Il avait marché dans l'obscurité. Comme les nuages voilaient les étoiles, il lui avait fallu faire le point à maintes reprises en se servant d'une carte d'état-major qu'il avait achetée au mont Rushmore le jour de son arrivée. Il avait aussi dû utiliser par deux fois la boussole fixé à l'extrémité de sa lampe-stylo mais avait réussi à atteindre vingt minutes avant le lever du jour l'endroit où il était maintenant assis, en train d'examiner le paysage en contrebas. Il n'avait pas été autrement surpris de découvrir, au lever du soleil, qu'il se trouvait exactement sur la colline qu'il avait repérée sur la carte. Il l'était en revanche par l'isolement des lieux. A en juger par la carte, le seul chemin qui conduisait chez Billion quittait la route départementale à proximité de l'endroit où il avait laissé sa camionnette. Il pouvait le voir se perdre entre les dépendances de la ferme. La carte ne l'avait pourtant en rien préparé au spectacle qui avait lentement pris forme sous ses yeux à mesure que la grisaille matinale se dissipait. La colline sur laquelle il se trouvait dominait de loin le paysage environnant. A sa droite s'étendait la forêt et McVay put se faire une fois de plus la remarque que les Collines étaient vraiment noires. A sa gauche s'étendait la prairie. Lorsque le ciel se dégagea, il aperçut des buttes dans le lointain. Il estima leur distance à quatre-vingts kilomètres. C'était cependant droit devant lui que se trouvait ce qu'il était venu repérer.

La ferme de Billion se trouvait dans la vallée, au pied de la colline. Les canaux d'irrigation ne contenaient pas beaucoup d'eau et McVay supposa que c'était parce que le printemps ne faisait que commencer. Plus loin dans la vallée, il découvrit grâce à ses jumelles d'autres petits pâturages où broutaient quelques têtes de bétail. Il étudia les collines et le paysage qui s'étendait autour de la maison, enregistrant tous les détails qui pourraient lui être utiles lorsqu'il traquerait Billion. Il était encore très tôt et McVay prenait tout son temps. Il remarqua que le flanc de la colline opposé à celui où il faisait le guet était rocailleux et que les arbres y étaient rachitiques. Là où il était assis, les arbres se dressaient vers le ciel et recouvraient le sol de leur ombre si bien que l'herbe n'y poussait pas. Cela sembla étrange à McVay. Un examen des alentours lui révéla que l'endroit où il se trouvait était absolument stérile. Tout autour, ni herbages ni buissons ni arbustes, seulement les troncs élancés des pins. Il y avait aussi autre chose d'étrange. McVay n'avait encore entendu aucun oiseau. Partout ailleurs, à cette heure du jour, l'air était rempli de chants d'oiseaux. En Asie, ils étaient assourdissants, voire terrifiants ; même à Toledo, dans l'Ohio, en pleine ville, on entendait les oiseaux bien avant l'aube et, à cette heure, il y avait longtemps qu'ils chantaient et voletaient de tous côtés. Mais, ici, pas un bruit, rien, à part quelques vaches dans le lointain.

McVay reporta son regard sur les vaches. Noires à tête blanche, entourées de quelques veaux, elles paissaient l'herbe du pâturage. A l'aide de ses jumelles, McVay les voyait se déplacer lentement au milieu du pré en broutant de grosses touffes d'herbe. D'un coup de tête, elles arrachaient une touffe et passaient à la suivante. McVay regarda plus loin dans la vallée afin d'apercevoir d'autres têtes de bétail. Il n'en vit pas mais ses jumelles accrochèrent au passage une tache de couleur. Elle était verte, comme la forêt voisine, mais d'une autre tonalité, trop verte pour qu'il puisse s'agir de la couleur des pins et certainement pas de ce vert des touffes d'herbe mastiquées par le bétail. Cette tache de couleur s'étendait le long d'un embranchement de la vallée principale. McVay regarda sa montre. Il était encore tôt. Il se leva et ajusta son sac à dos. Il était sur le point de glisser ses jumelles dans sa poche de poitrine, se disposant à aller jeter un coup d'œil sur cette tache de couleur, lorsque quelque chose bougea à la porte de la maison en contrebas. A travers ses jumelles, McVay vit un gros berger allemand sortir de la bâtisse et aller uriner au fond de la cour. Billion se montra alors sur le perron.

McVay scruta l'homme. A en juger par sa démarche, ce ne pouvait être que Billion. Il n'était pas très grand. McVay estima qu'il devait peser dans les quatre-vingt-cinq kilos et mesurer environ un mètre soixante-quinze. Il le voyait nettement à travers ses jumelles. Il paraissait bien bâti et portait une barbe, mais rare et mal taillée. De même, il avait les cheveux en bataille. Billion s'approcha de la balustrade du perron et se soulagea, tout comme son chien. Quand il eut terminé, il siffla une seule fois et le chien revint immédiatement vers lui. McVay enregistra la façon d'obéir du chien ainsi que l'allure virile un peu guindée avec laquelle homme et chien regagnaient l'intérieur de la maison.

McVay fut soudain possédé de l'envie d'y faire irruption et d'en finir. Le calibre .45 automatique se trouvait dans son sac à dos. La chose serait ainsi réglée une fois pour toutes mais ce n'était pas là son projet initial. Il valait mieux s'en tenir au plan prévu. L'impulsion tue — deux mots grâce auxquels il avait survécu au Viêt-nam. Une bonne moitié du succès dépendait de la maîtrise de soi. Il chassa donc toute idée d'improvisation et entreprit de décrire à travers les arbres un large cercle qui lui permettrait de passer par l'étrange vallon verdoyant et le ramènerait, de là, à sa camionnette. Il avait décidé de rentrer en ville, de régler sa note d'hôtel, de revoir éventuellement Katie puis de revenir ici, d'y passer la nuit et de concentrer ses idées et son énergie sur ce qu'il avait à faire. Il jeta un dernier regard aux dépendances de la ferme à ses pieds afin de mémoriser la topographie des lieux Il allait peut-être, pensa-t-il, mener son attaque de nuit.

Simmons arriva en ville vers dix heures et demie. Bailey l'y attendait. Il l'accueillit à sa descente de voiture, les poings sur les hanches. Simmons était de haute taille. Vêtu autrement, il aurait pu passer pour un fermier mais pour l'heure il portait l'uniforme des Eaux et Forêts. Or, Bailey n'avait jamais pu encaisser les adultes en uniforme, à plus forte raison ceux qui semblaient trouver plaisir à le porter. Et Simmons appartenait à cette dernière catégorie. D'emblée, Bailey le trouva antipathique. Son jugement était bien arrêté.

« Heureux de vous connaître, shérif », dit Simmons en lui tendant la main. Bailey se contenta d'un signe de tête. L'envie le prit de broyer la main de l'autre mais il se retint, se contentant de se déclarer satisfait que Simmons ait fait bonne route. Celui-ci avait tendance à détourner la tête lorsqu'on lui adressait la parole comme s'il était sourd d'une oreille. Comme il portait des lunettes de soleil, Bailey ne savait pas si, lorsqu'il détournait la tête de la sorte, il écoutait ou regardait ailleurs. Ils restèrent un moment à parler de choses et d'autres. Jetant un œil sur le ciel, ils décrétèrent qu'il ne pleuvrait plus jusqu'à l'automne. Pas un mot sur la raison de la visite de Simmons. Bailey finit par dire qu'il aimerait avoir une conversation avec Simmons dès que celui-ci serait installé.

« Pouvez-vous passer à mon bureau après dîner ? demanda Bailey. J'aimerais tirer une ou deux choses au clair. »

Simmons sourit. « Entendu, shérif, je serai heureux de vous entendre (il fit un petit signe de tête), vous ou quiconque sait quelque chose. »

Bailey trouva que c'était là une bien étrange chose à dire. « D'accord, dit-il. Egan sera rentré à cette heure-là. » Johnny était sorti de l'hôtel et attendait pour prendre les affaires de Simmons.

« Oui, j'ai un mot à dire à Bill, dit-il.

— Passez vers dix-huit heures », dit Bailey.

Johnny et Simmons le regardèrent se diriger vers le café. « Je m'appelle Johnny », dit le vieil homme.

Simmons regarda par-dessus ses lunettes qu'il avait fait glisser sur son nez. « Voici donc le shérif du comté de Lindon, constata-t-il en se parlant surtout à lui-même.

— C'est bien lui », dit Johnny. S'emparant de la dernière valise de Simmons, il ajouta : « C'est tout ? Pas de pièges, de fusils, rien de tout ça ?

— Non. Je ne suis pas un exterminateur. Pour moi, c'est d'abord une affaire de principes.

— Et le loup ? »

Simmons eut un sourire. « Il n'y a pas de loup, mon brave. Je pense que tout le monde le sait.

— Ça, je n'en suis pas sûr, rétorqua Johnny. Quoi qu'il en soit, les gens du coin ne seront pas contents s'ils apprennent que vous n'avez pas pris de pièges avec vous.

— Quatre pièges destinés à le prendre vivant vont

arriver de Saint Louis dans deux ou trois jours. S'il y a un loup, autant le capturer vivant. »

Il était près de onze heures. Le shérif venait encore une fois de perdre aux dés. On avait joué le café. Encore sept heures avant qu'ils se retrouvent tous. Egan devait arpenter la prairie quelque part, pensant probablement à son départ le lendemain. Bailey lança soixante-quatre cents sur le comptoir et prit trois cure-dents dans le distributeur. Le journaliste était invisible. mais il le trouverait à temps pour la réunion à laquelle il se pourrait même qu'il convie Stockton. Jouons cartes sur table, se dit Bailey. Il eut un mouvement de succion tout en se passant le cure-dent entre les dents puis sortit du café en jetant au passage un regard au thermomètre suspendu au mur. Vingt-sept degrés. Le printemps était fini. L'été était presque là.

Egan aurait aimé continuer de marcher sans s'arrêter. Rompre les liens qui le rattachaient aux routes, aux autoroutes, aux camionnettes, aux villes et aux gens. Etre humain lui répugnait. C'était comme d'être condamné à vie à un rôle de spectateur. Il n'espérait qu'une seule chose, passer quelque temps inaperçu, et ce n'était pas une chose facile. Il s'y efforçait tout en avançant. Il s'y efforçait depuis cinquante ans et se sentait toujours dans la peau d'un débutant.

Mais ce jour-là, tout allait bien. Il avançait sans que l'on remarque sa présence. Il éprouvait, comme jamais auparavant, la sensation d'avoir presque réussi à se rendre invisible. Il fit en sorte de l'être davantage encore. Il avait l'impression que c'était peut-être la dernière fois qu'il avait l'occasion de se déplacer ainsi dans la prairie. Toute la journée, la pensée qu'il n'en avait plus pour longtemps n'avait cessé de l'obséder.

La pensée de sa mort prochaine s'était insinuée dans

son esprit dès avant le lever du soleil ce matin-là. Elle s'était emparée de lui à son réveil. Elle était entrée par la fenêtre à travers laquelle il scrutait l'obscurité avant le lever du jour et l'avait harcelé au café pendant qu'il mangeait silencieusement ses œufs. Il voulait passer toute la journée dans la prairie et s'était rendu à l'endroit où deux moutons avaient été découverts morts. Il se trouvait maintenant à près de sept kilomètres de l'autre côté du point d'eau. Il avait croisé deux routes empierrées à l'abandon et n'avait enjambé que trois clôtures. Le pays était accidenté et rappelait à Egan qui marchait d'un bon pas le Nebraska trente ans plus tôt. La symétrie lui sautait aux yeux : même temps immobile, même rythme. Il n'avait jamais marché à cette allure. Sans effort, comme s'il flottait. Comme si, poussé par des voiles et tenaillé par l'invisible, il avançait vers l'inconnu. Bill Egan rejeta alors la tête en arrière et poussa vers le ciel une longue plainte solitaire.

Aucun bruit ne venait du sommet de la colline où un daim femelle et son faon paissaient. La mère arrachait l'herbe à bison de ses dents aiguisées comme des ciseaux et la mâchait lentement au soleil qui faisait cligner ses yeux ronds.

Il cherchait à se satisfaire de la simple vision de ce spectacle mais il ne pouvait oublier la raison qui l'avait conduit jusque-là. Il était à la recherche d'un loup qui ne s'y trouvait sûrement pas. Il n'y avait aucune raison qu'il y en eût un. Egan et ses semblables les avaient tous tués. Tous sans exception. Pis encore, on les avait humiliés. L'image de loups pendus à des lampadaires et étendus à l'arrière de camionnettes lui revint en mémoire. Il revit nettement leurs yeux éteints et enfoncés et le sang séché sur leur fourrure. Il se rappela la démarche particulière des hommes lorsqu'ils s'approchaient des loups morts, les femmes qui s'évanouissaient et les enfants qui donnaient des coups de bâton aux carcasses exposées. A l'époque, ce que tout cela avait d'humiliant ne lui était pas apparu, il n'avait jamais réalisé à quel point on les traitait de la même manière, les loups et lui. Il avait travaillé pour des badauds et des imbéciles qui se repaissaient de ses exploits tout en refusant toute dignité aux loups. Il rougissait d'avoir été mêlé à ce carnage. Ce n'était pas d'avoir tué qui le gênait : c'était la règle du jeu, les loups l'acceptaient, il n'en doutait pas. Mais pas ce qui s'ensuivait, les humiliations, la perte de tout respect. En vieillissant, Egan était devenu plus sensible à la dignité et il maudissait le pouvoir qui lui avait été donné de la retirer aux loups. Il se disait en marchant qu'il n'existait aucun moyen de redonner aux loups la dignité qu'il leur avait prise. On l'avait anéantie et il avait joué un rôle essentiel dans cette histoire. Les animaux avaient disparu et sa propre dignité s'en était allée avec eux. Il ne devait pas compter pouvoir restaurer cette grandeur perdue. Il ne devait même pas caresser l'espoir qu'un loup marchât au même moment dans la même prairie que lui.

Le vallon vert était bien ce à quoi McVay s'était attendu. Il contenait de jeunes plants de marijuana. Dissimulé au milieu des arbres, il tenta d'évaluer le nombre de plants et la quantité de marijuana qu'ils donneraient au moment de la récolte. Billion avait été malin. Le champ était beaucoup plus grand qu'il n'y paraissait au premier abord. Il avait éclairci la forêt juste ce qu'il fallait pour laisser pénétrer la lumière jusqu'au sol mais en conservant assez d'arbres pour dissimuler les plants ou à toute vue aérienne. La partie du champ que McVay avait aperçue était très petite et, à mesure qu'il découvrait qu'elle s'étendait jusqu'à la colline, il se rendait compte que tout devait être invisible d'avion, à moins de voler très bas et très lentement.

Six tonnes, calcula McVay. Il avait déjà vu de la

marijuana auparavant, au Viêt-nam, mais jamais autant. Il n'avait pas idée du prix de gros auquel Billion la vendrait, pourtant, rien que dans ce champ, il devait y en avoir pour des millions de dollars. Elle n'était pas encore très haute mais, avec la chaleur, sa taille triplerait en un rien de temps. McVay espéra que Billion avait conservé une partie de la récolte de l'année précédente quelque part, peut-être dans une des dépendances de la ferme. Par contre, il se doutait que Billion ne devait pas garder d'argent liquide chez lui.

McVay prit encore le temps d'étudier l'étendue de terrain avant de se remettre en route pour boucler la boucle qui le ramènerait à sa camionnette. En examinant attentivement la forêt, il comprit ce qui lui avait semblé anormal à l'endroit où il se trouvait à flanc de colline un peu plus tôt : il y avait trop d'arbres. Ils empêchaient la lumière d'atteindre le sol. Billion en avait tenu compte pour sa plantation de marijuana en s'arrangeant pour que les plants poussent tout en étant soigneusement dissimulés. McVay jeta un dernier coup d'œil sur les lieux, consulta la boussole et disparut dans l'épaisseur de la forêt.

Il se déplaçait rapidement à travers les arbres. Il avançait sans bruit, regardant droit devant lui, attentif aux accidents de terrain qui rendaient l'orientation difficile. Son esprit enregistra la construction de troncs d'arbres et de pierres avant même qu'il prenne clairement conscience de ce dont il s'agissait. Il s'arrêta et, instinctivement, se baissa. Il se glissa derrière un arbre au cas où celui ou ceux qui avaient construit l'édifice se trouveraient encore dans les parages. Il resta presque une minute entière à surveiller et scruter la forêt. Mais il ne vit personne aux environs du petit édifice de pierre et de bois ainsi élevé, d'une manière tout à fait insolite, au cœur de la forêt.

Suivant une vieille habitude, il se tint plusieurs minutes immobile derrière l'arbre, sur le qui-vive. Luttant contre les sensations de peur et de méfiance qui l'agitaient, il dut faire un effort sur lui-même pour se convaincre qu'il se trouvait au cœur de l'Amérique, que cette construction de troncs d'arbres et de pierres ne cachait aucune embuscade, qu'aucun fil ni traquenard n'était tendu entre lui et l'édifice. Il se mit lentement en mouvement, restant malgré lui à couvert derrière les arbres, avançant vers la construction en zigzaguant et sans cesser de scruter l'espace entre les arbres. La tension le tenaillait et, en se déplaçant, il comprit enfin ce qui la provoquait. Comme auparavant sur le coteau, ici non plus, on n'entendait pas le moindre chant d'oiseau. Un silence mortel régnait. Dans le Delta, il en aurait tiré les conclusions qui s'imposaient mais, ici, ce silence n'avait aucune signification. Dans ce lieu stérile, l'absence de chant d'oiseau ne voulait rien dire.

La construction était rudimentaire : quatre murs, un toit plat et une porte grossière montée sur des charnières de cuir. L'édifice était trop petit pour abriter quelqu'un longtemps. Le plafond n'était qu'à un mètre de hauteur et les murs formaient un carré d'un mètre et demi peut-être de côté. Ils étaient cependant épais et avaient été édifiés au moyen de pierres trouvées dans le voisinage immédiat. On pouvait encore voir les cratères tout frais laissés aux endroits où on les avait ramassées. Le bâtiment ressemblait à une vieille cache de trappeur mais il était visiblement de construction récente. McVay regarda à l'intérieur. Il était absolument vide. Beaucoup de travail mais purement gratuit, se dit-il en examinant l'abri. Il regarda sa montre. On était au milieu de la matinée et il désirait voir Katie dans l'après-midi. Au moment où il allait s'éloigner de la construction, il remarqua quelque chose de blanc sur les aiguilles de pin séchées. C'était un mégot de cigarette. Il se pencha pour le ramasser. Le filtre était bruni par la nicotine mais le papier avait gardé toute sa blancheur. Il n'avait pas encore eu le temps de jaunir.

Larry Mullens et deux autres gardes forestiers du parc national venaient de suivre le sentier sinueux, long d'un peu plus de cinq cents mètres, qui partait du centre d'accueil des visiteurs et aboutissait derrière les têtes sculptées du mont Rushmore, en surplomb du monument. Mullens s'était piqué de faire l'escalade d'une traite. Ses deux compagnons avaient lâché en chemin, le rejoignant au sommet. Le fait de les avoir précédés lui avait permis de reprendre son souffle si bien que lorsqu'ils étaient arrivés en haletant et trempés de sueur, Mullens pouvait parler normalement comme si l'escalade avait été pour lui une partie de plaisir.

L'endroit où ils se tenaient était jonché de matériaux laissés par la construction du monument. Ils n'étaient pas très éloignés de la voûte qu'il n'avait jamais été donné à Gutzon Borglum, le sculpteur de la montagne, d'achever. Borglum l'avait conçue comme un lieu destiné à conserver des documents précieux, une sorte de saint des saints. Mais l'argent avait manqué. Encore heureux, se dit Mullens, que l'on ait pu achever les têtes après la mort de Borglum. Le gouvernement avait financé l'opération mais on n'avait jamais touché à la voûte. De temps à autre, Mullens entendait parler d'un projet de loi déposé à la Chambre des représentants ou devant le Sénat afin de financer la fin des travaux, mais il semblait s'enliser à chaque fois. Une honte, pensait Mullens, que le gouvernement ne soutienne pas carrément le projet. Après tout, cela faisait partie du patrimoine national. Le budget de fonctionnement du monument lui-même était trop faible, ressassait Mullens à la vue du chantier de ferraille rouillée laissé sur place après que Borglum eut abandonné son travail. Des petits wagonnets de mine encore sur leurs rails étroits, des brouettes, nombre de treuils jadis employés par les ouvriers pour se laisser descendre le long de la façade du monument. Tous ces objets auraient dû se trouver dans un musée. Et puis, il y avait le problème de la sécurité — il était seul, à peine secondé à temps partiel par les deux gardes forestiers qui l'accompagnaient ce jour-là. Ce serait nettement insuffisant si les choses venaient à mal tourner. Il se rappela le siège des années 70. Ç'aurait pu dégénérer, se dit-il, ils avaient eu de la chance. A l'époque, les terroristes s'étaient infiltrés dans la montagne nettement au-delà des limites autorisées à quiconque ne faisait pas partie du personnel. Ils pourraient récidiver si les autorités ne faisaient pas preuve de suffisamment de vigilance.

Telle était donc la raison de leur escalade derrière les têtes — patrouiller, repérer la moindre chose suspecte. Mullens jeta un regard du côté où les agents fédéraux et lui-même avaient campé lors de ces journées de siège. Il remarqua les traces du siège et certains restes de la construction d'origine mais rien d'anormal. Il s'avança un peu plus loin sur le relief rocheux vers les treuils que l'on utilisait toujours pour nettoyer et réparer les têtes. Il pouvait apercevoir les mauvaises terres du Dakota du Sud à cent kilomètres de là et la ligne nettement découpée des Collines à vingt-cinq kilomètres vers l'est. Mullens s'avança jusqu'à l'extrémité de la tête de Washington, ce qui était strictement interdit, et porta son regard sur le centre d'accueil des visiteurs à ses pieds. Il se fit la réflexion que, vu d'en haut, l'endroit paraissait dérisoire et il se demanda si quelqu'un l'observait d'en bas au moyen du télescope payant et le voyait debout sur la tête de Washington.

Alors qu'il regardait ainsi en bas, il perçut un bourdonnement. Son premier réflexe fut de regarder du côté des deux autres gardes forestiers. Ils attendaient Mullens, appuyés contre un gros rocher. Il examina les environs tandis que le bruit s'accentuait et finit par apercevoir un avion de tourisme qui approchait de la montagne. Mullens se tourna vers les deux autres. « Appelez le centre au talkie-walkie, un avion approche. » Il ne décrochait pas son regard de l'avion. Celui-ci venait bien dans leur direction. « Bon Dieu, c'est un espace aérien contrôlé », s'écria-t-il. Il ajouta à l'intention des gardes forestiers : « Relevez le numéro de ce type. Bon Dieu, c'est un espace contrôlé. » L'idée le traversa qu'il s'agissait peut-être des Indiens en train de faire un vol de reconnaissance du monument. Il ne put s'empêcher de hurler tout en dégainant son revolver : « Descends ! » Il fit le geste de chasser l'avion. Celui-ci amorçait maintenant un lent virage devant les visages sculptés. « Tirez-vous ! » lui cria-t-il en se mettant à l'abri derrière un rocher. Il tendit les poings vers l'appareil. « Foutez le camp ! » reprit-il en pointant vers lui le canon de son revolver. Au moment où l'avion passait devant lui, un petit enfant lui sourit à un hublot arrière et agita la main. « Tirez-vous ! » cria-t-il encore une fois. Lorsqu'il comprit qu'il ne s'agissait pas d'Indiens, il retrouva son sang-froid. « Relevez leur numéro », répéta-t-il. Légèrement embarrassé, il avait retrouvé sa voix officielle. « Ce ne sont que des touristes », dit-il. Mais il ne remit pas son revolver dans son étui avant que l'avion eût presque disparu.

Tom McVay dégagea ses bras des courroies de son sac à dos, balança celui-ci sur le capot de sa camionnette et en sortit le calibre .45 automatique. Il lança ensuite le sac sur la banquette arrière du véhicule, rangea l'arme dans la boîte à gants, se mit au volant et prit une profonde inspiration. Marcher lui avait fait du bien. Il jeta un œil dans la direction d'où il venait et mit le moteur en marche. Pendant que le véhicule se réchauffait, il refit mentalement tout le chemin qu'il venait de parcourir afin d'être sûr de ses pas et de ne pas hésiter dans le noir. S'il avait réglé sa note d'hôtel et pris ses bagages, il n'aurait pas bougé de là où il se trouvait maintenant. Mais ce n'était pas le cas et il désirait revoir Katie. Il passa la première et emprunta le chemin qui menait vers la prairie.

Egan venait tout juste de boucler la boucle et sa camionnette était en vue. Il allait maintenant repartir vers l'endroit où un animal avait été tué, selon les dires du propriétaire des terres. Ce n'était pas à plus de huit cents mètres de là et il avait décidé d'emporter des pièges à tout hasard, même s'il n'avait relevé aucune trace dans les parages. Il se dirigeait vers l'arrière de sa camionnette pour prendre son matériel lorsqu'il vit une autre camionnette venant des Collines.

McVay reconnut le véhicule et son propriétaire dès qu'il les vit. Il s'était demandé ce qu'Egan devenait. Le souvenir du vieil homme ne l'avait pas quitté depuis leur rencontre à l'Oasis.

Quand McVay vint s'arrêter près de la camionnette d'Egan, celui-ci était en train de sortir un sac en toile grise de la plate-forme arrière. « Bonjour, dit McVay.

— 'jour, répondit Egan en se penchant pour prendre un autre petit sac à l'intérieur du véhicule.

— Permettez que je vous donne un coup de main », dit McVay. Il sauta de sa camionnette et saisit le sac d'Egan. Il contenait quelque chose de métallique qui s'entrechoqua lorsqu'il tira le sac à lui. C'était lourd. Egan prit sa carabine à l'arrière de la cabine.

« Merci, dit-il.

— Vous allez poser des pièges ce matin ? demanda McVay.

— Pas vraiment, je vais juste jeter un coup d'œil.

— Vous êtes sur une bonne piste ?

— Non, juste un animal tué il y a un bon moment déjà. Il faut bien commencer quelque part. » Egan indiqua à McVay où déposer le sac, à côté de l'autre. Ensuite, il mit son fusil par terre puis s'agenouilla et ouvrit les sacs.

McVay recula d'un pas tout en admirant la souplesse des gestes du vieil homme. « Et si je vous accompagnais ? On ne sait jamais, il peut arriver quelque chose qui mérite un reportage. » Ça lui avait échappé, comme si un autre avait parlé à sa place. Ce mensonge le mit mal à l'aise.

Egan leva les yeux et les plongea dans ceux de McVay. « Je ne sais pas à quelle heure je vais rentrer. Dans plusieurs heures peut-être, mais vous êtes le bienvenu. » Il enveloppa McVay du regard et celui-ci sentit qu'il enregistrait les bottes militaires et le treillis.

Egan prépara ses affaires avec soin, n'emportant que le nécessaire. Il remit le reste dans les sacs qu'il rangea de nouveau dans la camionnette. Lorsqu'il eut fini, il interrogea des yeux McVay pour voir s'il était prêt.

Après un signe affirmatif de McVay, ils s'engagèrent à travers la prairie. Ils marchèrent lentement, scrutant l'horizon en silence. Les moutons, deux vieilles carcasses ratatinées, avaient été tués près d'un point d'eau. Ils avaient visiblement été partiellement dévorés. McVay put le constater à cinq mètres de distance, là où Egan lui avait fait signe de s'arrêter. Ils firent plusieurs fois le tour des carcasses. Lorsqu'ils arrivèrent à proximité des moutons, le vieil homme se mit presque à ramper. McVay marchait derrière, son respect pour le vieux un peu en veilleuse sans qu'il sût pourquoi. Autour du point d'eau, le sol était à nu et boueux. En arrivant à la limite de la zone de terre piétinée, McVay montra le sol. « Regardez. »

Egan ne regarda pas. Il continua à marcher vers les carcasses. Il avait déjà remarqué la trace que McVay venait de lui signaler. « Coyote », dit-il. McVay haussa les épaules d'un air gêné.

« Ce sont donc des coyotes qui les ont tués ?

— Les coyotes les ont mangés, répondit Egan. Il se peut que quelque chose d'autre les ait tués. » Il s'agenouilla près du premier mouton, puis saisit une patte de devant et la replia sous l'animal comme s'il le disposait pour une crèche de Noël. Il alla vers le second mouton et fit la même chose. « La foudre », annonça-t-il. Avant que McVay n'ait le temps de l'interroger, il précisa : « Les animaux tués par la foudre ne se raidissent jamais, ils n'ont pas de *rigor mortis.*

— Et les coyotes ?

— Un simple repas à l'œil. »

Lorsque Egan se fut écarté des moutons, McVay s'approcha pour examiner leur cadavre déchiqueté et nauséabond. L'odeur qui se dégageait d'eux lui rappela d'autres cadavres boursouflés, des années plus tôt. Il s'agenouilla à trois mètres des carcasses pour observer la manière dont les coyotes s'y étaient pris pour les dévorer. Ils avaient commencé par l'arrière. McVay eut un haut-le-cœur et se rejeta en arrière d'un brusque coup de reins. Sa cuisse frôla un cactus et il se releva en poussant un juron. Les épines lui collaient à la peau à travers son pantalon. Lorsqu'il essaya de les retirer, elles se plantèrent dans ses doigts. Il réussit finalement à s'en défaire. « Des saletés qui ne servent à rien », déclara-t-il.

Egan se mit à rire. « A pas grand-chose, dit-il. Sauf peut-être à donner le départ de courses de chevaux. » McVay l'interrogea du regard. « Dans le temps, on s'en servait pour donner le départ de courses de chevaux, reprit Egan.

— Comment ça ? demanda McVay.

— Les cactus explosent quand on tire dessus. Parfois, lorsque deux types avaient un compte à régler, ils faisaient la course. On les plaçait sur la ligne de départ, séparés par un cactus comme celui-ci. Ce système permettait à un troisième type de donner le signal du départ en tirant sur le cactus et de décider du même coup du gagnant qui devait courir dans sa direction.

— Il fallait savoir viser, dit McVay. La course ne devait pas être longue.

— Quatre cents mètres », répondit Egan.

McVay jeta un œil sur le cactus dont il venait de se défaire. Il était à peu près de la taille d'une batte de base-ball. « Merde ! » commenta-t-il. Il ne put s'empêcher de sourire à Egan qui, lui, ne souriait pas. Il était sérieux. « Quatre cents mètres ? » McVay se mit à rire.

« Ils explosent comme ça : pan ! expliqua Egan. GO ! Avant même qu'on ait eu le temps d'entendre quoi que ce soit. GO ! Il y a alors des petits morceaux de cactus tout autour. » De ses yeux d'acier, il souriait à McVay qui le crut, l'espace d'une seconde.

« Quatre cents mètres ? » McVay regarda la carabine. La gueule minuscule de son canon était relevée et elle laissait voir des incrustations d'ivoire en partie dissimulées par les vieilles mains noueuses d'Egan. « Avec ça ? » demanda-t-il.

La pointe d'ironie contenue dans sa question n'atteignit pas sa cible. « Voyons ça », ajouta-t-il. Le vieil homme était allé trop loin, il en avait trop dit. Il s'était lui-même coincé.

Egan plissa les yeux. Il prit les jumelles suspendues à son cou et les tendit à McVay. « Choisissez un cactus », lui dit-il.

McVay en trouva un à la jumelle qu'Egan tint aussitôt dans la mire de sa carabine. Il se trouvait à plus de quatre cents mètres mais Egan ne dit rien.

« Alors, la course démarre ? » demanda McVay.

Egan regardait la prairie d'un visage impassible. Il avait l'air excité tout à coup et ne faisait plus vieux du tout. « Pas seulement les courses de chevaux, dit-il, les compétitions aussi. » Il parlait tout en enroulant la sangle de sa carabine autour de son bras gauche pour se donner une meilleure stabilité. « Regardez bien ce cactus et, quand il explosera, pensez au mot GO qui traverse l'esprit des deux cow-boys qui se tiennent de chaque côté et pensez aux deux chevaux à demi sauvages qui s'élancent vers vous dans les jumelles. Pensez aux deux cow-boys en train de fouetter les chevaux avec une corde de deux mètres. Et qui se fouettent aussi l'un l'autre. »

Le coup de feu résonna dans les oreilles de McVay et, l'instant d'après, il vit, dans le champ de ses jumelles, le cactus exploser. Il entendit Egan murmurer GO ! et se représenta alors les cow-boys se cinglant l'un l'autre à coups de cette grosse corde rigide à bétail dont le chanvre leur lacérait le cou et le visage, et les chevaux, ventre à terre, trébuchant, cavalier et monture risquant le tout pour le tout.

McVay s'arracha brusquement aux jumelles qui fixaient encore les morceaux de cactus retombant en pluie. Il se tourna vers Egan mais le vieil homme était déjà loin, sa carabine bougeant au rythme de sa démarche élastique.

Le campement indien n'était constitué, pour l'essentiel, que de tentes et de camionnettes. Quelques-uns vivaient dans leur véhicule. Une famille avait toutefois entrepris de se construire une maison. La seule autre construction était l'école. James Lebeaux avait insisté sur la nécessité d'une école. Il s'agissait, selon lui, d'une priorité destinée à signifier au gouvernement que la communauté était là pour de bon et qu'elle avait des intentions pacifiques. Mais ce n'était pas ce que disaient les journaux. Ils avaient fini par découvrir que de nombreux hommes du camp étaient recherchés dans d'autres Etats pour divers délits — des rumeurs de ce genre pouvaient faire beaucoup de tort à la communauté. Certains éléments étaient indiscutablement en délicatesse avec la loi mais peu d'entre eux étaient dangereux. Il n'en aurait pas moins été préférable que ceux-là quittent le camp.

Et puis, il y avait les radicaux. Vu la situation, il était compréhensible que certains Indiens adoptent une position extrémiste. Il s'agissait là d'une manifestation d'exaspération que Lebeaux pouvait facilement comprendre. Mais il y avait aussi ceux pour lesquels militer n'était qu'un prétexte, qui ne s'adaptaient nulle part, qui n'avaient cure des objectifs du camp et s'en servaient simplement de planque. Comme ils étaient indiens, ils trouvaient tout naturel de se réfugier au campement. Lebeaux en avait déduit qu'à leurs yeux, violence et tradition allaient de pair, ce qui était peut-être le cas. Mais les beuveries, la flemmardise et les provocations grossières n'avaient rien à voir avec la tradition. Lorsque Lebeaux les regardait agir, rien chez eux ne lui rappelait la tradition. Ils lui faisaient plutôt penser à des produits de la société blanche. Ces paumés étaient pour la plupart indiens, on ne pouvait le nier, mais c'étaient des Indiens corrompus, tout comme les cours d'eaux pollués ou les centres d'achat construits dans ces Collines qui avaient jadis été des lieux sacrés.

Le pire de tous était Robert Lancaster. Il se faisait appeler Robert Lance et était le chef de la faction la plus violente du camp. Lebeaux avait commis une erreur en soulignant publiquement que Lance ne venait pas des Collines Noires. En effet, Lance n'était pas sans avoir de l'influence sur certaines personnes du camp et Lebeaux n'était pas tranquille à l'idée de ce petit noyau de six personnes qui lui étaient toutes dévouées. Dans les journaux qui avaient publié l'article fournissant la preuve que le camp abritait des criminels, le nom de Robert Lancaster était cité. L'article précisait qu'il avait fait deux années de prison pour vol à main armée.

Lance avait tout nié, affirmant qu'il avait bien fait de la prison mais qu'il n'avait jamais commis le crime dont on l'accusait. La vérité était qu'il avait été plutôt étonné que le journal n'ait rien trouvé d'autre sur son passé. Dans le camp, certaines rumeurs circulaient selon lesquelles il était toujours recherché et Lebeaux craignait que cette histoire ne vienne ruiner tous leurs projets. Il avait beau savoir que Lance et sa bande ne pouvaient que leur amener des ennuis, sa marge de manœuvre restait étroite. Il s'agissait d'un campement indien et non d'un campement blanc. Leur campement à eux reposait sur la confiance réciproque et non sur la coercition.

A six heures moins dix, Jerry Stockton entra dans le bureau du shérif. Il prit un siège. Bailey était en train de nettoyer son revolver en se disant qu'il n'avait pas tiré une seule balle depuis bientôt un an. Il était sale et Bailey était honteux d'être resté si longtemps sans l'utiliser. Il déposa le revolver sur son bureau et se tourna vers Stockton. « Tu viens pour la réunion, Jerry ? »

Stockton acquiesça d'un signe de tête, se croisa les bras et se disposa à attendre. Bailey lui jeta un regard, fut sur le point d'ajouter quelque chose mais se tut. Il se remit à nettoyer son arme en essayant d'oublier la présence de Stockton.

Simmons arriva à l'heure exacte au rendez-vous. Il passa le pas de la porte au moment même où l'horloge en bois sonnait les six coups. Stockton s'empressa de se lever et se présenta à Simmons. Ils échangèrent quelques mots sur les articles que Stockton avait écrits. Bailey essayait de ne pas écouter leur conversation mais il ne put s'empêcher de percevoir une note de scepticisme dans la voix de Simmons.

« On devrait peut-être commencer, dit Simmons à Bailey. J'ai hâte de connaître les derniers développements de l'affaire.

— Le journaliste n'est pas encore là, dit Stockton.

— Ni Egan, ajouta Bailey.

— Il fait sans doute une sieste », dit Stockton. L'allusion se voulait drôle mais Bailey le dévisagea sans dissimuler son irritation.

« Il a à faire, Jerry. » Bailey le mettait au défi de faire

encore de l'humour mal placé. Stockton eut assez de bon sens pour la fermer. Il se contenta d'adresser un sourire innocent à Bailey.

Ils attendirent encore quinze minutes. Bailey se força à bavarder pour gagner du temps mais il avait du mal à se comporter courtoisement avec des hommes qu'il n'aimait pas. Il ne voulait pas aborder la question sans la présence d'Egan tout en sachant que celui-ci aurait beaucoup de retard et qu'il serait peut-être forcé de parler seul à ses visiteurs. Il avait déjà compris qu'Egan était le seul à savoir quelque chose sur la tournure que prenaient les événements, le seul aussi en mesure de résoudre le problème et cette seule pensée augmentait d'autant le mépris qu'il éprouvait pour les deux autres assis devant lui. Ils cherchaient à le faire parler. Bailey allait enfin se résoudre à discuter en l'absence d'Egan lorsque la porte s'ouvrit et que le vieil homme se glissa silencieusement dans la pièce. Il resta près de la porte comme s'il s'était trompé de rendez-vous. Derrière lui, un peu comme son ombre, se tenait McVay. Le vieil homme paraissait fatigué et ennuyé. Il était visible qu'il n'appréciait guère ce genre de réunion. Bailey lui fit signe d'entrer et de s'asseoir.

Simmons serra la main d'Egan. « Content de vous voir, Bill, dit-il. J'espère que vous avez reçu ma note.

— Oui, répondit Egan d'une voix ferme, le visage impassible.

— Voilà, dit Bailey. Tom McVay, Mel Simmons. » Il les laissa se serrer la main. « Venons-en maintenant aux choses sérieuses.

— Je vais mettre Mr Simmons au courant », dit Stockton.

Bailey se passa la main sur le visage et se carra sur sa chaise. « Je pense que Mr Simmons est au courant de ce qui se passe ici, dit Bailey. Maintenant, il s'agit de savoir où l'on va. »

Simmons se tourna vers Egan. « Bill, avez-vous eu l'occasion d'examiner les victimes ?

— Le veau et la génisse de Knutson, répondit Egan. Les autres étaient de vieilles carcasses.

— Comment ça se présentait ?

— Il avait plu cette nuit-là, difficile à dire.

— Dans ce cas, reprit Simmons, on pourrait gagner pas mal de temps si nous arrivions à établir que toute cette histoire se ramène à deux ou trois chiens ou à des coyotes. Ce que vous avez vu vous permet-il de l'affirmer ? »

Tout le monde se tourna vers Egan. Le vieil homme fixait le sol d'un air concentré. « Non, répondit-il. Je ne pourrais pas affirmer avec certitude qu'il n'y a pas de loup.

— Evidemment que non, s'empressa d'ajouter Stockton, puisqu'il y en a un.

— La ferme, Jerry, lança Bailey.

— Non, j'ai parfaitement le droit de parler. » Stockton écrasa son poing sur le bureau. Bailey soupira, ferma les yeux et hocha la tête.

« Il y a un loup, Mr Simmons. Est-ce qu'on vous a parlé du crâne ? Est-ce qu'on vous a montré le crâne, est-ce qu'on vous a rapporté ce que Joe Elk avait dit ? »

Simmons secoua négativement la tête. « Non, je ne vois pas de quoi vous voulez parler.

— Montrez-lui.

— J'allais le lui montrer, Jerry. Calme-toi. » Bailey sortit de son bureau le crâne et l'enveloppe contenant les poils. Il les tendit à Simmons. « Ça, c'est censé être une dent de loup, expliqua Bailey, et ça ses poils. Un berger des environs prétend qu'il a tué son chien.

— Les loups tuent les chiens », dit Simmons en examinant le crâne. Il pensa alors : oui, ils ont toujours tué les chiens domestiques comme on exécute un traître.

Il manipula le crâne et adressa un regard interrogatif à Egan.

Celui-ci haussa les épaules. « Possible, dit-il. Ça ressemble à des poils de loup. » Simmons examinait le crâne sous tous les angles d'un air dubitatif. McVay nota que Simmons, bien que sceptique, ne demandait pas mieux que d'ajouter foi à cette interprétation.

« Donc, c'est possible ? demanda-t-il, comme s'il se parlait à lui-même.

— Vous l'avez dit ! s'exclama Stockton qui croyait avoir trouvé un allié.

— Ne sautons pas trop vite aux conclusions, intervint Bailey.

— Je suis d'avis qu'on fasse un plan pour liquider cette saleté de bête, reprit Stockton.

— Non », dit Simmons. Bailey se préparait à le suivre en ce sens mais il continua : « Je crois que ce serait une grosse erreur que de le tuer s'il s'agit bien d'un loup. Il faut le capturer vivant. »

Bailey et McVay se tournèrent vers Egan. Le vieil homme ne disait rien. McVay savait qu'il était en train de réfléchir. Et aussi qu'il était hostile au plan de Simmons. Il lui était aussi facile de deviner que si quelqu'un devait prendre position contre la capture de l'animal vivant, ce devait être Bailey.

Le téléphone se mit à sonner au moment où Bailey allait prendre la parole. « Non, disait-il, s'il y a quelque chose derrière tout cela, je ne veux pas qu'on en fasse tout un plat. » La sonnerie du téléphone retentit à nouveau et Bailey décrocha. C'était Ike Brewer, le barman de jour de l'Oasis.

« Shérif, dit-il, j'ai un problème. » Bailey attendit la suite tout en surveillant Egan. Il savait qu'Egan laisserait tout tomber si Simmons l'obligeait à capturer un animal vivant. « Traverse Best n'est pas venu travailler.

— Et alors ?

— Alors, j'ai essayé de le joindre au téléphone et ça ne répond pas. Je me disais que vous pourriez peut-être faire un saut chez lui si vous avez une minute.

— D'accord, Ike, dès que j'aurai une minute. » Bailey raccrocha. Stockton et Simmons étaient en train de discuter de ce qu'ils feraient si on capturait le loup vivant.

« Un instant, dit Bailey. Vous sautez les étapes. On n'a pas la moindre idée de ce dont il s'agit et on ne sait même pas s'il y a de quoi fouetter un chat.

— Il nous faut pourtant un plan. Il faut prévoir, répliqua Stockton.

— Vous deux, vous pouvez faire tous les plans que vous voulez, répondit Bailey en colère, mais dites-moi, qui va faire tout le boulot, qui va aller pister votre loup, qui va le capturer ? »

Tous se tournèrent dans la direction d'Egan mais ce fut pour voir la porte se refermer sans bruit. Bailey se saisit de son chapeau et le mit. « Je vais aller lui parler », dit-il.

Il retrouva Egan dehors, en train de contempler tranquillement le ciel changeant. « Allez, dit Bailey. On va faire un tour. »

Egan regardait toujours le ciel. Les nuages glissaient devant la lune. Il acquiesça lentement de la tête : « Bonne idée, soirée idéale pour une balade. »

Comme ils se dirigeaient vers la voiture de Bailey, la porte du bureau du shérif s'ouvrit et McVay en sortit. « Ils sont encore en train de se demander ce qu'ils ont bien pu dire, déclara-t-il à Bailey et à Egan.

— Ils ne le trouveront jamais, répondit Bailey. Venez, on va faire un tour. »

Ils roulèrent en silence. Bailey était fou de rage. Il serrait le volant avec une telle force qu'on eût dit que ses mains étaient des serres d'acier. Egan était assis à l'avant, à côté de lui. Bailey le regarda, non pas à la dérobée mais franchement. Egan était assis raide, ses yeux pâles fixés droit devant lui. En réalité, pensait Bailey, il se fiche de tout.

« On va aller voir ce que devient le barman de l'Oasis », dit Bailey. Il ajouta : « Je ne vous blâme pas. Ce n'est déjà pas facile de capturer un lièvre vivant.

— Ce n'est pas la question, dit Egan. On l'aura vivant, une patte brisée tout au plus. »

Bailey se dit que, bien sûr, on pourrait le prendre au filet, par exemple. Ça ne devrait pas être difficile. « Alors, bon sang, dit Bailey, pourquoi ne pas jouer le jeu ? »

Egan se tourna vers lui et McVay savait déjà ce qu'il allait répondre. « Je ne joue pas à ce genre de jeu, déclara-t-il. Et personne ne va me forcer à refaire ce genre de chose.

— Vous faire faire quoi ? demanda Bailey, naïvement.

— Lui faire faire ce qu'ils sont incapables de faire, juste pour leur faire plaisir », répondit McVay depuis le siège arrière, sans avoir la moindre idée de ce qui l'avait poussé à prononcer ces mots. Il n'avait même pas idée de ce qu'il fabriquait avec ces hommes. Il aurait déjà dû aller retrouver Katie, il devrait être à ses côtés en ce moment, se disait-il, en train de se préparer à affronter Billion le lendemain. Mais, au lieu de cela, il était assis sur le siège arrière d'une voiture de shérif, en train de rouler sur un chemin caillouteux vers la maison d'un homme qu'il connaissait à peine.

Bailey haussa les épaules. « D'accord, mais ce n'est pas une raison pour tout laisser tomber. Vous songez toujours à partir, Egan ? » demanda-t-il.

C'était la première fois que McVay entendait dire qu'Egan voulait s'en aller. Il n'arrivait pas à comprendre pourquoi.

« Ça dépend, dit Egan.

— Vous n'avez pas le droit, reprit Bailey. Vous ne

pouvez pas me laisser ici tout seul avec ces crétins. Bon sang, Egan, je vais devenir cinglé.

— Et moi donc, rétorqua Egan.

— Allons, Egan. Quelque chose va bien finir par se montrer et vous pourrez capturer tout ce qu'on débusquera. Après, ce sera fini.

— Simmons est capable de le capturer.

— Il serait incapable de capturer un lapin.

— Pas sûr, dit Egan.

— C'est un con, insista Bailey.

— Il a l'air correct, reprit Egan.

— Il n'a pas dit un seul mot que vous n'ayez dit avant lui. Il s'est contenté de dire : " Peut-être que c'est un loup. " Merde, j'en étais sûr.

— Il a été ébranlé par la dent dans le crâne.

— Oui, mais c'est peut-être une fausse dent.

— Je ne crois pas qu'elle soit fausse.

— Alors, vous croyez le vieil Indien, c'est ça ?

— Je ne vois pas pourquoi il mentirait, dit Egan.

— Ainsi, vous dites que c'est un loup.

— Non, dit Egan.

— Tout ça ne veut rien dire », conclut Bailey. Ils restèrent silencieux pendant plusieurs minutes. Bailey brûlait de lui poser une question mais il n'osait pas. Comme s'il y avait eu entre Egan et lui un secret qu'il aurait juré de ne pas dévoiler. Et pourtant, il lui fallait connaître la réponse :

« Quoi de neuf au sujet de Harmon Knutson ? » Egan ne répondit pas. McVay, de son côté, s'était avancé vers le siège avant. « Egan ? » Bailey ralentit et se tourna vers le vieil homme. « Il était en train de tirer sur quelque chose depuis la vitre de sa camionnette la nuit où il a été tué. » McVay les surveillait tous les deux, sur le siège avant. « Sur quoi tirait-il, Egan ? »

Le regard de McVay se fixa sur Egan. Il connaît la réponse, se dit-il. C'est un loup. Non, plutôt il espère qu'il s'agit d'un loup. Egan regardait la route droit devant lui. « Je ne sais pas, répondit-il.

— Il tirait sur quelque chose ? demanda McVay à Egan.

— Oui.

— Pourquoi ne l'avez-vous pas dit à Simmons ? » Egan ne répondit pas. Ils venaient de s'engager sur l'allée qui menait chez Best. Le shérif hocha la tête en négociant son virage à l'entrée de la ferme.

Les peupliers qui entouraient la maison faisaient une masse noire sur le ciel clair comme s'ils n'avaient formé qu'un seul arbre arrondi tel un gros buisson. Bailey regarda sa montre. Il était huit heures cinq. L'allée débouchait dans la cour de la ferme et ils purent constater qu'aucune voiture n'y était garée. Bailey se demanda s'il ne valait pas mieux rentrer en ville. Mais, maintenant, ils étaient sur les lieux. Il arrêta la voiture. « Allons jeter un coup d'œil rapide », dit-il.

Les trois hommes descendirent de voiture, chacun plongé dans ses pensées. D'un ton absent, Bailey dit : « Ce n'est pas le genre de Best de ne pas se présenter à son travail. » Ils se dirigèrent vers la porte d'entrée et Bailey frappa du poing. « Ike dit qu'il a téléphoné. On dirait bien qu'il n'y a personne. » Il se tourna vers les deux autres, les poings sur les hanches. « Merde, dit-il, maintenant, qu'est-ce que je dois faire ? »

Ils s'éloignèrent de la maison tandis qu'Egan levait la tête et observait les alentours. Les nuages défilaient toujours devant la lune et la nuit était claire. « Si on jetait un coup d'œil dans la cour ? » demanda Egan qui, sans attendre la réponse, s'éloigna lentement vers le hangar qui se dressait à l'ouest de la maison. Il ne quittait pas le sol des yeux. Bailey et McVay le suivaient. Egan pouvait les sentir à un mètre ou deux derrière lui.

« Allons, Egan. Il n'y a personne ici », dit Bailey. Egan s'arrêta, attentif à quelque chose sur le sol. « Allons,

Egan », répéta Bailey. Mais le vieil homme s'était agenouillé. Il pouvait sentir Bailey bouger à la hauteur de son épaule.

« Qu'y a-t-il ? demanda Bailey.

— Du sang », répondit Egan.

Bailey se mit à genoux à côté de lui. Son regard se posa sur l'endroit sombre dans l'herbe devant Egan. « Merde ! » dit-il. Il y porta la main, incrédule, comme pour l'effacer. Il en ramena des doigts maculés de minuscules taches couleur de rouille.

Bailey se tourna vers Egan. « C'est du sang ? McVay, il y a une lampe de poche dans la boîte à gants de ma voiture. Vous voulez aller la chercher ?

— Vieux d'une journée à peu près », dit Egan. Ils se relevèrent et examinèrent les alentours. L'air était immobile et la nuit claire. La lune éclairait les branches de peupliers. Egan s'était remis à arpenter les lieux.

« Egan », souffla Bailey. Mais le vieil homme poursuivait sa marche, la tête baissée vers le sol et le scrutant de gauche à droite. Bailey examina encore une fois les alentours. Il vit McVay allumer le plafonnier de sa voiture pour y chercher la lampe de poche. Merde, se dit-il, pourvu qu'il ne voie pas la cassette ! Mais il eut un haussement d'épaules et reprit son inspection pour ne pas rester à ne rien faire. Le hangar n'était qu'à six mètres de lui. Il s'en approcha et regarda à l'intérieur. La lune éclairait la camionnette neuve et étincelante de Best. Il referma la porte du hangar et se précipita vers Egan.

Bailey était tout excité. « Sa camionnette est là, dit-il. Il doit être ici. »

Egan fit un geste du doigt. « Encore du sang », précisa-t-il.

Tom McVay les avait rejoints. Il dirigea le faisceau de la lampe sur ce qu'Egan leur disait être du sang. Bailey et lui regardèrent attentivement. Ils ne dirent rien mais ils comprirent tous les deux qu'il s'agissait bien de sang.

Egan était reparti, se laissant guider par les éclaboussures sombres. Bailey et McVay songèrent en même temps à retourner à la voiture pour y prendre des armes mais les taches de sang n'était pas fraîches. Des armes n'auraient servi à rien.

La maison était entourée d'une clôture de fil de fer barbelé. Des belles-de-jour y grimpaient déjà. Leurs pétales délicats s'enroulaient autour du barbelé. Les fleurs étaient petites et fermées dans l'air de la nuit, les feuilles d'un vert tendre. Les hommes suivirent les traces qui se dirigeaient vers la clôture. Les éclaboussures s'élargissaient maintenant jusqu'à former une longue traînée d'une trentaine de centimètres qui traversait la cour jusqu'à la clôture de liserons. Puis elle se séparait en deux parties avant de se rejoindre à nouveau. L'homme qui avait saigné avait été blessé à plusieurs endroits et avait perdu beaucoup de sang. Personne ne parlait. Debout derrière Egan, McVay et Bailey s'aperçurent que la traînée de sang se divisait une nouvelle fois en deux traces de vingt centimètres de large.

Près de la maison, la masse épaisse des peupliers rendait l'ombre plus profonde. La traînée de sang se confondait avec les ombres et devenait difficile à suivre. Bailey était incapable de la voir sans l'aide de la lampe de poche. Egan avançait, très lentement maintenant, Bailey et McVay marchant à ses côtés, légèrement en retrait. Le shérif avait les yeux fatigués. Il scruta le sol, ne vit rien, se frotta les yeux des deux mains et se tourna vers les deux autres. Sa bouche s'était légèrement entrouverte en un faible bâillement de stupeur qui ne passait pas. Il s'arrêta et, mue par un vieux réflexe, sa main se porta à l'endroit où son revolver aurait normalement dû se trouver. Sa main rencontra le dos d'Egan que le contact fit se retourner. Puis il suivit le regard de Bailey en direction du corps étendu en travers de la clôture, contre les liserons. La lampe de poche vint éclairer la nuque de Traverse Best.

Ses vêtements portaient du sang coagulé. Il avait une jambe pendante, nue, la peau lacérée et arrachée jusqu'à la cheville. Il manquait des doigts à l'une de ses mains et ses bras, tendus vers la clôture, étaient déchiquetés et tordus. Best reposait le visage contre terre. La clôture avait cédé sous son poids. Ses fesses portaient de profondes entailles. Sa tête pendait de l'autre côté de la clôture, ensanglantée, la gorge lacérée et une oreille arrachée.

Bailey retrouva alors la parole. « Seigneur Jésus », dit-il dans un souffle.

QUATRIÈME PARTIE

McVay ne pensait plus à ses projets initiaux. Lorsqu'ils avaient pris le chemin du retour, il se faisait tard et il n'avait eu qu'une seule pensée, retrouver Katie. De voir Best ainsi, étendu sur la clôture au milieu des liserons aux petites fleurs refermées sur elles-mêmes, l'avait rendu malade. Ce n'était pas tant le cadavre ou le sang ou encore d'imaginer ce qui avait dû se passer qui le bouleversait. C'était que cela se soit produit au cœur de l'Amérique, en temps de paix, et non dans quelque pays étranger, à l'autre bout du monde. C'était aussi cette nervosité qu'il avait décelée dans la voix de Bailey, cette expression sur le visage vieilli d'Egan. C'était cela qui le troublait vraiment dans le fait d'avoir trouvé Traverse Best accroché à la clôture. Il en déduisait que quelque chose de vraiment grave était en train de se passer sous ses yeux. La découverte du corps de Best avait tellement envahi l'esprit et monopolisé l'énergie de McVay que, sur le chemin du retour vers la ville, il s'était aperçu qu'il avait refoulé au fond de lui-même la raison de sa venue à Medecine Springs et qu'il ne désirait plus qu'une seule chose : voir Katie. Sans trop savoir pourquoi, d'ailleurs.

Il avait donc demandé son adresse au shérif qui l'avait regardé sans la moindre nuance interrogative dans le regard et lui avait expliqué comment se rendre à la ferme Hermany-Horses. Egan l'avait entendu poser la question à Bailey, le regard lointain, se contentant d'un hochement distrait de la tête. Il était presque minuit et ils étaient tous fatigués.

McVay roulait maintenant sur le chemin caillouteux qui menait vers le nord-ouest en venant de Medecine Springs. La campagne commençait aussitôt à la sortie de la ville et, à moins de trois kilomètres, des pins apparaissaient et le paysage se transformait brusquement en collines et en canyons. Il était entré dans les Collines Noires, impressionné par leur noir profond. Il revoyait Egan scrutant d'un regard placide les lieux autour du cadavre de Best et un frisson dans le dos lui raidit le cou.

Pour la première fois, il doutait qu'il y ait des loups dans les Collines. Il avait lu les livres que Johnny lui avait remis sans jamais s'interroger sur l'existence effective d'un loup dans les parages. La chose avait été jusqu'alors le dernier de ses soucis. Les Collines devenaient plus sombres et la route grimpait en lacets. Il savait pertinemment qu'à cette heure il aurait dû être en train de faire ce qu'il avait à faire, c'est-à-dire attendre, posté au-dessus de chez Billion, la première lueur du jour pour agir. Il aurait dû s'en tenir à son plan mais la situation avait changé. Pour l'instant, il lui fallait découvrir qui ou quoi avait tué Best et en apprendre plus long sur Katie Running.

Arrivé en vue des lumières de la maison, McVay ralentit. Il se dit qu'il aurait dû passer un coup de fil pour la prévenir. Sans parler de ses deux petits camarades. S'ils se souvenaient de lui, il allait y avoir de la bagarre. Et si Katie n'était pas seule ? Si elle était avec un autre ? A cette pensée, il éprouva une drôle de douleur à l'estomac. Il essaya de se convaincre que toute cette équipée n'était qu'un coup de tête et que faire demi-tour serait préférable, mais il ne put s'y résoudre. Lorsque sa camionnette s'engagea dans l'allée qui menait à la maison, il vit un visage se montrer à la fenêtre de devant. McVay resta une minute à observer la fenêtre avant d'éteindre ses phares.

Le visage était celui d'un homme, sans aucun doute, et l'idée de faire demi-tour le traversa à nouveau.

Il n'en fit pourtant rien. Il coupa le moteur et laissa ses yeux s'habituer à l'obscurité. Identique à celle qui enveloppait la maison de Best. D'un geste instinctif, il tendit la main pour saisir le .45 dans la boîte à gants, le soupesa, puis eut un moment d'hésitation. Le revolver pouvait être un handicap mais aussi lui sauver la vie. Il le soupesa une fois encore et le glissa finalement dans la poche de son blouson. Entre-temps, le visage avait quitté la fenêtre de devant et McVay pouvait maintenant l'apercevoir derrière celle de la porte d'entrée. Ils se dévisageaient tous les deux sans pouvoir se voir. Si les deux frères se souvenaient de lui et réussissaient à l'identifier, on pourrait aussi bien l'attendre derrière la porte pour l'abattre. McVay sentait le côté plat du .45 dans sa poche. Il devait y avoir une trentaine de mètres de sa camionnette à la maison, plongés dans une obscurité totale à l'exception de la lumière diffuse projetée par les fenêtres. Le visage à la fenêtre se livrait tout de même à un drôle de petit jeu. Il se demanda ce qui le poussait tellement à vouloir traverser cet espace découvert entre sa camionnette et la maison. C'est à cause de Katie, se dit-il, et, cette fois encore, il eut envie de faire demi-tour vers la ville mais, cette fois encore, il ne put s'y résoudre. D'un côté, il y avait Katie et de l'autre ce petit jeu qui durait entre l'autre à la fenêtre et lui-même. Le Seigneur a horreur des lâches, se dit-il, et il ouvrit la portière de son véhicule. Il se découpait dans la lumière du plafonnier et il se dépêcha de refermer la portière. Faisant comme s'il avait froid, il enfonça ses mains dans les poches de son blouson et rentra la tête dans les épaules. Puis il se dirigea vers la maison. Il vit disparaître le visage à la fenêtre de la porte et il n'avait pas parcouru sept ou huit mètres que deux visages se montraient maintenant à la même fenêtre. Le Seigneur a horreur des lâches, se répéta-t-il, et cette pensée le fit sourire sans pour autant lui faire quitter des yeux les deux visages. Il restait sur le qui-vive. Il s'efforçait de ne rien laisser échapper, de tout appréhender à la limite de son champ de vision et de ne pas cligner des yeux.

Arrivé à cinq mètres de la porte, il entendit des voix et vit bouger la poignée. La cour était entourée d'une vieille clôture faite de piquets soutenus par de gros poteaux en bois. McVay en était à évaluer la distance qui le séparait du poteau le plus rapproché lorsqu'il entendit la voix de Katie.

« C'est Tom, disait-elle. Retournez devant la télé. » Elle sortit sur le perron, toute la lumière projetée dans la cour se réfléchissant sur ses dents. Il entendit quelqu'un grommeler derrière elle et se détendit. « Comment, toi ici ? demanda-t-elle en riant.

— Je te cherchais », répondit McVay. Elle descendit les marches du perron et s'approcha tout près de lui. Il pouvait sentir son odeur.

« Bon sang, dit-elle, je n'ai cessé de penser à toi. » Elle leva les yeux vers lui dans un sourire. Un halo de chaleur se dégageait de son visage rond. Ils restèrent ainsi un moment sans bouger jusqu'à ce que McVay éprouve de la gêne.

« Je voulais te parler, dit-il. Traverse Best a été tué. »

Katie fut ébranlée mais non surprise. Elle savait que Best vivait plus dangereusement qu'il ne le laissait croire. « Entre », dit-elle.

Pour se rendre à la cuisine, il leur fallait passer près de Jake et de Pete. McVay remarqua que Jake portait un pansement sur l'œil gauche et que Pete avait le bras droit en écharpe. Il espérait sincèrement ne pas les avoir trop durement esquintés. Ils ne lui adressèrent pas un regard. La télévision était allumée et ils ne la quittaient pas des yeux. Une fois dans la cuisine, Katie mit une cafetière sur le feu. McVay s'assit sur l'une des vieilles chaises de bois et la regarda faire. Elle sentait son regard sur elle, se doutant qu'il attendait d'elle une marque de sympathie. Mais elle aussi était affectée par la mort de Best. Elle fut sur le point de lui faire face et de lui avouer qu'elle avait connu Best elle aussi, qu'elle l'avait mieux connu que lui. Elle éprouvait un étrange sentiment de culpabilité mais elle réussit à se contrôler.

« Tu as l'air fatigué, dit-elle. Ç'a été dur ?

— Oui, plutôt, répondit McVay.

— Raconte, que s'est-il passé ?

— Nous l'avons trouvé chez lui. Difficile de dire qui l'a tué. » Katie le regarda, le front barré d'un pli soucieux. En guise de réponse, il haussa les épaules mais elle ne s'en tint pas là et lui fit signe de continuer. « Il était tout lacéré et déchiqueté, expliqua McVay.

— Ils ne disent pas qu'il s'agit d'un loup.

— Ils disent qu'il n'y a pas de loup. »

Katie eut un haussement d'épaules. « Ce n'est pas un loup qui a fait ça », répondit-elle. Elle prononça ces mots comme s'il n'y avait aucun doute dans son esprit. McVay essaya de capter son regard mais elle se leva pour aller surveiller le café. Il montait encore dans la cafetière mais elle en versa un peu pour voir s'il était bientôt prêt. Ce n'était pas le cas et, s'appuyant au buffet de la cuisine, elle se tourna vers McVay. Ce mouvement la fit se déhancher et McVay prit conscience de son corps. Elle posa ses mains sur le buffet derrière elle d'un mouvement du bassin qui tendit les boutons de son chemisier. « Il y a un sacré paquet d'emmerdements qui s'annoncent dans le coin », dit-elle. McVay perçut une note insolite dans sa voix. Il scruta son regard mais n'y put rien déceler. « J'aurais de quoi écrire tout un roman », reprit-elle en le regardant dans les yeux. Puis elle lui tourna le dos pour remplir les deux tasses de café.

En revenant vers la table, elle lui demanda s'il avait faim. Il mentit en lui répondant que non et ils s'assirent en silence. La télévision ronronnait dans la pièce voisine. McVay voyait le reflet bleuté de l'écran vaciller sur la fenêtre de la cuisine. Katie lui demanda de but en blanc : « Tu dors ici cette nuit ? »

McVay haussa les épaules. Il n'y avait pas pensé. « Comme tu veux, répondit-il. Pas forcément.

— Les emmerdements commencent », reprit-elle.

McVay acquiesça d'un signe de tête. Il ne comprenait pas très bien ce qu'elle voulait dire par là mais il la sentait soucieuse. Pour faire diversion, il fit un geste en direction de la pièce où la télévision était allumée. « Ils font la tête à côté ?

— Seulement parce que tu es blanc, répondit-elle.

— Ils se souviennent de moi ?

— J'ai dû les faire boire un peu.

— Merci.

— Je ne leur ai pas tout dit. Ils avaient de jolis trous de mémoire. » Elle eut un sourire. « Ils n'ont pas tout à fait compris ce qui leur était arrivé. »

McVay lui rendit son sourire. « Tu crois que je devrais les avoir à l'œil ?

— Difficile à savoir. Si tu étais indien, non. Tout dépend de ce qu'ils pensent de toi. » Elle se leva. « Tu fumes ?

— Ça m'arrive. »

Elle alla prendre dans le placard un sac en plastique rempli d'herbe. Elle roula le joint d'une main experte et le tendit à McVay. Elle poussa ensuite une boîte d'allumettes vers lui et apporta la cafetière pour remplir les tasses.

L'herbe était âpre mais McVay en sentit l'effet presque dès la première bouffée. Elle lui prit le joint des mains et le porta à sa bouche à son tour. Ils s'assirent et retinrent leur respiration en se regardant. Ils finirent par expirer en hochant la tête.

« Bon Dieu ! dit McVay.

— C'est bon ! » Katie lui adressa un sourire en lui repassant le joint.

McVay aspira une autre bouffée mais peu profonde. Il réfléchissait. Se pouvait-il que ce fût là la marijuana que Jimmy avait essayé d'acheter ? Billion l'aurait écoulée localement après avoir tué Jimmy et volé l'argent qui appartenait à sa mère ? Sa pensée se porta ensuite sur Best. Best et Jimmy, la foutue marijuana. Il essaya de penser à autre chose. Tiens, Egan, décida-t-il, il fallait qu'il pense à Egan. Mais il eut la sensation qu'il se passait quelque chose et ouvrit les yeux. Devant lui, il n'y avait que Katie mais il s'aperçut qu'elle regardait par-dessus son épaule et il pivota sur sa chaise. Jake Hermany-Horses était appuyé au montant de la porte derrière lui. Il fit un geste brusque pour se lever mais Jake fit un saut en arrière et leva les mains en l'air.

« Assieds-toi, mec. Je ne vais pas t'attaquer », dit-il, et McVay se rassit. Il sentait battre son cœur dans sa poitrine. « Tu me prends pour un parfait crétin ? demanda Jake en entrant dans la cuisine.

— Ça va », dit Pete qui venait d'apparaître à l'entrée de la cuisine. McVay sursauta une nouvelle fois mais, voyant le bras en écharpe, il reprit place sur sa chaise. « On a eu notre leçon », ajouta Pete. Il souriait presque timidement. « Maintenant, je me tiendrai à distance de toi, continua-t-il, mais je prendrais bien une bouffée du joint. » Il eut un petit rire.

« Moi aussi », dit Jake avec le même sourire timide.

Katie fit circuler le joint. McVay prenait des bouffées mais sans la fumée. L'herbe lui faisait penser à Jimmy et à Billion. Il l'avait en horreur. Pete et Jake s'étaient assis par terre. Personne ne disait mot et Katie se mit à rouler un autre joint. McVay s'exhorta au calme. Son état venait de la marijuana. Il s'efforça de ne pas penser à ce qui s'était passé ce soir-là dans la ruelle à côté de l'Oasis mais il ne comprenait pas que Pete et Jake ne se rappellent rien.

A la lumière de la cuisine, il découvrait maintenant que le visage des deux hommes portait d'autres stigmates de la bagarre que ceux que recouvraient leurs pansements. Il s'étonnait de constater que les ecchymoses se voyaient même sur la peau sombre de Pete.

Les deux Indiens avaient bu et la marijuana eut sur eux un effet quasi immédiat. « Putain », dit Jake.

Il se fit à nouveau un silence. Katie continuait de sourire. Le joint fit un autre tour. Cette fois, McVay le fit passer sans le porter à sa bouche. « J'ai eu l'impression d'être tombé sous une moissonneuse-batteuse, dit Pete.

— Non, dit Jake, dans une bétonneuse. »

McVay leur adressa un sourire.

« Putain, c'est comme de se faire traîner par un cheval.

— Oui, mais du haut d'une falaise.

— Putain. »

Katie éclata de rire, suivie de Jake et de Pete et, finalement, de McVay.

« Dites donc, vous étiez beurrés, non ? » Tout le monde se mit à rire de plus belle.

« C'était comme de se faire écrabouiller par un tank.

— J'en ai encore mal à la tête.

— Ça, c'est la bière, dit Katie.

— La bière ?

— Avec quoi tu nous as frappés ? »

McVay leva ses poings. « Sans doute une barre de fer.

— Poing de Fer !

— Tu serais pas indien, par hasard ? » Jake et Pete étaient écroulés de rire.

« Le shit, commenta Katie.

— Du bon shit, dit McVay.

— Le meilleur. » Katie le surveillait du coin de l'œil. « Celui de Billion », ajouta-t-elle.

McVay fit signe qu'il comprenait. Il continuait de fixer la table. Il tenait le joint et il sentait le regard de Katie posé sur lui. Il leva les yeux et le lui tendit. « Profites-en, dit-il. Il se peut que ce soit difficile à obtenir à l'avenir. »

Katie prit le joint sans quitter McVay des yeux. Elle n'y toucha pas mais le passa à Jake. Elle dut lui taper sur l'épaule pour attirer son attention. « Putain », dit-il en prenant le joint qu'il tint alors au bout de ses doigts. Pete se pencha pour le lui prendre mais, comme il était très court, il lui échappa et tomba par terre. Il sortit un cure-dent de sa poche de chemise et le planta dans le joint. Le mégot s'éteignit avant qu'il ait le temps de le porter à ses lèvres. Il l'examina attentivement puis le tendit à Katie. Elle le déposa dans le cendrier et tout le monde resta assis un long moment sans bouger. McVay trouvait que l'air était lourd et qu'il faisait chaud. Il sentait son corps prêt à basculer dans le sommeil mais son esprit restait en éveil. La main de Katie reposait sur la table et il tendit la main pour la toucher. Elle tourna son regard vers lui mais il ne la regardait pas. Il observait la main de Katie sur laquelle il fit glisser la sienne le long de ses doigts en s'efforçant de les effleurer à peine. Sa main était beaucoup plus large que celle de Katie, d'une autre couleur aussi. Ses mains à lui étaient bronzées et paraissaient plus vieilles. Katie, elle, avait des mains d'Indienne. Elles étaient d'une drôle de couleur. Ni brunes ni rouges contrairement à l'idée qu'il s'était toujours faite de la peau des Indiens. Mais il n'arrivait pas à définir de quelle couleur elles étaient. Il entendit le bruit que l'un des deux hommes venait de faire en remuant sur le sol. Quelqu'un avait parlé d'aller au lit. Il voulait dire bonsoir à tout le monde mais ne parvenait pas à détacher son regard de la main de Katie qu'il sentait sous ses doigts. Il entendit enfin sa voix.

« Moi aussi », dit-elle. Elle mit sa main sur celle de McVay et la prit dans la sienne.

McVay acquiesça et la suivit. Ils enjambèrent Jake qui était toujours assis par terre et s'engagèrent dans un couloir sombre. Il était si sombre que McVay ne fut pas rassuré. Il ne percevait que la lourdeur de l'air et la pression de la main de Katie qui le guidait dans le couloir. Ils se retrouvèrent ensuite dans sa chambre et il la sentit se rapprocher de lui. Il pouvait humer son odeur dans le noir. Puis ce fut la douce caresse de ses cheveux contre son visage et la saveur de sa bouche.

Le lit était très chaud ; ils restaient étendus sans bouger. La tête de Katie reposait sur l'épaule de McVay qui la tenait enlacée. McVay la croyait endormie mais, lorsqu'il bougea le bras, elle se déplaça pour lui faire de la place. Ils se retrouvèrent couchés face à face, chacun sur un oreiller différent mais leurs têtes très rapprochées. Leurs corps se touchaient. Ils étaient encore sous l'effet de la marijuana et la main de McVay se mit à la caresser. Il commença sous l'aisselle gauche, descendit le long des côtes jusqu'à la taille, s'attarda sur la hanche, puis continua très doucement le long de sa cuisse avant de laisser ses doigts rebrousser chemin vers leur point de départ. Il recommença, épousant les courbes de son corps en l'effleurant à peine, la caressant comme un animal que l'on veut faire ronronner. Ses caresses se firent de plus en plus douces jusqu'à ce qu'elle se serre encore davantage contre lui et qu'il sente son haleine humide dans son cou.

« Dors, dit-il.

— Je ne peux pas. Il faut que je te parle.

— Qu'est-ce que tu as à me dire ? »

Elle se blottit tout contre lui. « J'aurais voulu que l'on se rencontre ailleurs, répondit-elle. Peut-être dans ton pays à toi, à Toledo. »

Il vint à l'esprit de McVay qu'il aurait plaisir à la ramener avec lui mais il n'en dit rien à Katie. « Toledo n'a rien de passionnant, répondit-il.

— Mais tu y es attaché.

— Comme tu l'as dit, mes racines sont là-bas. »

Elle resta un moment silencieuse. Elle vint appuyer sa tête sur sa poitrine. « Tu n'es pas obligé de me répondre, dit-elle enfin. Je ne suis même pas sûre de vouloir connaître la réponse mais pourquoi as-tu quitté Toledo ? Qu'est-ce que tu fais ici ? » Elle sentit ses muscles se tendre légèrement et regretta de l'avoir interrogé.

« Reportage, dit-il. Cette histoire de loup. »

Elle secoua sa tête sur sa poitrine. « Rien ne t'oblige à tout me raconter, dit-elle, mais je sais que tu n'es pas ici pour faire un reportage. Tu as affaire d'une manière ou d'une autre avec Billion. »

McVay eut envie de lui raconter que Billion détenait des informations au sujet du loup mais il eut soudain conscience de se trouver devant une alternative : ou il ne lui disait rien ou il lui avouait toute la vérité. Il pesa un instant les termes de l'alternative. Il serait facile de ne rien lui dire mais il éprouvait le besoin de se confier à elle. Il éprouvait le besoin de se confier à quelqu'un. Il recommença à la caresser. « D'accord, dit-il, je suis à la recherche de Billion.

— Trafic de drogue », dit-elle d'une voix neutre. McVay acquiesça dans le noir. « Ça ne pouvait être autre chose, reprit-elle. C'est le business de Billion. »

McVay continuait à la caresser. La douceur de sa peau l'émerveillait. « Il t'a doublé ? demanda-t-elle.

— Non. Je n'avais rien à voir là-dedans, je t'assure. C'est l'affaire de mon petit frère », expliqua McVay. Il cessa de caresser Katie pour se frotter le visage. « C'*était* son affaire, continua-t-il. Maintenant mon petit frère est mort. »

Ils restèrent un long moment sans bouger. Katie se disait combien elle regrettait que McVay soit embarqué dans cette histoire et celui-ci ne pouvait s'empêcher de penser, pour une raison qui lui échappait, à Traverse Best étendu de tout son long au milieu des liserons qui poussaient sur la clôture autour de chez lui. Finalement Katie rompit le silence. « Et tu es venu régler tes comptes ? »

McVay fit un signe affirmatif de la tête dans le noir et recommença à caresser Katie de sa main rugueuse. Il resta ainsi à contempler le plafond en songeant à son frère et à Best. Quand son attention se reporta sur Katie, il vit, tournés vers lui sur l'oreiller, ses dents blanches et ses grands yeux qui l'observaient. « Qu'y a-t-il ? » demanda-t-il.

Katie prit le visage de McVay entre ses mains et suivit avec ses pouces le tracé de ses lèvres jusqu'à l'intérieur de la bouche. « Je ne trouve pas les mots, dit-elle, pour te dire combien je suis heureuse d'apprendre que tu es là uniquement à cause de ton petit frère. » Elle l'embrassa. « Alors, à part ça, qu'est-ce que tu fais dans la vie ? lui demanda-t-elle.

— Je fabrique des pneus, répondit McVay. Ça me plaît. »

Katie se mit à rire. « Dans ce cas, je me demande bien ce que tu es venu foutre ici ? » McVay haussa les épaules. « Tu aimes aussi la bagarre, je parie ? reprit-elle.

— Non, répondit McVay.

— Si.

— Non. Je ne prends pas mon pied dans ce genre de chose. » Il cessa de la caresser. « Les gens ont toujours compté sur moi, c'est tout.

— Et tu ne leur as jamais fait faux bond ?

— Dans la mesure du possible.

— Il ne t'est jamais venu à l'esprit qu'ils pouvaient profiter de toi ? Qu'ils pouvaient se servir de toi ?

— Non, répondit McVay. Simplement, je suis toujours disponible quand il le faut et, comme je suis à même de faire le boulot, c'est à moi qu'on demande. C'est tout. » Il avait élevé la voix plus que nécessaire et Katie lui couvrit de nouveau le visage de ses mains. Elle l'embrassa.

« Calme-toi. Je demandais juste », dit-elle. Elle l'embrassa de nouveau. « Tu es tombé sur un salopard, ajouta-t-elle. Billion te tuera à la première occasion. Je parierais même qu'il a quelque chose à voir avec la mort de Best. » Il allait dire quelque chose mais elle lui mit un doigt sur la bouche. « N'ajoute rien, dit-elle. Mais fais attention. Il va y avoir du grabuge dans le coin. Il va falloir que tu sois prudent. J'aimerais te voir grimper dans ta camionnette et retourner tout droit à Toledo et à ton travail. Je sais que tu ne le feras pas mais j'aimerais quand même que tu le fasses. » Elle retira ses mains du visage de McVay et vint à nouveau blottir sa tête contre sa poitrine. « Je vais dormir maintenant, dit-elle. Je suis heureuse que tu sois passé ce soir, Tom. » Elle frotta doucement sa joue contre sa poitrine et il sentit qu'elle se détendait.

Mais McVay ne pouvait pas la laisser s'endormir. « Et toi ? demanda-t-il. C'est quoi ton histoire !

— Je suis venue ici pour fuir la ville, expliqua-t-elle. Le contraire de toi, j'imagine.

— Mais tu es d'ici.

— En un sens », murmura-t-elle tout bas. Et plus bas encore : « Je ne sais pas d'où je viens. Je n'ai pas de racines. »

Ils restèrent sans bouger pendant une minute et McVay entendit alors sa respiration changer. Elle se fit régulière et profonde et il comprit qu'elle s'était endormie. Lui resta éveillé. Il songeait à ce qu'elle lui avait dit, qu'il devrait rentrer chez lui et qu'on se servait de lui. Puis il pensa à elle. Seule avec lui, son comportement était très différent de celui qu'elle avait adopté lorsqu'ils s'étaient trouvés en public tous les deux. Au bar de l'Oasis, elle parlait comme Jake et Pete. Elle empruntait leur accent et employait leur vocabulaire sommaire. Mais elle en savait davantage qu'elle ne le laissait paraître. Elle en savait long. McVay se demanda s'il ne lui en avait pas trop dit. Il la sentait là, endormie contre lui, chaude et détendue. Sa respiration le berçait et il ne tarda pas à s'endormir.

Mais un rêve vint troubler son sommeil. Il se trouvait

près de l'étang à proximité de la route nationale, l'étang sur lequel Steve Miller avait construit le radeau muni d'un plongeoir, l'étang dans lequel Steve Miller avait fait un grand plongeon en arc de cercle quelques semaines auparavant, un plongeon si profond qu'il s'était blessé à la tête. McVay assistait à la scène, étendu sur une serviette sur la plage minuscule, à moins de dix mètres du radeau. Il avait observé le plongeon de Steve et il s'était aussitôt dit qu'il plongeait de bien haut et qu'il risquait de heurter le fond. C'est pourquoi il était déjà sur ses pieds lorsque les autres gamins présents sur le radeau s'étaient mis à crier que Steve ne remontait pas à la surface. C'était comme s'il s'y était attendu. Non seulement ce jour-là, mais toute sa vie. C'est ce jour-là que McVay avait compris ce dont il était capable, avait compris qu'il pouvait agir lorsqu'il le fallait et faire ce que personne ne pouvait faire à sa place. Les enfants rassemblés sur le radeau et sur la rive l'avaient regardé se jeter à l'eau. Il se rappelait encore les mouvements de ses bras. Il avait eu l'impression de pouvoir déplacer des milliers de litres d'eau à chaque brasse. Arrivé au-dessus de l'endroit où devait se trouver Steve, il avait rempli ses poumons d'air, assez pour tenir jusqu'à ce qu'il le trouve. Une fois sous l'eau, tout s'était vraiment passé sans difficulté. Il avait touché le fond et l'avait longé jusqu'à ce que sa tête vienne rencontrer la jambe de Steve. Il l'avait saisi par les cheveux et, de toutes ses forces, s'était arraché du fond. Un instant plus tard, il le déposait sur la rive, aspirant l'eau hors de ses poumons sous le regard des gamins assemblés tout autour. Lorsqu'il avait commencé à recracher l'eau, les autres gosses s'étaient mis à l'encourager de claques dans le dos : « Vas-y, Tom. Tu as réussi, Tom. Nous savions que tu réussirais. »

Mais le rêve qu'il faisait maintenant se déroulait un autre jour, quelque temps après le sauvetage de Tom. Cette fois, il n'était pas en maillot de bain. Il était assis sur un rocher à proximité d'une petite plage lorsqu'il entendit cette fois encore les gosses crier. Les cris venaient du rivage où se trouvaient trois ou quatre des enfants qui l'avaient vu sauver Steve Miller. Ils l'appelaient au secours. Ils couraient dans tous les sens le long de la plage, se précipitaient vers lui, le suppliant de faire vite. Puis il se mettait lui aussi à courir, éprouvant la même émotion que le jour où il s'était jeté à l'eau pour sauver Steve. Les poumons remplis à fond, il faisait trois mètres à chaque foulée. Arrivé sur les lieux, on lui apprenait qu'il s'agissait d'Amy Johnson, qu'elle venait de couler, juste là, en face, à moins de trois mètres du bord. Ils l'observaient et il n'y avait plus trace de panique sur leurs visages. « Juste là », répétaient-ils en montrant du doigt l'eau près du rivage. Il y entrait sans hésiter, surpris de constater que l'eau lui arrivait à peine à la taille. Il se dirigeait alors en longues et puissantes enjambées vers l'endroit où la fillette était censée avoir disparu. Puis il nageait sous l'eau, persuadé que tout allait se passer comme avec Steve. Mais elle n'était nulle part sous l'eau. « Retrouve-la, Tom », lui criait-on de la rive et il nageait vers le fond. Toujours rien. Il refaisait surface pour respirer et plongeait à nouveau. Il demeurait au fond plus longtemps cette fois, gardant les bras étendus à la recherche de l'extrémité d'un bras, d'une jambe, peu importe. Encore de l'air. « Vas-y, Tom. » Le fond obscur. De l'air. « Ramène-la, Tom. » Ses vêtements se faisaient lourds et sa réserve d'air durait moins longtemps qu'il n'aurait fallu. Il se retrouvait ensuite en train de patauger vainement dans l'eau qui lui arrivait à peine à la taille mais, cette fois, totalement épuisé. « Bon sang, Tom, trouve-la ! » Il repartait tâtonner en vain par le fond. « Trouve-la ! » Maintenant, il crachait l'eau en toussant. « Trouve-la, Tom », « Bon sang, Tom ! » « Tom ! » « Tom ! »

« Tom. » Elle tenait son visage entre ses mains. « Tout

va bien, Tom. Tout va bien. » Il reposait sur le lit, rigide. « Tout va bien », reprit-elle en embrassant son front en sueur. « Tout va bien », répéta-t-elle. Elle le serrait contre elle et le berçait. Quand il voulut parler, elle l'en empêcha.

« Doucement, là », dit-elle, et elle berça McVay jusqu'à ce que ses muscles se relâchent. Elle continua de le bercer longtemps après l'avoir senti se rendormir. Elle lui caressait les cheveux en se répétant combien elle regrettait, combien elle regrettait qu'il ne soit pas plus raisonnable. Quel dommage ! se disait-elle. Il devrait rentrer chez lui, il y serait en sécurité. Un chez-soi, quoi qu'il arrive, est le seul endroit sur terre où l'on soit en sécurité.

Junior Bailey, lui, n'avait pas du tout dormi. Il était retourné chez Best pour enlever le corps. Une équipe d'ambulanciers était venue le chercher pour le transporter à Rapid City pour l'autopsie et Bailey ne voulait pas qu'ils brouillent les indices. Il avait apporté des spots pour éclairer les lieux. Il les avait dirigés sur le corps et les alentours immédiats. Les lumières étaient blanches et ôtaient leur éclat naturel aux couleurs. Au-delà de la zone lumineuse, c'était l'obscurité, atténuée seulement par le reflet de la lumière sur les branches des vieux peupliers. Pour Bailey, la scène avait l'étrangeté d'un plateau de cinéma et cette étrangeté n'avait fait que s'accentuer au fil de la nuit. Une fois les ambulanciers partis, il s'était retrouvé seul. Il avait laissé Egan en ville avec McVay. Il voulait qu'Egan prenne un peu de repos. Il lui faudrait inspecter les lieux à son tour une fois que les enquêteurs de la Criminelle auraient fini leur travail. Mais Bailey ne voulait personne sur place tant que les services concernés n'auraient pas fini leur examen. A six heures, Bob Wilson, un shérif vacataire, avait pris sa relève. Mais, jusqu'à ce moment-là, il était resté seul. Assis dans sa voiture, il avait surveillé la cour en écoutant sa cassette de Chopin. Il l'avait fait jouer sans arrêt tout en regardant les formes projetées sur la cour de Best par les spots. Il était resté là à attendre le lever du jour, se demandant ce que donneraient les couleurs du matin, quel ton conviendrait le mieux à la cour, rose délicat, or ou rouge sang, et si les spots n'accéléraient pas l'éclosion quotidienne des liserons. Il essayait surtout de ne pas songer à ce qui avait pu tuer Best.

Il était maintenant de retour en ville et la cassette de Chopin était la seule chose de la nuit écoulée dont il gardait le souvenir. Chopin et, selon toute probabilité, les poussées d'adrénaline l'avaient empêché de dormir. Il était fatigué mais il avait du pain sur la planche. Les gens de la Criminelle allaient arriver dans l'après-midi et il tenait à les accompagner. Il avait besoin d'un peu de sommeil mais il lui fallait d'abord mettre Simmons au courant des événements. Il aurait dû aussi informer Stockton mais il ne pouvait se résoudre à l'avoir en face de lui. Il se rendit à l'Oasis et fut étonné d'y trouver Simmons entouré de boîtes de carton vides. Grâce aux étiquettes, Bailey put constater qu'elles avaient contenu des pièges. L'un de ceux-ci était déjà tout monté et Bailey remarqua que Simmons en était très fier. Ce dernier allait dire quelque chose au sujet des pièges mais Bailey l'interrompit. « Il faut que je vous parle », dit-il.

Simmons comprit que sa visite avait un caractère de gravité. « Certainement, dit-il. Que puis-je faire pour vous ? »

Bailey fit un geste en direction des fauteuils qui se trouvaient à l'autre extrémité du hall de l'hôtel. Il jeta un regard à Johnny qui était tout ouïe. « Asseyons-nous. »

Simmons se dirigea vers l'un des fauteuils trop rembourrés et Bailey se laissa tomber en douceur au fond du canapé en cuir. Il passa sa main sur le cuir et le pressa du bout de ses doigts pour en apprécier la souplesse. Ce qu'il avait à dire à Simmons lui était tout à coup sorti de l'esprit. Lorsqu'il s'en souvint, il leva les yeux vers lui avec un faible sourire. « On a eu des problèmes la nuit dernière, dit-il. Nous n'avons pas la moindre idée de ce dont il s'agit. Il se peut même que cela ne vous concerne pas, mais un homme est mort. »

Simmons inclina la tête. « Mort ? »

Bailey fit signe que oui et reporta son attention sur le canapé de cuir. « Elle peut avoir été causée par n'importe quoi, une machine, peut-être même une lutte avec un autre homme. » Assis sur le canapé, Bailey se demandait quoi d'autre avait pu déchiqueter Best à ce point.

« Un loup ? » demanda Simmons d'un air grave.

Bailey soupira. « C'est sans doute possible mais j'en doute. » Il épiait Simmons. « Oui, j'en doute », répéta-t-il. Comme Simmons ne réagissait pas, Bailey employa une autre tactique d'approche. « Tout ce que je demande, c'est qu'on garde son calme. Je ne veux pas que tout le monde s'énerve. Les types de la Criminelle vont aller jeter un coup d'œil sur les lieux cet après-midi, puis ce sera au tour d'Egan.

— Justement, il faut que je parle à Bill. »

Bailey poussa un profond soupir. Il avait l'haleine des petits matins. « Otez-vous de la tête que vous allez capturer cet animal vivant avec l'aide d'Egan. Egan y est tout à fait hostile. »

Simmons fut offusqué. « C'est moi qui l'ai engagé et il fera ce que je lui dirai.

— Je n'en suis pas si sûr.

— Sinon je le vire.

— Si vous le virez, c'est moi qui l'engagerai », répondit vivement Bailey, qui fit une pause pour retrouver son calme. Il était fatigué et ne voulait pas se départir de son sang-froid.

« Ecoutez, shérif, j'imagine que vous en avez tout à fait le droit mais permettez-moi tout de même de vous rappeler que je suis le garde forestier en chef du parc national des Collines Noires et que Bill Egan n'est pas le seul trappeur de la planète.

— Non, mais c'est le meilleur.

— Il est âgé.

— Il reste le meilleur. »

A contrecœur, Simmons abandonna cette discussion sur Bill Egan. « J'aimerais jeter un œil sur les lieux. »

Bailey émergeait lentement de son canapé. « Oui, Mr Simmons. Dès que les types de la Criminelle en auront fini et que mes hommes seront passés après eux.

— Vos hommes ? demanda Simmons avec un sourire.

— Oui, répondit Bailey. Bill Egan et moi-même. »

Bailey dut faire un effort sur lui-même pour sortir sans hâte de la pièce et pour ne pas claquer violemment la porte mais il se rendit compte que sa main se crispait sur la poignée. L'air frais du matin lui fit du bien et l'aida à surmonter sa fatigue mais il avait à peine parcouru la moitié du chemin qui menait à son bureau qu'elle s'empara de nouveau de lui. Il avait des paperasses à remplir puis il devait retourner chez Best. Il n'allait pas dormir de sitôt. En arrivant près de son bureau, il remarqua une voiture qu'il ne connaissait pas garée le long du trottoir. Deux hommes y étaient assis. Bailey était persuadé de ne les avoir jamais vus auparavant et quelque chose chez eux l'inquiéta. De toute évidence, c'était lui qu'ils attendaient et, pour l'heure, il n'avait pas du tout envie d'avoir affaire à eux. Arrivé à la porte de son bureau, il mit la clé dans la serrure. Il entendit alors qu'on ouvrait les portières de la voiture derrière lui. Il ouvrit la porte de son bureau et fit demi-tour en direction des deux hommes qui venaient vers lui. Ils étaient vêtus de costumes trois-pièces, étaient jeunes et très soignés de leur personne. Bailey se sentit crasseux. Il porta la main à son chapeau.

« Shérif Bailey ? »

Il acquiesça. L'un des hommes mit la main à sa poche de veston et en sortit un portefeuille. Il fit voir sa carte d'identité.

« FBI, annonça-t-il. Nous aimerions nous entretenir avec vous de la mort de l'agent Best. »

Au même moment, McVay, dans sa chambre d'hôtel, réfléchissait à la nuit que Katie et lui avaient passée à la piscine de l'Oasis. Il était étendu, les yeux au plafond, sensible au soleil qui réchauffait la chambre. Il se rappelait combien les spots étaient chauds, la puissante lumière qu'ils projetaient et pouvait encore ressentir la pression des planches du banc contre son dos. Les lampes solaires lui réchauffaient le corps tout entier à plus de trois centimètres de profondeur. Il se revoyait aussi tournant la tête en direction de Katie qui revenait, étincelante de gouttes de sueur, de l'une des cabines qui se trouvaient le long de la piscine. Lorsque la porte du sauna s'était ouverte, McVay avait senti la chaleur des pierres à l'intérieur. Elle était venue vers lui, chaude, la peau rougie. Lui était resté étendu sans bouger, le regard levé dans sa direction. Elle avait éclaté de rire et lui avait effleuré le cou. Cet attouchement troublait de nouveau McVay qui se reposait, épuisé, sur son lit ; la douceur des doigts de Katie, puis celle de tout son corps, de son corps humide, lui revenait. Fermant les yeux, il laissa aussi remonter à sa mémoire les aiguilles de pin, tendres mais armées de leur fine pointe. Puis il revit les mouvements de Katie sur le tapis d'aiguilles. D'abord lents, puis rapides, saccadés comme des rafales de mitraillettes. McVay ouvrit les yeux, les referma et l'image de Best, d'un Best dont la peau blanchâtre flottait en lambeaux autour de la silhouette translucide, l'image de Best vint se substituer à celle de Katie qui palpitait au fond de lui. Puis l'image de

Katie revint. Comme elle est belle, se disait McVay. Oui. Elle est belle. Ses yeux se refermèrent et il s'endormit.

Bailey aussi dormait. Il avait le sommeil agité et se retournait sur son canapé dans le soleil de midi qui inondait le salon sans rideaux. Il percevait confusément qu'il dormait la bouche ouverte et qu'il aspirait l'air à grandes bouffées qui lui asséchaient les commissures des lèvres : il serait enroué et aurait mal à la gorge. Tant pis. Il lui restait peu de temps avant de devoir retourner chez Best. Il aurait déjà dû s'y trouver. Encore à moitié endormi, il porta les mains à son visage qu'il frictionna vigoureusement. Il s'assit ensuite dans le soleil éblouissant qui entrait par la fenêtre et, en s'épongeant le front avec sa manche de chemise, il s'aperçut qu'il était une heure. Il murmurait un « Bon Dieu de bon Dieu » lorsque Egan fit irruption dans la pièce.

« Ça y est, dit Egan. Les gars du labo de la Criminelle sont arrivés, alors j'ai eu l'idée de passer vous prendre.

— Ils sont là-bas ?

— Oui, répondit Egan. Ils doivent presque avoir fini à l'heure qu'il est. »

Bailey rentra sa chemise dans son pantalon. « Vous avez examiné les lieux ?

— Vous aviez dit que vous préfériez qu'ils les examinent d'abord.

— Juste. » Bailey se leva, assommé du fait de sa trop brève sieste. De ses doigts, il repoussa ses cheveux en arrière. « En principe, les types de la Criminelle devraient trouver quelque chose. » Il mit son chapeau.

« Allez, on y va. » Ils se dirigèrent vers la sortie. Bailey se demandait s'il devait parler à Egan de la visite du FBI. Après un moment d'hésitation, il décida de garder la chose pour lui. Le vieil homme sortit derrière lui.

A travers ses lunettes de soleil réfléchissantes, Larry Mullens examinait la plate-forme d'observation située au pied du mont Rushmore. Comme toujours à cette période de l'année, des centaines de visiteurs y étaient regroupés, le visage levé vers les têtes sculptées. Il y avait des touristes de toutes les nationalités. Beaucoup de Japonais, se dit Mullens. Ils pouvaient s'offrir le luxe de voyager aux Etats-Unis grâce aux voitures et au matériel hifi qu'ils exportaient. Il n'y avait aucune chance que lui, Mullens, ait un jour les moyens d'aller au Japon. Non qu'il n'eût pas aimé s'y rendre, au contraire ! L'idée de ces Japonais disposant de tout cet argent le rendait malade. Mais ce qui intéressait Mullens, ce n'était pas les Japonais, c'était les Indiens. Il y avait eu des histoires quelque part au Kansas. Une voiture remplie d'activistes indiens avait été interceptée par la police lors d'un contrôle de routine et on avait trouvé à bord des armes automatiques et des explosifs. On avait placé les Indiens en garde à vue et, pendant les interrogatoires, l'un d'eux avait avoué que les armes étaient destinées à un campement récemment installé dans les Collines Noires. Mullens n'était pas tranquille. Le campement indien au nord des Collines prenait chaque jour davantage d'importance et Simmons ne bougeait pas le petit doigt. Et voilà qu'il est question d'explosifs, se dit Mullens. Les objectifs que les activistes indiens pouvaient avoir envie de faire sauter dans les Collines n'étaient pas nombreux et l'un d'entre eux était justement son cher mont Rushmore.

Debout dans l'ombre du centre d'accueil, les bras croisés sur la poitrine, il épiait les visiteurs. La façon dont on avait aménagé les abords du monument ne lui avait jamais convenu. On n'avait pas réellement tout prévu pour assurer la sécurité. Le gouvernement allait même jusqu'à fournir des télescopes. N'importe qui pour dix cents pouvait regarder le sommet du mont Rushmore et repérer un moyen d'accéder aux têtes. D'en bas, on pouvait même apercevoir les anfractuosités des rochers. Les activistes pouvaient ainsi repérer à l'avance l'endroit où déposer leurs explosifs, l'endroit où ils causeraient le plus de dégâts. Mullens n'appréciait guère. On laissait trop s'approcher le public. Comment savoir ce que chacun de ces gens avait derrière la tête... Il avait beau faire tout son possible pour les surveiller, pour repérer quiconque faisait des croquis ou avait l'air suspect, plusieurs milliers de visiteurs se présentaient chaque jour. Il lui était impossible d'avoir l'œil sur tous ceux qui montaient sur la plate-forme panoramique sans parler de ceux qui se trouvaient dans les boutiques de souvenirs et au restaurant.

En revanche, rien ne l'empêchait d'avoir à l'œil tout Indien qui traînerait dans le coin. De toute façon, les Indiens n'avaient rien à faire là. En quoi les têtes de quatre présidents américains pouvaient-elles intéresser un Indien ? Une seule chose les avait toujours intéressés : reprendre les Collines Noires. Mullens hocha la tête. Trop de laxisme, pensait-il. Les fonctionnaires craignaient trop pour leur poste pour se décider à recourir aux grands moyens. Les politiciens essayaient de faire plaisir à tout le monde à la fois et ne pensaient qu'à offrir des dédommagements pour des événements arrivés cent cinquante ans auparavant. C'était de la folie pure. Aujourd'hui est aujourd'hui et il faut oublier le passé. Tout n'avait pas été parfait, bien sûr. Tu parles ! On n'allait pas régler la chose en favorisant une infime minorité au détriment des autres. Rien que d'y penser, Mullens en était malade. Il faut vivre dans les nuages comme Simmons, se disait-il, pour battre la campagne à la recherche d'un loup disparu depuis cinquante ans pendant qu'ici, sous ses yeux, des extrémistes indiens vivaient dans un campement illégal et mijotaient on ne savait quoi. C'était à Simmons de contrecarrer leurs projets. C'était lui le garde forestier en chef. C'était comme cela avec les Eaux et Forêts. Une bande de rêveurs. Excepté les arbres, rien d'important ne les concernait. Les gens du service des Parcs nationaux en revanche, c'était autre chose. Pas des péquenots incapables de penser ne fût-ce qu'une seconde aux questions de sécurité, se disait Mullens. Il secoua encore une fois la tête de dépit. Maintenant, c'était les explosifs, des Indiens avec des explosifs, et Simmons, lui, ne se donnait même pas la peine de le rappeler. Si encore le terrain sur lequel se trouvait le campement indien avait relevé de la juridiction des Parcs nationaux. Lui aurait su les faire déguerpir. Mais cette solution ne serait même pas venue à l'esprit de Simmons qui préférait pourchasser un loup, se disait Mullens. Il s'écarta du mur contre lequel il était appuyé et se mit à déambuler parmi les visiteurs tournés vers les têtes sculptées dans la montagne au-dessus d'eux.

Combien ? Où les ont-ils planqués ? Combien ? Un, cent, un régiment entier ?

Pas un muscle de Billion ne bougeait. Pas un cil. Il essayait d'empêcher son cœur de battre. Combien ? Il avait décidé de ne pas bouger tant qu'il ne se souviendrait pas de ce qu'il avait appris. Planqués où ? Un, cent, un régiment entier ? Il se rappelait avoir parlé avec quelqu'un qui avait un contact au FBI. Il fallait que ça lui revienne. Voyons, se disait Billion.

Une mouche vint se poser sur son visage mais il ne bougea pas. Elle serait surprise, se disait-il, si elle savait que je suis vivant. C'est un piège, une ruse, je vais jouer un tour à cette mouche. Voyons, le bruit a couru qu'ils étaient partout et que j'avais intérêt à me tenir à carreau. Billion aurait aimé rire mais il ne fit pas un mouvement. Leurrer cette saleté de mouche.

Elle pense que je suis mort. Mais elle se trompe. Ne ris surtout pas, tu la ferais fuir. Il y en avait au moins un, sans doute plus. Plus d'un. Cent ? Un régiment entier ? La mouche fit quelques pas sur les cils de Billion. Je vais la tuer, pensait-il. Quand je me rappellerai combien ils en ont envoyé pour m'avoir, je la tuerai. Billion ne bougeait toujours pas et la mouche se baladait maintenant sur son front.

Là, il tenait quelque chose. Combien ? Un mince sourire souleva la commissure de ses lèvres. Ne pas bouger. En civil ou en uniforme ? Un ou cent ? Non. Billion ne souriait plus. Deux seulement.

Il se frappa le front du plat de la main. Deux saletés d'indics. La mouche ne s'était pas rendu compte de ce qui lui arrivait. « Il en reste un, dit Billion à voix haute. Best avait un ami. » Il balaya d'un revers de la main la mouche écrasée sur son front. Une saleté de mouchard de descendu, encore un à abattre.

Bill Egan ramassa une petite poignée de terre et la pressa dans le creux de sa main, la pétrissant de ses larges doigts. Entre chaque pression des doigts, il examinait la terre : ses doigts n'y imprimaient aucune marque. Il ouvrit le poing et en laissa s'écouler la terre puis, se frottant les mains l'une contre l'autre pour se débarrasser des derniers grains de poussière, il examina le rebord du toit de la maison de Best. La peinture était écaillée et le soleil se reflétait obliquement sur ses boursouflures jaunies. Il n'y avait aucune trace.

La semaine précédente, les averses nocturnes avaient effacé les traces. Depuis, les conditions atmosphériques étant idéales, le sol avait séché. Ils ne devraient pas avoir de difficulté à tenir une piste. Egan prit une autre poignée de terre. Puis il traversa la cour et l'allée qui y conduisait en faisant en sorte de garder la partie du terrain qu'il inspectait entre lui-même et le soleil. Il en scruta chaque centimètre carré et, lorsqu'il eut fini, il connaissait les lieux comme s'il y avait vécu toute sa vie. Il fit alors un pas en arrière et embrassa l'ensemble du regard : cinq peupliers, plusieurs petits taillis de prunelliers qui poussaient le long de la clôture en travers de laquelle Best avait trouvé la mort ; dans la cour, du gazon et des herbes hautes et rien d'autre jusqu'à l'allée où commençaient les buissons de sauge et l'herbe à bison. Aucun autre signe de vie dans la cour, rien qui indiquât qu'il y en ait jamais eu. Egan s'agenouilla de nouveau. L'allée aurait dû porter des empreintes mais seules étaient visibles celles laissées le soir précédent par McVay et par Bailey. Il se dirigea vers les taches de sang qu'ils avaient suivies la veille. Il en approcha son visage de quelques centimètres et souffla légèrement. De la poussière s'éleva des taches et fit apparaître une couche de sang coagulé. Egan s'était mis à quatre pattes. Il ferma un œil et de l'autre, à moins de deux centimètres du sol, examina toute la cour jusqu'à l'allée. Vue sous cet angle, l'allée laissait apparaître des sillons qui auraient été invisibles autrement. A deux mètres de l'endroit où il se trouvait, sur la surface marquée d'infimes sillons par trop symétriques, Egan remarqua une minuscule forme évasée. Se redressant, il la ramassa et la tint devant lui dans le soleil, l'examinant minutieusement et la huma. Une feuille de pavot.

Le shérif Bailey était debout près des voitures garées à l'autre extrémité de la cour, en conversation avec les enquêteurs venus de la capitale. Leur propre enquête achevée, Bailey avait envoyé Egan examiner les lieux à son tour.

Celui-ci revenait maintenant sur ses pas, posant ses bottes exactement dans les empreintes qu'elles avaient laissées à l'aller. Il s'arrêta à la lisière de ce qu'il considérait comme la zone stratégique, plissa les yeux et tenta de reconstituer mentalement les événements. Il commença ensuite à s'éloigner de l'endroit où l'on avait trouvé le corps de Best.

Il marchait lentement, balayant le terrain du regard. Le soleil descendait à l'ouest, de sorte que les minuscules sillons de fine poussière projetaient des ombres qui faisaient ressortir le relief ou les empreintes à la surface du sol. Bonnes conditions pour suivre des traces s'il y en avait eu. Mais il n'y en avait pas et Egan n'en était guère surpris. La feuille de pavot lui avait tout révélé. Le pavot est une plante haute et broussailleuse qui ressemble à la sauge. Il n'en poussait pas autour de la maison de Best. Les alentours avaient été balayés. Qui avait bien pu effacer les traces ? Egan ne voyait pas à quoi tout cela pouvait bien rimer. Il aurait mis sa main au feu que les blessures trouvées sur le corps de Best avaient été causées par des canines. Le corps de Best était dans un état qui ressemblait fort à celui des vaches lorsqu'elles ont été attaquées par un loup. Egan avait espéré un moment avoir affaire à un loup. Maintenant, il en doutait. Mais il ignorait qui avait balayé les empreintes et pour quelle raison. Il n'était pourtant pas impossible qu'il y ait un loup dans l'histoire.

Lorsqu'il entendit que l'on mettait en marche le moteur de la voiture des enquêteurs de la Criminelle, il releva la tête. Bailey continuait à converser avec les hommes du labo mais ils étaient sur le point de partir. Il suspendit ses recherches afin de ne pas trop devancer Bailey. Comme celui-ci s'apprêtait à le rejoindre, il lui fit signe de la main de faire un détour afin de ne pas brouiller d'éventuelles empreintes.

« Voilà, dit Bailey. Vous savez ce qu'ils disent ?

— Que quelqu'un a balayé le sol pour effacer les pistes. »

Bailey eut un haussement d'épaules. « Exactement, c'est ce qu'ils ont dit.

— Ils ont trouvé quelque chose ?

— Ici, rien. Ils disent que le corps nous en apprendra sans doute davantage mais que ça va mettre un certain temps. »

Egan hocha la tête et jeta un regard du côté du soleil. « On a intérêt à se presser, dit-il.

— Bon Dieu, Bill, il n'y a rien ici. Quelqu'un a tout effacé. »

Mais Egan était déjà reparti. De nouveau, il marchait lentement, inspectant le sol sur un large demi-cercle tout autour de la cour. Bailey le suivit. « Nous sommes à cinquante mètres du lieu du crime, dit-il.

— Ici, personne n'a balayé », dit Egan. Bailey acquiesça et continua de le suivre.

« A mon avis, ça fout en l'air la thèse du loup », reprit-il. Il était déjà convaincu que la mort de Best cachait autre chose. Qu'un agent du FBI en mission sous une couverture se fasse tuer par un loup disparu en principe depuis cinquante ans ne pouvait que relever de la pure coïncidence. Bailey eut une fois de plus envie de révéler à Egan que Best travaillait pour le FBI. Ce n'était pas très correct de ne pas le mettre au courant mais il avait promis aux agents du FBI de ne pas laisser filtrer l'information. L'enquête entreprise par Best continuait et ils ne voulaient pas de fuites. Même avec Bailey, ils s'étaient montrés discrets et cela l'avait mis hors de lui. « J'ai le sentiment que l'on se trouve devant un sacré problème », dit Bailey. Egan ne releva pas la tête. Il est encore convaincu qu'il doit s'agir d'un loup, pensa Bailey. Ce n'est pas juste de le laisser continuer de croire qu'il a affaire à un loup. « Bill, reprit Bailey, j'ai reçu de la visite ce matin. » Egan s'était penché et examinait le sol à ses pieds.

« Regardez ça », dit-il.

Bailey s'accroupit et regarda le sol devant Egan. La lumière commençait à faiblir dans le ciel et il dut plisser les yeux pour discerner ce qu'Egan lui montrait. Quand il y parvint, il put voir une large empreinte dans la poussière. Une trace. « Un loup ? demanda-t-il dans un murmure.

— Non, répondit Egan. Un chien. »

Johnny entendait Simmons dire qu'il avait un plan en tête. Il s'adressait à Stockton tandis que Johnny feignait de s'activer derrière le comptoir de la réception. « Ça change tout, si... (Simmons marqua un moment d'hésitation)... s'il s'agit d'un loup. » Stockton lui fit signe qu'il comprenait et se rendit alors compte que Johnny, penché au-dessus du comptoir, était en train de les écouter. Il prit Simmons par le bras et l'entraîna loin des oreilles indiscrètes de Johnny.

En voyant McVay descendre l'escalier, les deux hommes se turent. Ils saluèrent McVay de la tête et celui-ci leur rendit leur salut. Il ne les aimait pas et pressait le pas en direction de la sortie lorsque Johnny l'arrêta.

« Où allez-vous ? » demanda-t-il.

McVay se raidit, le temps de se dire que c'était la curiosité qui poussait le vieil homme. « Au café », répondit-il.

Johnny lui lança le regard de qui détient une information de première importance et son visage s'éclaira d'un sourire. « A propos, j'ai un message pour vous. » Il se tourna et prit une enveloppe dans le casier correspondant au numéro de la chambre de McVay. Celui-ci tendit la main et, jetant un œil par-dessus son épaule, surprit Stockton et Simmons en train de l'observer.

Il ne fit même pas mine de leur adresser un regard d'irritation. Il lui sembla soudain qu'une petite promenade lui ferait du bien. Il descendit toute la rue principale de Medecine Springs. Il avait d'abord songé à la remonter de l'autre côté jusqu'au café mais, à mi-chemin, il changea d'avis et de trottoir et prit la direction de l'Oasis. Il ne se sentait pas dans son assiette. Il avait un travail à accomplir : aller chez Billion et déguerpir au plus vite, et voilà qu'il ne parvenait pas à se mettre en branle. Il se rappela alors l'enveloppe que Johnny lui avait remise et, au moment où le nouveau barman posait un verre devant lui, il la sortit de sa poche de chemise.

Egan et Bailey venaient tout juste de revenir au bureau du shérif. « Dis donc, Junior, disait Stockton. Tu sais qu'il est interdit de refuser d'informer la presse.

— Il ne s'agit nullement de rétention d'information.

— Dans ce cas, pourquoi ne m'a-t-on rien dit ?

— Jerry, nous avons été débordés. D'ailleurs, je vois que, de toute manière, tu en sais autant que nous.

— Tout ce que je sais, c'est que Best est mort.

— Moi aussi.

— Junior, je veux en savoir davantage, je veux des faits précis. »

McVay introduisit l'auriculaire sous le rabat de l'enveloppe scellée et en déchira la partie supérieure. Il la secoua pour en faire glisser le contenu, une feuille de papier quadrillé. Il s'attendait à trouver un mot bref, soigneusement rédigé, une invitation à déjeuner, qui sait, et il sourit en s'apercevant que le texte était dactylographié. Katie était vraiment une femme étonnante. Il aurait juré qu'il n'y avait même pas de machine à écrire chez elle. En lisant le billet, McVay vida lentement son verre. « Retrouve-moi à la vieille ferme Gennings à huit heures. » Le nom de Katie était tapé à la machine au bas du billet.

« Tu sais sûrement quelque chose, disait Stockton.

— D'accord, répondit Bailey. Ces petits génies du labo de la Criminelle n'ont pas trouvé grand-chose, encore moins qu'Egan. En fait, ils n'ont rien trouvé du tout. A les entendre, Best s'est simplement retrouvé de lui-même à califourchon sur cette damnée clôture. »

Stockton se tourna vers Egan. « Qu'avez-vous trouvé de plus qu'eux ?

— Rien de significatif. »

McVay commanda un autre verre. Il n'était que dix-sept heures quinze. Lorsque le barman revint avec son verre, il lui demanda où se trouvait la ferme Gennings. C'était à une bonne demi-heure de route. Pourquoi lui donner rendez-vous là-bas ? Pourquoi pas aux thermes derrière l'Oasis une fois de plus ? Pourquoi pas chez elle ? Ou même au bar ?

« Comment savez-vous qu'il s'agit d'une empreinte de chien ? demandait Stockton.

— C'était une empreinte de chien, Jerry. Egan sait reconnaître une empreinte de chien lorsqu'il en voit une.

— Il aurait pu s'agir d'un loup.

— Non, dit Egan.

— Essayez-vous de dire qu'un chien a tué Best ?

— Non, ce n'est pas ce qu'on dit. Tout ce qu'on dit, c'est qu'Egan a trouvé une empreinte de chien près de l'endroit où on a trouvé Best.

— A quelle distance ?

— Peut-être à cinquante mètres.

— Ça ne veut rien dire.

— C'est exactement ce que je t'ai dit au début, Jerry. On ne sait pas du tout ce qui s'est passé. On ne sait rien.

— Mais il peut s'agir d'un loup », continua Stockton.

Bailev ferma les yeux en hochant la tête. « Il peut s'agir d'un loup, dit-il. Ou encore d'un démon, d'un complot raté, d'un chat sauvage enragé ou de la hache d'un meurtrier. On n'en sait rien. »

McVay reposa son verre sur le comptoir du bar. Il était dix-neuf heures vingt-cinq. Il jeta de la petite monnaie devant lui et se leva. Best, se dit-il, aurait été là pour la ramasser. Il sortit, fouillant dans ses poches de pantalon pour trouver ses clés de voiture.

« Si vous voulez mon avis, il faut faire venir la gendarmerie ou même, bon Dieu, la garde nationale. Les prévenir au moins de se tenir prêts au cas où on aurait besoin d'eux.

— C'est ridicule, Jerry. Egan (Bailey se tourna vers le vieil homme debout près de la porte), voulez-vous répéter à cet abruti ce que vous m'avez dit des probabilités qui existent que Best ait été tué par un loup ? »

Egan s'éclaircit la gorge. « Ce que j'ai dit au shérif, c'est que je n'ai jamais entendu dire qu'un loup ait déjà tué un homme. Je n'ai pratiquement jamais entendu parler d'un homme attaqué par un loup jusqu'à présent.

— Mais, reprit Stockton, c'est certainement une chose possible, non ? »

Egan le regarda. « Je ne sais pas », répondit-il.

Les phares de la camionnette de McVay éclairèrent la ruelle le long de l'Oasis. Des formes surgirent de l'ombre. McVay manipula les boutons de la radio tout en s'engageant dans la rue principale en direction de la sortie de la ville. La réception radiophonique dans la région de Medecine Springs était exceptionnelle : il avait le choix entre Chicago, Salt Lake, plusieurs stations du Sud et deux stations canadiennes, mais il n'était pas d'humeur à écouter de la musique. Il préféra essayer de se concentrer. Il éteignit la radio. Il roulait maintenant dans la campagne. Les buissons de sauge déformés et le défilé uniforme des fils de fer barbelés et des piquets de clôture sautillaient à son passage comme si l'on avait projeté de vieilles bandes d'actualités de chaque côté. La nuit était chaude. On était au début d'un été sec et le ciel était clair et lumineux. Il n'y avait pas de nuages et ce n'était pas encore la pleine lune.

McVay avait dessiné une carte grossière sur une serviette en papier de l'Oasis. Il la sortit de sa poche de chemise et alluma le plafonnier tout en continuant de rouler. Neuf kilomètres de route asphaltée ensuite, à droite, quatre kilomètres d'un chemin gravillonné, puis à gauche encore plusieurs kilomètres. Il replia la carte aussi soigneusement qu'il le pouvait d'une seule main et la remit dans sa poche. Mais, avant d'éteindre le plafonnier, il eut le temps d'apercevoir son reflet sur la vitre du côté du passager. Il se voyait en transparence. La clôture de ce côté de la route continuait à défiler en se superposant à son image aux yeux grands ouverts. Les buissons de sauge faisaient comme des explosions d'obscurité à l'intérieur de sa silhouette ainsi réfléchie. Il éteignit le plafonnier et, aussitôt, sa vue redevint claire tandis que son reflet s'effaçait.

Arrivé au premier croisement, il ralentit. Occupant la moitié de la largeur de la route devant lui, un long serpent rampait. Il s'arrêta, ses phares braqués sur le reptile. Celui-ci s'arrêta de même, relevant la tête et pointant sa langue en direction des phares. McVay laissa la camionnette rouler encore légèrement vers l'animal qui, flairant le danger, se lova sur lui-même. McVay l'examina de près, s'efforçant de dominer sa peur des serpents. Il ne savait pas très bien de quelle espèce il s'agissait. Il fit passer la camionnette à côté du serpent en jetant un coup d'œil par la fenêtre latérale. Il ne voyait plus rien mais se douta que l'animal avait dû se replier dans l'ombre. Estimant que l'animal devait se trouver à trois mètres environ du flanc de son véhicule, McVay ouvrit la portière afin de projeter la lumière du plafonnier dans la direction où l'animal devait se tenir enroulé. Il avait mal calculé. Le serpent se tenait enroulé à moins de trente centimètres de lui. La portière était déjà ouverte avant que McVay n'ait eu le temps de réagir à la sonnette du crotale. Celui-ci ouvrit une gueule blanche qu'il lança vers l'endroit où McVay était assis. McVay accéléra et le serpent vint donner contre le panneau de la portière. Elle se referma dans un battement tandis que McVay sentait que sa respiration devenait haletante. Il roula en marche arrière en faisant crisser ses pneus. Le serpent réapparut dans la lumière de ses phares et McVay fonça sur lui, essayant de faire passer ses pneus gauches sur la masse enroulée. Il avança et recula ainsi jusqu'à ce qu'un bruit de corps éclaté se fasse entendre. Il recula une fois encore de manière à apercevoir le serpent écrasé sur la route devant lui. Il fit un geste de mécontentement de la tête et frappa le volant de la paume de la main. Il n'avait pas su se contrôler. Il frappa de nouveau le volant puis épongea les gouttes de sueur sur son front. Un simple serpent, pensa-t-il. Il conduisit lentement, essayant d'oublier la scène. Au bout d'un moment, il réussit à refouler au fond de lui-même la réaction qu'il venait d'avoir sans parvenir pourtant à neutraliser l'image persistante du serpent à l'agonie, la gueule large ouverte de défi, donnant de grands coups contre le pneu de la camionnette qui tournait à vide sur les gravillons.

La route devint plus mauvaise et, après le deuxième virage, elle se réduisit à une simple piste aux ornières séparées en leur centre par une bosse recouverte d'herbes et de sauge. McVay pouvait entendre le dessous de sa camionnette écorcher le sol. Parfois, un lièvre surgissait des fourrés et s'enfuyait dans un bond de côté. Au moindre mouvement, McVay freinait puis ne pouvait s'empêcher de rire silencieusement de lui-même en constatant qu'il venait seulement d'avoir affaire à un lièvre sorti de l'ombre en zigzaguant. McVay imaginait le cerveau du lièvre rempli d'images de coyotes. Il arriva à une barrière bricolée au moyen de rails de chemin de fer soudés et à quinze centimètres les uns des autres. Des deux côtés, une clôture de fil de fer barbelé venait rejoindre la barrière en passant à travers deux vieilles roues de wagon en métal soudées aux rails. La camionnette de McVay franchit la barrière en cahotant. Il venait de pénétrer dans un nouveau pâturage. L'état de la route n'avait fait qu'empirer.

Puis, le chemin commença à grimper et McVay vit des bâtiments se profiler dans la nuit claire. Une vieille ferme des années 20 : une étable faite de torchis et de quelques poutres, deux ou trois remises, des enclos à bétail défoncés et la maison, dont le toit au-dessus du perron était effondré et dont les fenêtres ouvraient, béantes, sur l'intérieur, noir et vide. Ce décor aux formes anguleuses offrait un spectacle de désolation qui contrastait violemment avec la douceur de cette soirée d'été. McVay arrêta son véhicule et resta un moment assis, laissant tourner son moteur et gardant ses phares braqués sur les bâtiments délabrés. Les phares rendaient tellement pénible l'obscurité de chaque côté de la camionnette qu'il jugea préférable d'allumer uniquement ses feux de position sans couper le moteur. La masse sombre d'autres dépendances s'estompa peu à peu dans l'obscurité et McVay finit par se sentir presque bien. Il était vingt heures.

Le seul fait de rester comme cela, assis dans la camionnette, avait quelque chose d'oppressant. McVay abaissa la vitre. Il eut un instant l'idée de mettre la radio mais la simple pensée de la juxtaposition d'une musique émise à partir d'un studio radiophonique chaud et plein de vie et de la scène qu'il avait sous les yeux à travers le pare-brise suffit à le mettre mal à l'aise, comme si la musique pouvait attirer l'attention sur sa présence. Il sortit de sa camionnette et s'appuya contre la portière. Il faisait meilleur à l'extérieur. Il observa le ciel. Il était très clair, comme s'il y avait eu tout près de là une petite ville où se serait déroulé un match de football nocturne dont les lumières seraient venues se réfléchir dans les nuages. McVay se demanda comment une lune si pâle pouvait donner une telle luminosité. Il s'aperçut alors que c'était le reflet de l'astre sur les buissons de sauge vert argenté qui lui conférait cet éclat. Les étoiles faisaient de minuscules trous d'épingle dans le ciel. Elles ne semblaient pas jouer un grand rôle dans l'éclairage ambiant.

McVay laissa errer son regard sur la forme des bâtiments, essayant de se représenter ceux qui les avaient construits. Vestiges de rêves anéantis, songeait-il. Fermiers obnubilés par l'idée que l'on pouvait faire pousser du blé sur une terre pareille. Il regarda sa montre : vingt heures quinze.

McVay commençait à s'impatienter. Une blague de Katie ? Il était vingt heures vingt-cinq. Il avait sorti le .45 de la boîte à gants et l'avait posé sur le tableau de bord. Il était de nouveau à l'extérieur, à côté de la camionnette. Ne tenant plus en place, il s'éloigna du véhicule. Il examinait la ferme lugubre lorsque, soudain, il capta un mouvement. Quelque chose avait bougé entre la maison et la plus rapprochée des petites remises. Il fouilla la nuit du regard. Ce pouvait être n'importe quoi, se dit-il, un daim, un lapin, n'importe quoi. Pourtant, il resta immobile à fixer l'obscurité et à écouter le bourdonnement du silence dans ses oreilles aux aguets.

Un bruit se fit alors entendre. Pas un son net mais quelque chose qui se fondait à ce calme particulier qui accompagne le silence trop profond. Un léger froissement. Comme une feuille de papier touchant la surface de l'eau. McVay s'efforça de mieux discerner le son mais il ne se reproduisit pas. Il observa l'espace entre les bâtiments. Rien ne bougeait. Il commençait à être inquiet. Ses pensées le ramenèrent au serpent à sonnette et à la manière dont il avait réagi. Il se tournait pour ouvrir la portière lorsque le bruit se fit de nouveau entendre. Plus longuement cette fois, comme si le flot s'était gonflé pour absorber le papier. Il y eut une sorte de lapement et la tête de McVay se raidit pour voir d'où venait le bruit. Il n'y avait rien et, pourtant, la raideur que McVay éprouvait dans la nuque indiquait qu'il y avait bien eu quelque chose, même si ce n'était qu'un bruit sans importance. McVay s'immobilisa un moment, se demandant s'il devait prendre le .45 sur le tableau de bord. Non, il ne le prendrait pas. Il avait déjà réagi de façon excessive une fois ce soir-là et cela suffisait. Il savait que la peur et toutes les infimes sensations qui l'accompagnent sont le produit de l'imagination. Refusant de céder à la peur, il émit un petit grognement et se mit en marche en direction de l'endroit d'où venait le bruit.

Le sol de la ferme était jonché de planches arrachées aux bâtiments mêlées à des buissons de sauge, ce qui ne facilitait pas la marche. McVay avançait en se frappant la hanche de la main comme s'il marquait le rythme d'une chanson qu'il avait en tête. Le contour des dépendances et des vieilles clôtures se modifiait à mesure qu'il s'en approchait. Son imagination eût prêté vie à toutes ces formes sombres s'il ne l'avait maîtrisée.

Ce qu'il avait vu bouger s'était glissé depuis l'arrière de la maison vers l'arrière d'une petite remise, sans doute utilisée jadis pour la fumaison. Le son était aussi venu de cette direction. Une fois arrivé à l'arrière de la remise, McVay s'attendait à surprendre un animal, une moufette peut-être. Aussitôt arrivé près de la construction, il la toucha de la main, ce qui l'aida à maîtriser le sentiment de désorientation qu'il avait éprouvé en traversant l'espace jaune pâle qui s'étendait entre sa camionnette et la remise. Les planches de cette dernière étaient vieilles et délavées par les intempéries, semblables à celles qu'il avait payées trois dollars le mètre pour redécorer son appartement. En appuyant ses deux mains sur le bois vermoulu, il pouvait sentir au bout de ses doigts les endroits où la pluie et le sable avaient rongé la surface jadis lisse et peinte. Il aurait aimé appuyer sa joue contre la surface de la remise encore toute gorgée de la chaleur du soleil emmagasinée pendant la journée. Il jeta derrière lui un œil en direction de la camionnette et pensa encore une fois au .45. Le véhicule était à peine visible, tapi tel un reptile dans les mauvaises herbes qui bordaient le chemin. Il longea le mur, lentement et doucement, puis, gardant toujours les mains contre le mur, il examina soigneusement ce qui se trouvait à l'angle du bâtiment.

Il n'y avait rien si ce n'est un autre mur croulant de vieilles planches grises à la base duquel poussaient des massifs de sauge. McVay s'avança de façon à avoir une vue d'ensemble du mur. Il n'y avait rien non plus de ce côté. Il retira ses mains du mur et les enfonça dans ses poches. La nuit commençait à fraîchir. Il se préparait à faire demi-tour lorsqu'il entendit, beaucoup plus rapproché cette fois, le bruit de froissement d'une feuille flottant sur l'eau qui l'avait attiré bien trop loin de sa camionnette et de son .45. Il sortit les mains de ses poches. De sa main la plus proche du mur, il toucha celui-ci une fois de plus tandis que ses yeux essayaient de percer la pénombre. Cette fois le bruit était venu de l'endroit où il se trouvait quelques instants plus tôt. Quelque part entre lui et la camionnette.

Il s'était reculé de façon à garder le dos au mur de la remise, lorsqu'il entendit le bruit de nouveau, à sa droite cette fois. Il pouvait s'agir de n'importe quoi mais, en tout cas, ce qui faisait ce bruit avait déjà fait un tour complet autour de lui. Il pouvait apercevoir sa camionnette à cinquante mètres de l'endroit où il se trouvait maintenant, noire et massive. McVay eut beau scruter les alentours pour repérer d'où venait le son, il ne vit rien. Il s'écarta de la remise, maintenant ses doigts en contact avec le bois chaud aussi longtemps qu'il put, puis il s'avança à découvert. Le bruissement, toujours le même, se fit à nouveau entendre, venant du mur où il se tenait un instant plus tôt. Il se retourna de ce côté et commença à reculer vers sa camionnette, plié en deux et sur la pointe des pieds. Il n'entendait plus rien mais continua de reculer en direction des buissons de sauge qui poussaient ici et là entre les bâtiments. Quand il fut arrivé à proximité de la camionnette, sa respiration se fit plus calme ; à six ou sept mètres de son véhicule, il commença à se détendre ; lorsqu'il eut fait enfin à reculons presque toute la distance qui lui restait à parcourir, il se releva et fonça vers la camionnette.

Un grognement se fit entendre, très bref mais net et tout près. Il perça le silence une fraction de seconde à peine mais McVay eut le temps de réagir. Instinctivement, il leva les bras, juste à temps pour bloquer les mâchoires puissantes et se protéger le visage et la poitrine. Le grognement s'était transformé en un gémissement prolongé, sorte de tremblement sinistre qui agitait le centre même du corps massif qui tenait maintenant McVay contre le sol. Les dents de l'animal, qui agitait furieusement la tête vers le bas, étaient à quelques centimètres de son visage. McVay l'avait empoigné par la fourrure plus épaisse sous ses oreilles dressées et ils restèrent ainsi un instant, luttant à égalité. Il aurait voulu s'emparer du poignard caché dans sa botte mais il ne pouvait courir le risque de lâcher prise. Donnant de violents coups à gauche et à droite de sa grosse tête, l'animal réussit à se libérer. McVay roula dans la poussière, tenta de saisir son poignard et sentit alors les dents de l'animal s'enfoncer dans sa nuque. La douleur le fit bondir sur ses pieds mais les dents demeuraient plantées dans son crâne. Il sentit l'haleine fauve mêlée à l'odeur du sang qui coulait sur sa chemise avant de s'écraser à plat ventre sur un buisson de sauge, la mâchoire de l'animal se mettant alors à lui secouer la tête comme un jeune chiot l'aurait fait d'une chaussure. Sa main s'était enfin saisie du poignard mais, au moment où elle allait le retirer de son étui, une nouvelle secousse fit voler l'arme dans l'obscurité. McVay réussit tant bien que mal à saisir les oreilles de l'animal en levant les bras au-dessus de sa propre tête mais sans résultat. Finalement, dans un geste de douleur, il tendit le bras droit devant lui. Sa main rencontra un morceau de madrier de dix centimètres sur dix, reste d'un ancien montant d'enclos. Il le saisit des deux mains et parvint, au prix d'un effort gigantesque, à se mettre sur ses genoux. Il souleva le madrier et le rabattit lourdement derrière lui, par-dessus ses épaules. Il y eut un grand bruit mat. Les dents desserrèrent légèrement leur prise. La massue improvisée s'abattit une nouvelle fois, puis encore et encore jusqu'à ce que les mâchoires lâchent complètement prise. McVay réussit avec peine à se remettre sur ses pieds et s'élança tête baissée vers sa camionnette.

Il sauta à l'intérieur du véhicule et tira la portière sur lui, mit le contact de la main droite tandis que la gauche essayait fébrilement de relever la vitre. Il voulut saisir son .45 mais l'arme était de l'autre côté du tableau de bord et il n'avait pas le temps. Le bruit du moteur qui démarrait fut noyé par le hurlement de douleur qu'il poussa : la mâchoire venait de s'enfoncer dans son épaule gauche. La bête avait fracassé la vitre à moitié fermée avec sa poitrine. McVay recula la tête, ses yeux plantés dans ceux, vert émeraude, de la bête à moins de huit centimètres des siens. Il se sentit arraché à son siège. Cet animal va me tuer, pensa-t-il. Il frappa à coups redoublés de son bras droit et de son poing fermé la tête qui semblait envahir tout le cadre de la fenêtre. Finalement, il cessa de frapper et s'accrocha au volant. Il perçut alors le ronronnement du moteur. Il eut une pensée pour son .45 mais sa main droite abandonna le volant pour se poser sur le levier de vitesses. Il écrasa l'accélérateur d'un coup brusque. Il n'avait plus le contrôle de son véhicule. Il recommença à frapper encore plus sauvagement la tête de l'animal de son poing droit. Frappe à l'œil, se répéta McVay. La camionnette roula sur la poussière et dans les buissons de sauge et la mâchoire finit par desserrer son étreinte. Tout à coup, la tête de l'animal ne fut plus là. McVay alluma les phares et donna un coup de volant vers la gauche. La camionnette sortit du fossé et retrouva les ornières de la route. McVay roulait à cent dix à l'heure lorsqu'il reprit le contrôle de son véhicule.

Egan et Bailey s'entretinrent pendant près de deux heures. Bailey était agacé par Stockton et par la tournure générale des événements. Le plus difficile était de garder pour lui le fait que Best avait été un agent du FBI. Egan se remémora tout ce qu'il avait trouvé là où Best avait été tué. Il réfléchissait à haute voix dans l'espoir que Bailey l'aiderait à trouver un fil directeur quelconque. Bailey se rendait compte qu'Egan pataugeait et que la situation le plongeait dans l'embarras. Bailey était conscient de mentir en quelque sorte à Egan en ne lui confiant pas tout ce qu'il savait. Ce n'était pas très chic de laisser le vieil homme essayer d'y voir clair alors qu'il n'était pas en possession de tous les éléments.

« Il y a quelque chose qui cloche, déclara Egan. Je parierais que c'est un animal qui a tué Best mais quelqu'un a brouillé les pistes.

— Ce dernier point fait un peu penser à un meurtre, non ? »

Egan acquiesça. « Best avait beaucoup d'ennemis ? »

Bailey ne put tenir plus longtemps — après tout, Egan était en quelque sorte son adjoint. « Il en avait probablement un tas. C'était un agent du FBI. »

Egan regarda Bailey de l'autre côté de la table, hochant la tête de haut en bas. « Tiens, ça pourrait changer les choses. »

Bailey était gêné. « Un agent du nom de Kring est

passé ce matin et me l'a confié. Il m'a fait promettre de n'en parler à personne.

— Merci. » Il y eut un silence puis : « Bon. Et sur quoi enquêtait-il ?

— Kring ne me l'a pas dit. Simplement que c'était une enquête en cours. Qu'ils allaient bientôt la boucler et qu'ils ne voulaient pas que quelqu'un vienne tout foutre par terre.

— Voilà qui nous aide beaucoup.

— Mais j'ai une ou deux idées. Ce sur quoi ils enquêtent doit se trouver dans les Collines. Ma juridiction s'arrête à la frontière du comté, c'est-à-dire en bordure des Collines. Si ç'avait été sur mon territoire, ils auraient été tenus de me dire ce qui se passait. Par ailleurs, ce doit être tout près de Medecine Springs. Il y a seulement deux choses ici qui valent que le FBI se déplace. D'abord, il y a P. J. Billion qui fait du trafic de drogue à partir de son ranch dans les Collines. Et puis, il y a ce campement indien. Ils se sont installés illégalement dans les Collines sur un terrain qui relève de la juridiction fédérale. Le FBI a probablement des agents partout dans le coin.

— Ce serait donc dans une de ces deux directions qu'il faudrait chercher celui ou ceux qui ont balayé toutes les empreintes chez Best ?

— Ils ont peut-être percé à jour la couverture de Best et décidé de le liquider.

— Possible. » Egan se frottait sa barbe de deux jours. « Mais qui l'a réellement tué ? »

Bailey haussa les épaules et ils s'enfermèrent dans le silence.

Egan, maintenant de retour dans sa chambre, se disait qu'il n'avait vraiment plus rien à faire à Medecine Springs. Il était trappeur, pas flic. Il devait s'en aller. Les chances qu'il y ait un loup étaient désormais plus minces encore qu'elles ne l'étaient à son arrivée. De toute façon, cela n'avait été rien d'autre qu'un rêve, un rêve nostalgique. Un rêve de pâturages à perte de vue et de cours d'eau bordés de peupliers serpentant à l'infini. Un rêve tiré de son passé, un passé à la disparition duquel il avait contribué. Lorsque Egan se fut installé dans le fauteuil près de la fenêtre, son visage ridé prit une expression de sérénité. La chaude nuit d'été diffusait une lumière sinistre et, même si tout était calme dehors, son rêve était comme hanté par le vent, par l'impression que tout était instable. Une sensation de flottement au-dessus de la prairie. Un rêve dont l'objet était la mort. Le cœur, peut-être ? Il n'en savait rien mais il était en paix. Il savourait l'instant.

Egan se vit soudainement rappelé à la conscience au son de son propre nom. « Egan. » Il revint lentement à lui. Puis on frappa à la porte. « Ouvrez, Egan. » Le vieil homme se redressa dans son fauteuil et s'ébroua pour chasser le sommeil. « Egan. » Il se leva. La voix était faible. Même si aucun affolement ne perçait en elle, juste avant d'ouvrir la porte Egan sentit la peur. Il flaira le sang.

McVay était appuyé contre le montant de la porte. Il avait du sang séché sur les oreilles et au bas du cou. Du sang avait coulé jusqu'aux commissures de ses lèvres et Egan remarqua qu'il avait essayé de l'enlever du revers de la main. Il avait l'épaule à vif, la chair déchirée et noircie de sang séché. Mais McVay avait tous ses esprits. « Puis-je entrer ? » demanda-t-il.

Le vieil homme se pencha pour le soutenir et constata que les forces du jeune homme l'avaient presque complètement lâché. Il découragea toute velléité de résistance de McVay d'une poigne ferme, l'entraîna à l'intérieur de la chambre et le fit asseoir sur une chaise. On voyait ses empreintes dans le couloir. McVay leva ses yeux gonflés.

« Johnny m'a vu monter. Je ne veux pas avoir affaire à lui. »

Egan fit signe qu'il comprenait et se dirigea vers la porte. « Ça va », dit-il à Johnny en faisant un pas de côté pour lui boucher la vue.

« Ce journaliste avait une drôle de tête en entrant.

— Aucun problème », reprit Egan. Il tapota l'épaule de Johnny. « Tout va bien. » Puis il ferma la porte.

McVay essayait de se redresser sur sa chaise. Egan se dirigea vers le lavabo et mouilla une serviette. Il la tendit à McVay. « Secoué ? demanda-t-il.

— Pas trop, ça ira. » Il essuya le sang qu'il avait sur le visage.

« Vous allez avoir besoin d'un médecin.

— Oui, mais je veux d'abord vous parler. Je n'y connais rien, Egan, mais je crois que votre loup rôde dans le coin. » Egan s'assit sur son lit. « Bon Dieu, Egan, quelle puissance cet animal ! » McVay eut un tressaillement et Egan s'aperçut que ses dernières forces l'abandonnaient. « Merde, dit McVay, il va me falloir un médecin. »

Egan s'approcha de lui et le prit par son épaule saine. « Tiens bon, mon gars.

— Saleté de bête. Putain de façon de mourir, Egan. Best est mort d'une sale façon. » Ses yeux s'étaient fermés.

« Je vais aller te chercher un médecin, dit Egan. Mais dis-moi d'abord une chose.

— Des saloperies d'yeux verts, dit McVay.

— Travailles-tu pour le FBI ?

— Non. »

Egan le repoussa doucement sur sa chaise. « Prends tout ton temps. Tu es allé traîner du côté du camp indien ?

— Non. » McVay gardait les yeux fermés tout en luttant contre la nausée.

« Tu connais un certain Billion ? »

McVay ouvrit les yeux et observa Egan pour tenter de comprendre à quoi rimait cette question. Puis il secoua la tête. « Bon Dieu, Egan, allez me chercher un médecin, voulez-vous. »

Egan le regarda et fit : « Bien sûr », en lui touchant l'épaule.

Simmons se doutait qu'il lui faudrait faire quelque chose au sujet du campement indien. Il avait eu son adjoint au téléphone deux fois les deux jours précédents. Le campement gagnait chaque jour en importance. La rumeur faisait état d'armes et d'explosifs et Larry Mullens faisait sa crise habituelle de paranoïa. Mais il avait raison sur un point : le campement était illégal, sans aucun doute possible. Les Indiens y étaient déjà installés depuis un mois et son adjoint avait laissé entendre qu'ils voulaient édifier des constructions permanentes. Tout cela s'opposait absolument à la politique des Eaux et Forêts et Simmons savait qu'il allait bientôt devoir intervenir. Mais la possibilité qu'il y ait un loup en liberté à la lisière de ses forêts comptait davantage aux yeux de Simmons qu'une bande d'Indiens en train de camper dans un coin. Et maintenant que ce journaliste avait été attaqué lui aussi, il avait une raison supplémentaire de faire du loup une priorité. Le campement indien pouvait attendre un jour de plus. Pour l'instant, il avait l'intention de se rendre à la ferme Gennings pour jeter un coup d'œil sur les lieux. Bientôt, il recevrait de l'aide et il pourrait alors s'occuper des Indiens.

Une fois à la ferme Gennings, Egan avait fait le tour des bâtiments une bonne dizaine de fois, depuis l'endroit où l'attaque avait eu lieu jusqu'à celui où il se trouvait maintenant, à quatre cents mètres de son point de départ et d'où il regardait le break qui pénétrait dans la cour de la ferme. Le soleil était levé depuis une heure déjà. Il commençait à faire chaud et Egan savait que la chaleur allait être torride vers midi. Debout sur une petite éminence au sud des bâtiments de la ferme abandonnée, il vit Simmons sortir prudemment de son véhicule et se mettre au travail. Egan se demanda s'il devait aller lui parler ou continuer à inspecter les lieux. Il était inutile de continuer à faire le tour des bâtiments comme il le faisait : Egan était persuadé qu'il ne trouverait rien d'intéressant mais il n'avait aucune envie de discuter avec Simmons. Il s'assit par terre pour réfléchir tout en contemplant le paysage.

Simmons entreprit lui aussi de faire le tour des bâtiments mais son inspection prit bientôt la forme d'une sorte de piétinement autour de l'endroit où McVay avait été attaqué. Le sol était dur, ce qui ne changeait pas grand-chose aux yeux d'un Simmons qui avait perdu ses réflexes. En réalité, même dans le bon vieux temps, il ne pouvait reconnaître une empreinte de loup gris avec certitude que si quelqu'un comme Egan la lui indiquait. Il croisa les traces d'Egan mais ne sut pas les identifier parce qu'il songeait à ce que Bailey lui avait dit au téléphone. Même au téléphone, Simmons avait pu constater que Bailey était préoccupé. Sa voix était basse, trop calme, quelque peu âpre. « Le loup a attaqué McVay », s'était-il contenté de dire. Simmons n'en était pas encore revenu. Bailey n'avait pas dit : « McVay a été attaqué » ou « Quelque chose a attaqué McVay ». Non, il avait dit : « Le loup... » Sur un ton de certitude comme s'il n'y avait rien de réellement incroyable dans ses propos. Un loup gris à bisons, pensa Simmons en passant sur les empreintes d'Egan qu'il ne remarqua pas cette fois non plus. Il leva la tête, essayant de se représenter le loup. Le plus gros qui ait jamais foulé le sol depuis l'époque des dinosaures était passé à quelques pas de l'endroit où il se trouvait ! Sa rêverie lui fit se représenter le loup prisonnier dans la capitale de l'Etat et son nom à lui, Simmons, figurant au bas de la cage.

Egan observait Simmons faire des zigzags sur le terrain où avait eu lieu l'agression contre McVay comme s'il cherchait une pièce de monnaie. S'il avait tenu Simmons là, devant lui, Egan ne lui aurait pas caché sa fureur de le voir ainsi bousiller le dessin inscrit dans la poussière. Mais la chose n'avait plus la moindre importance. Il n'y avait pas de dessin dans la poussière, rien, pas même de fines lignes qui auraient pu mener quelque part. Egan n'avait rien trouvé d'autre que le tracé symétrique laissé aux endroits où le sol avait été balayé et un poignard portant les initiales T.M. gravées sur le manche. Les initiales devaient correspondre à Tom McVay. Curieux attirail pour un journaliste.

Egan observait Simmons, se demandant ce que ce dernier faisait et ce qu'il avait dans la tête. Il s'était mis à suivre la trace de ce qu'il croyait être les empreintes de McVay et qui étaient, en réalité, celles d'Egan. Il tâtonnait dans la même direction que celle qu'Egan avait auparavant inspectée systématiquement, s'éloignant ainsi du lieu de l'agression. Egan comprit enfin ce que Simmons faisait et s'aperçut qu'il avançait du mauvais côté des traces. Il cachait le soleil en s'agenouillant pour toucher les empreintes et faisait comme s'il allait pouvoir deviner leur ancienneté grâce à la chaleur qui s'était déposée en elles. Ensuite, il s'en détournait, les laissant brouillées et inutilisables. En outre, il marchait trop près des empreintes, les regardant de toute sa hauteur lorsqu'il était presque arrivé sur elles, ce qui ne faisait que dénaturer davantage les indices qu'elles auraient pu dévoiler. Egan détourna les yeux du spectacle offert par Simmons. Il commençait à y voir clair. Il scruta les buissons de sauge et les pentes des alentours puis son regard se porta plus loin, sur les Collines Noires. Tout était pareil, pensa-t-il, sauf que maintenant il n'y avait pas de loup. Son regard quitta les collines sombres et revint vers l'homme qui progressait sur la prairie d'un pas indécis dans sa direction. Simmons ne l'avait toujours pas aperçu. Egan éprouva l'envie presque irrésistible de faire un large demi-cercle pour l'éviter, de filer discrètement vers sa camionnette et de le laisser là en train de se demander ce qui lui arrivait. Mais il ne pouvait pas faire une chose pareille, il ne pouvait pas s'esquiver en poussant le hurlement du loup qu'il avait jadis la réputation de si bien imiter. Non, c'était sérieux, se dit Egan, même si la situation, maintenant, ne manquait pas d'un certain comique.

Mais l'heure n'était pas à la plaisanterie. Simmons progressait lentement vers le talus sur lequel se tenait Egan. Il marchait tête baissée sans se douter qu'Egan se tenait debout droit devant lui au sommet du monticule. Il avançait en ligne droite sauf lorsqu'il lui fallait éviter les buissons de sauge ou les cactus, mettant un pied devant l'autre comme s'il comptait ses pas. Egan resta sans bouger jusqu'à ce que le regard de Simmons rencontre ses pieds et qu'il lève les yeux. Egan sourit et adressa un salut de la tête à un Simmons effrayé et déconcerté.

« Doux Seigneur ! » s'exclama Simmons. Puis, retrouvant sa contenance et sans prendre le temps de s'expliquer, il ajouta : « Alors, qu'en pensez-vous ?

— Je n'ai rien trouvé, répondit Egan.

— Non, dit Simmons, moi non plus. » Il fit demi-tour pour regarder l'endroit d'où ils venaient tous les deux, là où McVay avait été attaqué. « Mais il doit y avoir quelque chose, dit-il. Bailey dit que le journaliste s'est vraiment fait mordre. »

Egan acquiesça. « Quelque chose lui a planté ses dents dans la peau.

— C'est un loup, Bill. Un loup et probablement un loup à bisons. » Ils se turent pendant un instant puis Simmons reprit : « Il doit être vraiment gros, Bill. La chance de notre vie à tous les deux. Ce loup peut mettre cette forêt sur la carte, nous rendre célèbres. » Egan regardait Simmons parler. Il parlait avec un débit saccadé, encore essoufflé d'avoir escaladé la petite colline. Il avait le visage rouge et était en sueur. « Une occasion comme celle-là ne se présente qu'une fois dans la vie. » Il marqua une pause et eut un petit sourire. « Question de chance », ajouta-t-il, et il s'épongea le front avec sa manche. « Une affaire comme celle-là pourrait faire un tabac. Si ça débouchait sur quelque chose, on sortirait de l'anonymat. » Il fit une nouvelle pause et ils écoutèrent le vent qui effleurait à peine les herbes de la prairie. « On va le capturer, vous et moi, Bill. » Et Simmons ajouta, en regardant Egan droit dans les yeux : « Vivant. »

Egan soutint son regard sans broncher, puis il secoua lentement la tête d'un côté et de l'autre. « Il n'est pas par ici, dit-il. Et si c'était le cas, je le tuerais. Et je l'enterrerais là où il aurait la paix et n'aurait pas à subir la curiosité qu'il vous inspire, à vous et à des gens comme vous.

— Non, Bill. Utilisez des pièges d'acier et amochez-lui une patte si vous voulez mais, quand vous l'aurez, je veux que vous le rameniez vivant. »

Il n'avait pas entendu ce qu'Egan venait de lui dire. « Ce n'était pas un loup, répéta-t-il.

— Bill, vous n'en savez rien.

— Non, répondit Egan, mais j'en suis tout à fait certain. » Il se remit en marche. « Je n'ai pas autant de chance que vous le croyez, ajouta-t-il.

— Mais si, vous en avez, reprit Simmons en lui emboîtant le pas. Nous en avons tous les deux. Nous sommes aux premières loges. Au cœur de l'action. »

Simmons saisit Egan par le bras. Le vieil homme pivota, le regard en feu. « L'action ? Le fer de lance du progrès, c'est ça ? » Le visage d'Egan s'était empourpré. « Nous sommes, vous et moi, les plus grands salauds et les pires imbéciles que la terre ait jamais portés. Sauf que vous êtes encore plus stupide que moi.

— Bill.

— Moi, au moins, je sais ce que je fais. Je sais ce que j'ai fait. Vous, vous vous entêtez à faire ce que vous faites et vous en êtes fier. » Egan montra les Collines Noires du doigt. « Ce sont vos Collines, non ? D'accord. Eh bien, regardez-les. Elles sont malades. Vous les massacrez. » Il hésita, le regard tourné vers les Collines. « J'y suis moi-même pour quelque chose », poursuivit-il. Il se tourna de nouveau brusquement vers Simmons. « Mais maintenant on n'y peut plus rien. Ce qui est fait est fait. Nous mourrons avec.

— Mais il y a un loup, reprit Simmons. Il est toujours vivant. Et c'est vous qui voulez le tuer. »

Le visage d'Egan se mit à frémir et Simmons fit un pas en arrière. « Pour vous, c'est d'une simplicité enfantine, non ? dit Egan. Laisser vivre. » Il indiqua une fois de plus les Collines. « Vous appelez ça vivre ? Vous empêchez les incendies de forêt. Vous laissez les arbres pousser. De beaux arbres. Vous laissez les gens les admirer. Peu importe la vie que les Collines sont censées abriter. Peu importe que ces arbres étouffent. Peu importe ce à quoi servent les incendies de forêt. » Egan se tourna vers Simmons. Il semblait légèrement embarrassé à présent. « Et peu importe le peu de dignité que nous pourrions encore préserver. » Il prononça ces mots d'une voix à peine audible, celle à nouveau d'un vieil homme.

« Il n'y a pas de loup dans le coin, continua Egan. Et s'il y en avait un, je ferais tout ce qui est en mon pouvoir pour qu'il meure au moins avec un minimum de dignité. » Il secoua la tête. « Il doit me ressembler, dit-il, il doit être très fatigué. » Egan tourna le dos à Simmons et commença à descendre la colline. Simmons le regarda s'éloigner.

Joe « Standing » Elk avait l'habitude de les voir mourir. Il les avait vus pris dans les clôtures, gelés sur le sol, écrasés au bas des falaises. Mais il n'en avait jamais vu mourir en si grand nombre. Il en perdait quelques-uns au printemps à cause des intempéries et un ou deux durant l'été. Peut-être davantage si le temps se gâtait ou si les coyotes sévissaient particulièrement. On était maintenant au début de l'été et l'agneau qu'il venait de jeter à l'arrière de sa camionnette était le seizième qu'il trouvait mort depuis le début de l'année.

Le regard d'Old Joe s'attarda sur la carcasse laineuse. L'agneau avait les yeux desséchés et creux, sa gueule avait commencé à se racornir et, entre les lèvres vert pâle, on pouvait voir ses dents. Il n'avait pas la moindre idée de ce qui avait pu tuer celui-là. Il l'avait trouvé mort, tout simplement, étendu dans l'herbe, sa mère à ses côtés. Il ne portait pas de marque. Il était gras, nourri de cette herbe sur laquelle il reposait. L'eau ne manquait pas tout autour. Il n'y avait pas eu d'orages depuis des semaines, pas un seul éclair. L'agneau était mort, tout simplement.

L'agnelle se tenait près de Joe, bêlant doucement, l'air égaré. Joe se tourna vers elle, la main droite toujours appuyée à la ridelle de la camionnette. Il se gratta la poitrine sous ses vêtements trop chauds et secoua la tête en direction de l'agnelle. « Je ne peux rien faire, dit-il, c'est le Mal. »

A la clinique, Tom McVay fit un rêve. Egan, debout près du loup, l'abattait. Aucune lutte. Il se contentait d'abattre le loup d'une balle dans la tête après que McVay eut tenté de l'en empêcher. Au moment où Egan mettait en joue, il essayait de pousser un cri et rien ne sortait de sa bouche ouverte, pas un son. Mais, le coup tiré, le son sortait enfin : « Egan ! » Il était emporté comme un écho et McVay sentait deux mains le saisir par les jambes et le tirer de l'éboulis de roches sur lequel il se tenait.

« Egan ! » Le cri roulait et dégringolait avec lui. Mais le son finissait par arriver jusqu'aux oreilles d'Egan au loin.

McVay dévalait la pente, meurtri au passage dans le dos et sur les côtés par les cactus et les yuccas. Les pierres dévalaient la pente avec lui. Il était étendu, tout étourdi, avec la tête qui tournait et les côtes en feu. Les images se rapprochaient et s'éloignaient et il entendait un rire. Les images finissaient par se fixer sur le visage souriant de Billion.

« Tu t'es drôlement fait amocher, mon gars », disait Billion. Il s'éloignait déjà, soupesant sa carabine comme s'il voulait en évaluer le poids. « Tu ne fais pas assez attention où tu mets les pieds (son sourire s'épanouissait encore davantage) et tu ne surveilles pas assez tes fréquentations. »

McVay s'était mis sur ses genoux. Sa tête s'était un moment éclaircie avant de s'embrumer de nouveau sous l'effet de la peur. Il avait perdu la voix. Il ne pouvait plus que secouer la tête. En guise de réponse, Billion hochait lui aussi la sienne au même rythme que McVay.

« Fini de rire, passons aux choses sérieuses. As-tu déjà vu le trou que fait une .30-06 dans un daim, par exemple ? » Billion continuait de s'éloigner à reculons. « Tu ne vas pas aimer ça. Ça ne va pas te plaire. » Il riait de nouveau de son rire caverneux tout en reculant lentement.

Billion se tenait maintenant à quinze mètres, debout au milieu d'une cuvette formée par l'éboulis auquel McVay avait été arraché, un autre amas de roches s'élevant derrière lui. « On va maintenant voir si tu es capable de te tenir debout, minable. » La voix de Billion n'était plus chantante, mais menaçante. « Allez, debout que je te fasse sauter la cervelle. »

McVay tremblait, au bord de la crise de nerfs. Il aurait dû se lever. Il aurait dû tenter quelque chose. Mais il n'arrivait pas à se mettre sur ses jambes. On aurait dit qu'il n'avait pas de muscles.

« Debout ! » hurlait Billion.

McVay se redressait lentement jusqu'à se trouver en posture verticale, comme suspendu à des fils, les épaules tombantes et les bras mous pendant devant lui. Il était terriblement fatigué. Il avait du mal à garder les yeux ouverts et parfois tout s'effaçait, s'engouffrait dans un trou noir. Billion se tenait debout face à McVay qui s'efforçait de réagir. Et voilà que Billion se remettait à hurler et le son de sa voix parvenait lentement jusqu'à McVay. Il lui était impossible de comprendre ce que l'autre lui hurlait et son regard se portait au-delà, sur l'éboulis de roches qui se dressait, menaçant, juste au-dessus d'eux.

Au sommet se tenait Egan. Le vieil homme ne bougeait pas, la joue collée contre le chargeur de son fusil, son coude formant un angle droit, son œil rivé à la lunette et le doigt prêt à appuyer sur la gâchette.

McVay voyait la fumée sortir du canon avant même d'entendre la détonation. Tout se passait comme s'il suivait la trajectoire de la balle. Il avait le temps de regarder vers Billion qui n'avait toujours pas entendu la détonation. Il s'était remis à hurler après McVay. Sa bouche continuait de s'ouvrir et de se fermer lentement jusqu'à ce que le bruit émis par l'arme d'Egan l'atteigne. Il se mettait alors à tourner sur lui-même. Tombe, pensa McVay. Crève. La balle semblait être passée à travers le corps de Billion sans le blesser.

La détonation de l'arme d'Egan faisait un bruit assourdissant aux oreilles de McVay mais Billion ne tombait pas. Il tournait sur lui-même, son fusil braqué sur Egan. Puis quelque chose explosait aux pieds de McVay. Egan surveillait la scène. Il avait abaissé son arme et regardait Billion tourner sur lui-même. Des particules de matière tournoyaient dans l'air et, tout à coup, la détonation sèche de la carabine d'Egan se transformait en un son : « *Go !* » Les particules tournoyant dans l'air étaient des éclats de cactus. Billion avait un mouvement de recul. La bouche du vieil homme s'ouvrait et il offrait sa poitrine sans défense au tir de Billion. Les poumons d'Egan aspiraient l'air lourd et il tombait tête en avant. « *Go !* » Il tombait, les yeux grands ouverts. « *Go ! Go !* » Les débris de cactus tombaient toujours. « *Go !* » McVay, lui, recommençait à bouger. Ses pieds tendaient les draps trempés tandis que ses jambes s'agitaient frénétiquement sur son lit.

McVay se réveilla dans une petite clinique, dans une ville située à une trentaine de kilomètres de Medecine Springs. Il était presque neuf heures du matin et pourtant il ne se sentait pas reposé. Ce devait être à cause du rêve, se dit-il. Mais il était incapable de s'en souvenir ; il se rappelait seulement avoir fait un cauchemar. Il était seul. Il y avait un autre lit dans la chambre mais il était vide, sa couverture kaki impeccablement pliée aux quatre coins. Il s'assit au bord de son lit et se mit à la recherche de ses vêtements.

Il avait le bras et l'épaule bandés. Il sentait sous ses doigts les points de suture. Pas très nombreux sur son bras droit, formant en revanche plusieurs coutures sur son épaule et son bras gauches. Il se leva : il allait plutôt bien. Il n'était pas sous analgésiques et ses blessures lui faisaient mal. Cela suffit à le rassurer sur son état. Debout au milieu de la pièce dans sa longue chemise de nuit, il sentait un courant d'air venant du plancher. Il fit l'inventaire de ses blessures. Ses doigts avaient été mordus mais il ne lui en manquait pas un ; ses jambes avaient l'air solides et il fit quelques pas vers la glace. Son visage portait quelques éraflures mais rien de grave. Il avait la nuque couverte de points de suture et enflée et on lui avait rasé certains endroits du cuir chevelu mais il allait bien. Une sensation bizarre l'envahit et il s'adressa un sourire dans la glace. Il se trouvait l'air abruti. Il se sentait vraiment abruti. Il comprit pourquoi : cela lui était déjà arrivé. C'était ce qu'il éprouvait autrefois en constatant que tout allait bien, que, s'il sentait la douleur, c'est qu'il était encore vivant. Il se mit à rire en direction de son reflet dans la glace, ce qui le fit souffrir à l'épaule et le fit rire à nouveau. Il alla uriner dans la salle de bains. Même ce geste simple le fit rire.

Lorsque l'infirmier fit son apparition, il était en train de fouiller dans le placard à la recherche de ses vêtements. « Où les avez-vous cachés ? » demanda-t-il. Il se sentait toujours abruti.

« On dirait que vous avez réussi votre coup, répondit le jeune homme.

— C'est vrai ! » dit McVay, ce qui les fit rire.

Le jeune homme le regardait d'un air bizarre. « Le vieux bonhomme qui vous a amené ici hier a prévenu le médecin que vous essaieriez sans doute de filer et c'est pourquoi le médecin m'a ordonné de ne pas vous rendre vos vêtements tant qu'il ne vous aurait pas vu.

— Dans ce cas, quand le médecin doit-il passer ? »

Le jeune homme regarda sa montre. « Tout de suite. »

En deux enjambées, McVay sauta dans son lit. « Je ne bouge pas, dit-il.

— Parfait, dit l'infirmier. Ça ne fait pas mal ?

— Si, répondit McVay. Un vrai plaisir. »

Le médecin arriva, suivi de Katie. McVay le salua de la tête et sourit à Katie. Il était toujours d'humeur insouciante mais commençait à se demander ce qui lui était arrivé. Katie s'approcha et lui prit la main. Elle était visiblement bouleversée. Lorsque le médecin entreprit de vérifier ses pansements, McVay adressa un nouveau sourire à Katie.

« Simple curiosité, demanda-t-il avec le sourire. Tu ne m'as pas fait parvenir un billet hier soir, n'est-ce pas ? »

Elle fit un signe négatif de la tête. Les mots lui venaient difficilement. « Non », dit-elle, avant d'ajouter : « Je ne sais pas. » Elle s'assit et ne lui adressa plus un seul regard.

McVay attendit que le médecin ait fini de l'examiner complètement. Il posa quelques questions à McVay puis, se tournant vers l'infirmier qui était resté pendant ce temps près de la porte, eut un haussement d'épaules. « Donne-lui ses vêtements, Karl », dit-il. Il ajouta en se levant : « Le shérif va arriver. Il m'a demandé de vous garder ici jusqu'à ce qu'il puisse s'entretenir avec vous. »

McVay acquiesça. « Merci, docteur. » Il tapota le pansement de son épaule gauche. « Beau travail », remarqua-t-il.

Lorsqu'ils se retrouvèrent seuls, Katie recommença à hocher la tête d'un air préoccupé. « Mon Dieu, Tom, je suis désolée. »

McVay la regarda. « Ce n'est pas toi qui m'as mordu. » Il avait du mal à garder son sérieux. « Ce n'était pas de ta faute.

— Je n'en suis pas si sûre. »

Des voix se firent entendre dans le couloir.

« Qu'est-ce que tu veux dire ?

— J'ai parlé avec le shérif et Egan ce matin. Tout laisse penser qu'on t'a tendu un piège. »

C'est alors que quelque chose le frappa : comment la personne qui avait écrit le billet pouvait-elle savoir qu'il y aurait un loup à la ferme Gennings ? Il entendit Bailey et Egan derrière la porte.

« Ils ont une théorie, dit Katie. Ils ne le savent pas, mais il est possible que ce soit de ma faute. » Elle détourna de nouveau son regard. « J'ai fait une grosse erreur », ajouta-t-elle.

En pénétrant dans la chambre, les deux hommes firent un signe de tête. McVay trouva qu'Egan avait l'air vieilli.

Il s'appuya au mur le plus éloigné, les yeux fixés par terre. Bailey tira une chaise près du lit et s'enquit auprès de McVay de son état. Celui-ci répondit sans quitter Egan des yeux. On aurait dit que la vie l'avait quitté. Sa peau n'avait plus son apparence habituelle et ses épaules paraissaient s'être affaissées. Le shérif continuait à poser des questions de routine et McVay répondait. Son regard allait de l'un à l'autre. Ils savent quelque chose, se dit-il. Tout le monde sait quelque chose que j'ignore. Est-ce qu'ils savent ce que je suis venu faire à Medecine Springs ? Rien à craindre, se dit-il. Tu n'as rien fait de répréhensible. Tu n'en as pas eu l'occasion. Il regarda Katie. Non, se dit-il. C'est autre chose.

« Bill dit que vous avez bien vu la bête qui vous a attaqué ? »

McVay acquiesça. « Oui, répondit-il.

— Il dit que vous avez pu voir la couleur de ses yeux. »

La question éveilla soudainement l'intérêt de McVay. Il acquiesça une nouvelle fois en essayant de comprendre où le shérif voulait en venir.

« Verts, vous avez dit ?

— Avec un peu de brun, répondit McVay, mais surtout verts, en effet. »

Bailey se tourna vers Egan. « Dites-lui à quoi vous pensez. »

Egan se détacha du mur et leva les yeux. « Il se peut que je me trompe, dit-il, mais je ne crois pas que ce soit un loup qui se soit attaqué à vous. » Il frottait son menton mal rasé. « Les loups ont ordinairement les yeux jaunes. Je pense que quelqu'un a lâché son chien sur vous. »

Les propos d'Egan frappèrent McVay avec la force d'un coup de crosse de fusil. Il se revit assis sur la colline en train de surveiller la maison de Billion et il sut alors ce qu'ils allaient ajouter. « Il y a un type en dehors de la ville, dit Bailey, qui avait des raisons d'en vouloir à Traverse Best. » Chacun avait maintenant le regard fixé sur McVay. « Vous ne le connaissez sans doute pas », dit Bailey. McVay se sentit coincé. Il ne pouvait pas avouer à Bailey qu'il était à Medecine Springs pour un règlement de comptes. Il ne pouvait pas davantage avouer qu'il avait menti en prétendant être journaliste. « Il s'appelle Billion et, je l'ai vérifié, il a effectivement un berger allemand. » Bailey leva les yeux. « Quelqu'un vous a entendu poser des questions à son sujet. » McVay réfléchissait, essayant de garder son calme. Il lui était impossible de savoir si Bailey l'interrogeait en toute innocence ou s'il avait une idée derrière la tête.

« Alors ? demanda Bailey. Billion n'avait aucune raison de vouloir vous tuer, non ? »

Egan surveillait McVay. Il parut sur le point de dire quelque chose mais Katie prit la parole la première. « C'est peut-être à cause de moi », dit-elle.

Les trois hommes la regardèrent et McVay en profita pour se détendre et pour faire travailler son cerveau. Mais c'était superflu : Katie était venue à sa rescousse.

« Nous sommes en train de parler de meurtre et de tentative de meurtre. Vous y allez un peu fort... » Bailey fit une pause et regardant tour à tour McVay et Katie : « Quel rôle jouez-vous dans cette histoire ? »

Katie s'était assombrie.

« Vous connaissez bien Billion ? demanda Bailey.

— Je ne le connais pas vraiment, répondit Katie. C'est Traverse que je connaissais. » Elle marqua un instant d'hésitation. « J'étais en relation avec Traverse. Il se peut que Billion en ait eu après moi, se soit trompé et se soit tourné contre Tom par erreur. » McVay lui lança un regard mais elle avait détourné les yeux.

Le silence s'était fait dans la pièce. Bailey repoussa son chapeau en arrière et hocha la tête. « Ecoutez, je ne comprends pas, dit-il. Mais je jurerais qu'il ne s'agit pas d'un loup. Je jurerais qu'il s'agit de Billion et de son chien. » Il regarda Egan qui contemplait à nouveau le sol. « Bon, je crois que l'on va vous quitter.

— J'aimerais bien m'en aller, moi aussi. » C'était McVay qui avait parlé.

Bailey fit un signe de dénégation. « Vous êtes encore sonné, dit-il. De plus, vu les circonstances, je ne crois pas que ce soit une très bonne idée.

— Il faut que je sois sur place », dit McVay.

Bailey hocha la tête d'un air dubitatif mais ce fut Egan qui prit la parole. « Il se peut qu'on ait besoin de lui, dit le vieil homme. Il est le seul à avoir vu le chien. » Egan faisait de son mieux et McVay comprit qu'il souhaitait le voir sortir de la clinique.

« Bon Dieu, Bill, je suis capable de reconnaître un chien lorsque j'en vois un.

— Et que ferez-vous s'il y en a plus d'un ? » demanda McVay.

Bailey esquissa un signe de tête résigné. « D'accord, bande de clowns. McVay, vous pouvez venir avec nous, mais pas d'entourloupes. Compris ? »

McVay fit signe qu'il comprenait et Egan eut un sourire. McVay tendit la main vers ses vêtements. « Pas tout de suite », dit Bailey. Il jeta un coup d'œil à sa montre. Disons à dix-huit heures trente, à mon bureau. » Il se leva pour partir. « Vous êtes sûr que ça va ? » McVay répondit d'un signe de tête affirmatif. Bailey se tourna ensuite vers Katie, porta la main à son chapeau et quitta la chambre.

Après leur départ, la chambre redevint silencieuse. McVay et Katie évitaient de se regarder. Il finit par dire : « Merci. Mais qu'est-ce que cette histoire à propos de Traverse Best ? »

Katie hocha la tête en évitant toujours son regard. « J'étais embarquée dans une histoire avec lui. Je n'aurais jamais cru que ça puisse faire du tort à qui que ce soit. »

McVay laissa son regard errer sur le plafond. Il réfléchissait. « Quelle sorte d'histoire ? demanda-t-il comme s'il s'adressait au plafond.

— Tu poses trop de questions.

— Je ne sais même pas pourquoi il a buté Best.

— Ecoute, tu vas comprendre. » Katie vint s'asseoir sur le bord du lit. « Traverse Best était un agent du FBI et P. J. Billion est un type du genre nerveux. Il n'aime pas les Fédéraux. Il a tué Best parce que c'était un Fédéral et il a probablement essayé de te tuer parce qu'il pensait que tu en étais un toi aussi.

— Je ne suis pas un Fédéral, dit McVay. Où est-ce qu'il est allé chercher ça ?

— Best avait des informateurs, répondit Katie. Il a peut-être pensé que tu en faisais partie. »

Elle détourna de nouveau les yeux et McVay comprit qu'elle ne lui en apprendrait pas davantage. Il tendit la main pour toucher sa chevelure noire. Puis il prit ses cheveux dans sa main, les porta à sa bouche et les embrassa tendrement. Elle n'était pas comme les autres, se disait-il, mais il aimait sa façon d'être différente. Il savait qu'elle avait vécu dans une ville la plus grande partie de sa vie et il ne pouvait s'empêcher de se demander ce qu'elle ferait dans un endroit comme Toledo.

Egan attendait debout dans le bureau du shérif. A travers la fenêtre, il regardait la rue et le ciel qui s'assombrissait à l'ouest. Un orage semblait se lever mais il n'éclaterait pas ce soir-là. Dans le cas contraire, il serait violent. Le ciel était d'une drôle de couleur, rose au ponant, traversé d'un bout à l'autre d'une traînée verdâtre qui flottait au-dessus ou derrière le soleil. Peut-être derrière le soleil couchant ; peut-être cette teinte verdâtre était-elle le reflet du jour finissant derrière le soleil. Egan n'aurait su le dire. Il regarda de nouveau dans la rue et elle lui sembla étrange elle aussi : une tornade s'annonçait quelque part. La poussière demeurait immobile mais on avait l'impression que l'air se déplaçait à l'insu des habitants de Medecine Springs qui se rendaient comme à l'accoutumée à leurs rendez-vous de fin d'après-midi. Egan laissa ses yeux se fermer. C'en était terminé pour lui. Il s'agissait d'un chien, pas d'un loup. Il n'y avait plus de doute là-dessus. Egan se sentait ridicule : il avait souhaité que ce soit un loup. Il était même arrivé à se convaincre que ce pouvait être le cas et il s'avérait qu'il s'agissait d'un chien, un chien domestique, dressé pour tuer. Mais qu'en était-il des animaux qui avaient été tués ? Ce n'était pas le genre de chose pour laquelle un homme dresserait un chien. Egan hocha la tête, perplexe. Tu n'abandonnes jamais la partie, pensa-t-il.

La porte du bureau s'ouvrit et Bailey entra. Il retira son chapeau et le lança en direction du fichier contre lequel il vint s'écraser avant de glisser par terre. Bailey était visiblement de meilleure humeur. Il s'assit et regarda Egan.

« Ralph, dit-il. Un éleveur du canyon dit que le chien s'appelle Ralph. Un gentil toutou d'après lui. » Bailey leva la tête, un œil fermé et la bouche ouverte en un sourire idiot. « Faut-il arrêter Billion ou Ralph ? » demanda-t-il.

Egan secoua la tête. Bailey continua. « Tous les deux... Grands dieux, Egan, on n'a pas la moindre preuve contre qui que ce soit. » Il étira ses bras au-dessus de sa tête. « Mais je ne vais pas laisser Billion ni Ralph passer une autre nuit en liberté.

— Alors, on y va ?

— Oui, on verra plus tard comment le coincer. » Bailey regarda sa montre. « Dix-huit heures trente, annonça-t-il. McVay devrait être là. » Il se frotta les mains. « On peut enfin agir, dit-il. C'est une bonne chose que toute cette affaire prenne finalement une tournure tout à fait classique. Je ne veux pas dire que c'est une bonne chose qu'il y ait eu un meurtre mais au moins les choses commencent à prendre forme. Nous n'avons donc pas affaire à un revenant. » Bailey fronça les sourcils. « Je veux dire qu'au moins nous n'avons pas affaire à un loup. »

Egan observait le shérif. Il ne l'avait jamais vu de si bonne humeur depuis une semaine. Il se tenait droit sur sa chaise et ses yeux ne paraissaient plus du tout fatigués. Son faciès puissant et ses mâchoires étaient tout sourire comme si, à partir de cet instant, tout était déjà joué. Egan n'eut pas le courage de lui confier le fond de sa pensée. Il se demandait comment interpréter la mort des premiers agneaux. Etait-ce Billion qui avait ordonné à son chien de les tuer ou l'avaient-ils été par des coyotes ? Billion était-il sorti sous la pluie cette nuit-là pour envoyer son chien tuer le veau et mutiler la génisse ? Il y avait aussi le vieux chien d'Old Joe. Ils entendirent un bruit de pas à l'extérieur. Bailey se leva dès que McVay ouvrit la porte. Tous ses pansements étaient recouverts par ses vêtements et on aurait dit qu'il ne lui était jamais rien arrivé.

« On y va ? demanda Bailey.

— On y va. »

Ni Stockton ni Simmons n'étaient au courant de l'existence du chien de Billion. Ils étaient plus que jamais persuadés qu'il s'agissait d'un loup. Ils étaient assis dans le bureau de Stockton à qui Simmons racontait la façon dont Egan s'était comporté le matin même. Stockton avait déjà commencé à échafauder des projets relatifs à l'éventuelle capture du loup. Il avait mis au point une stratégie d'information qui comblait d'aise un Simmons enchanté d'avoir été mis dans la confidence.

« Mais que ferons-nous si Egan le tue ? demanda Stockton.

— Nous n'aurons alors rien d'autre à montrer qu'une peau de loup.

— Il n'y a qu'à se passer de lui, dit Stockton. Le virer.

— C'est aussi ce que je pense. S'il tend des pièges, ce sera pour son propre compte.

— Et la loi, le règlement ? C'est légal de tuer un loup ?

— Il doit exister un moyen technique de les maîtriser.

— Et si on faisait passer une sorte d'ordonnance ? » Stockton donna un coup de poing sur son bureau.

Simmons était assis, songeur. « La chose est possible, dit-il. Mais il faut être prudent. Ce genre de chose peut très bien dégénérer émotionnellement. Surtout s'il s'avère que le loup a quelque chose à voir avec les agressions dont des humains ont été victimes.

— Tout ce que les gens veulent, c'est qu'on capture le loup. Vivant ou mort, ça leur est égal, mais la plupart sont capables de voir l'intérêt qu'il y aurait du point de vue biologique à le capturer vivant. » Stockton secoua la tête. « Encore une fois, je suis convaincu que l'on devrait faire passer une ordonnance interdisant de le tuer.

— Oui, mais que se passera-t-il si nous faisons en sorte qu'il soit illégal de tuer le loup et si Egan vient nous dire : “ Comme vous voulez, mais, dans ce cas, capturez-le vous-même ” ? C'est à peu près ce qu'il m'a laissé entendre ce matin. »

Simmons et Stockton restèrent un moment à se regarder l'un l'autre. Ils savaient pertinemment que, s'il y avait un loup, seul Egan serait capable de le capturer. Ils étaient perplexes. Simmons se mit à pianoter sur le dessus du bureau tandis que Stockton faisait un bruit de succion avec sa langue.

Une fois sortis du bureau du shérif, McVay, Egan et Bailey descendirent la rue. McVay se sentait légèrement étourdi mais n'en laissait rien voir. Le soleil n'allait pas tarder à se coucher. L'ombre des bâtiments du côté ouest de la rue arrivait à mi-hauteur des façades qui s'élevaient du côté de la ruc où ils marchaient. McVay regarda la ligne d'ombre à près de deux mètres au-dessus de sa tête en se demandant s'il pourrait l'atteindre de la main en sautant de toutes ses forces. Drôle de préoccupation peut-être mais McVay savait pour quelle raison son esprit s'y attardait : pour qu'il évite de penser à ce qui lui était arrivé. C'était la manière que McVay avait trouvée pour se préparer à la confrontation finale.

Bailey était de bonne humeur. Il fit des plaisanteries sur Billion et sur le chien, Ralph. Il vérifia son revolver et ses munitions et demanda à Egan s'il était armé. Egan fit un signe affirmatif mais n'exhiba pas son arme. Bailey demanda ensuite à McVay comment il se sentait et s'il voulait un revolver. Il ajouta qu'il allait en faire son assistant pour la circonstance et qu'ainsi tout serait dans l'ordre. Mais McVay refusa : il avait déjà glissé son .45 dans sa poche de blouson.

« Comme vous voulez, dit Bailey. Mais attention à Ralph même si c'est un gentil toutou. » Il se mit à rire. Egan hocha la tête en souriant tandis que McVay leur adressait un large sourire à tous les deux. Puis il regarda ailleurs, vers le soleil encore accroché à l'horizon, flottant dans un bain de rides roses comme celles du flanc d'un saumon. Ses derniers rayons faisaient comme de lointains faisceaux fouillant le ciel au-dessus de la ville.

Egan voulait prendre place à l'arrière de la voiture mais McVay le prit de vitesse. McVay n'avait guère envie de s'asseoir à l'avant avec Bailey, surtout avec un Bailey dans un tel état d'esprit. Il préférait s'asseoir seul à l'arrière et, au moment où la voiture démarrait, il commençait à se dire qu'il eût souhaité que les deux autres à l'avant fassent comme s'il n'était pas là. Ils les observa. Bailey était tout sourire, il faisait des plaisanteries, sa main charnue sur le volant et son bras droit appuyé sur le dossier du siège. Egan, semblable à lui-même, laissait voir qu'il appréciait les plaisanteries et la légèreté du ton adopté par Bailey mais sans lui donner la réplique. McVay ignorait quelles pouvaient bien être ses pensées.

En cours de route, certains propos de Bailey éveillèrent l'intérêt de McVay. Ils les trouvait drôles. Bailey le fit rire une fois ou deux lorsqu'il évoqua l'arrestation de braves petites bêtes domestiques pour voies de fait. Il ne trouvait rien de drôle dans les propos de Bailey mais ils le faisaient rire. Il commençait à se sentir au diapason de Bailey lorsque celui-ci dit tout à coup : « Ah, ce sacré Billion, il y a longtemps que j'attends de me trouver en face d'un type comme lui. » Le caractère bien réel des événements en cours traversa alors l'esprit de McVay. Il était impatient de voir le visage de Billion. « Vous allez avoir votre revanche », dit Bailey en se penchant vers l'arrière et en regardant McVay par-dessus le siège. McVay était paisiblement assis dans l'obscurité, écoutant passer l'air entre ses dents.

Bailey avait vu juste en parlant du désir de vengeance de McVay mais il ne connaissait ni la vraie raison de cette envie ni à quel point c'était devenu une véritable obsession pour McVay. Assis à l'arrière de la voiture, McVay songeait à Jimmy en train d'agoniser dans la ruelle. Il se représenta une fois de plus la manière dont l'assassinat avait dû se dérouler. Billion avait appuyé sur la gâchette. Il avait appuyé trois fois. Et il allait le payer cher.

Même dans l'obscurité, McVay reconnaissait les environs. Bailey mit ses codes et ralentit lorsqu'ils furent à quatre cents mètres de la maison. « Nous allons continuer de rouler comme s'il s'agissait d'une simple visite, dit Bailey. J'irai vers la porte et vous deux, vous resterez dans la voiture. Egan, s'il arrive quelque chose, vous faites le tour pour surveiller la porte de derrière. Vous, McVay, vous ne vous montrez pas. Pas avant que je l'aie placé en garde à vue. » Son regard revint à Egan. « J'aimerais prendre le chien vivant mais s'il se met à trop grogner, abattez-le. »

La nuit était tombée mais le ciel était encore gris à l'ouest. Les nuages qu'Egan avait remarqués durant l'après-midi se rapprochaient avec la disparition du soleil. Encore cinq minutes et il allait faire nuit noire. La seule lumière viendrait des fenêtres de la maison de Billion. Il commençait à faire frais. McVay n'appréciait guère la tournure que prenaient les événements. Il n'aimait pas ne pas avoir l'initiative. Ils approchaient de la maison et Bailey dit : « Planquez-vous quand j'ouvrirai la portière. Je ne veux pas qu'on vous voie. »

Le plafonnier s'alluma pendant un instant, la porte claqua et Egan et McVay se retrouvèrent plongés dans l'obscurité. McVay aurait maintenant voulu être assis à l'avant mais il était trop tard. Il regarda Bailey se diriger vers la maison et se demanda à quoi Egan pensait. Le vieil homme se contorsionna sur son siège puis mit l'épaule et le bras hors de la fenêtre. Penché à l'extérieur sur la droite, il surveillait Bailey par la fenêtre comme si le pare-brise avait été trop sale pour y voir clair. McVay se sentit mieux. Il se demanda si le vieil homme éprouvait lui aussi de la nervosité.

Ils étaient garés près de la maison. Egan avait déjà décidé du moyen d'atteindre la porte de derrière s'il le fallait. Il était penché à la fenêtre en alerte. Lorsque Bailey arriva à la porte d'entrée et que le son qu'il fit en y frappant leur parvint, Egan sentit derrière lui la présence de McVay, penché vers l'avant, les bras appuyés sur le dossier du siège. Il aurait voulu jeter un œil sur McVay pour voir comment il réagissait mais il était trop tard. Il examinait le perron sur lequel se tenait Bailey sans réussir à concentrer son attention. La vieille sensation lui revenait. Il était impossible de ne pas la reconnaître mais il était vieux et il n'en tint pas compte. Il s'efforça de concentrer son attention sur Bailey.

Lorsque la porte s'ouvrit, Egan perçut un mouvement chez McVay. Billion se tenait debout en pleine lumière sous la lampe du perron qu'il avait allumée. Il souriait du sourire d'un homme sûr de lui. Ils échangèrent quelques mots. Billion fit signe à Bailey d'entrer mais celui-ci déclina l'invitation d'un signe de la tête. Bailey parlait toujours. Finalement, Billion haussa les épaules avec un large sourire. Il s'avança sur le perron, se tourna, appuya ses deux mains contre le mur de la maison et Bailey entreprit de le fouiller. Il le tient, pensait McVay. Facile. Mais, au même instant, il vit quelque chose bouger à l'angle de la maison. Avant même d'avoir eu le temps d'ouvrir la bouche, le bras qu'Egan avait paru laisser pendre nonchalamment hors de la fenêtre de la portière se dressa armé d'un calibre .357. Le vieil homme avait réagi au mouvement avant même d'avoir pu l'identifier comme étant celui d'un chien. McVay avait déjà lui aussi son .45 à la main. Egan s'en était aperçu mais toute son attention était concentrée sur l'animal.

Comme Bailey se tournait pour leur faire signe à tous les deux de le rejoindre, il se trouva nez à nez avec le gros berger allemand. Il sursauta et chercha son revolver. Egan et McVay apparurent en pleine lumière juste à temps pour entendre Billion dire à Bailey de ne pas s'énerver. Egan laissa son revolver sur le cran de repos. Le revolver se balançait dans sa main mais son pouce restait prêt à réarmer. McVay rengaina mais garda sa main dans sa poche.

Billion regarda McVay droit dans les yeux. Ce dernier lui rendit son regard. « N'ayez pas peur de Ralph, les mecs, c'est un bon chien.

— Ça va, Billion, dit Bailey en retirant les menottes de leur étui de cuir. Tourne-toi. » Il saisit Billion par une épaule et le chien s'approcha de ses pieds.

« Du calme, shérif », dit Billion. McVay entendit les deux petits déclics du magnum d'Egan au moment où sa main se crispait sur son .45. « Attendez, laissez-moi faire. » McVay prit les menottes des mains de Bailey et les passa lui-même à Billion. Le chien s'assit. Sa tête arrivait à la taille de Bailey et était de la grosseur d'un ballon de volley-ball.

« Ça suffit, Billion, dis à ce chien de grimper dans le coffre de ma voiture. » Il sortit les clés de sa poche et les lança à McVay. « Ouvrez-le. » Les blessures sous les pansements commençaient à lui causer des élancements. Les trois hommes et le chien suivirent McVay jusqu'à l'arrière de la voiture. Là, loin de la maison, l'obscurité était profonde et McVay regardait à droite et à gauche afin de ne perdre personne de vue. Il ouvrit le coffre et fit un pas en arrière.

« Dis-lui de grimper, ordonna Bailey.

— Qu'est-ce que vous lui voulez ? demanda Billion en ricanant.

— On l'embarque au cas où il transporterait quelques précieux indices, Billion. Dis-lui de grimper. »

Billion se mit à rire. « Quelle sorte d'indices ? »

Bailey lui rendit son sourire. « Des traces de sang, par exemple. » Billion regarda avec étonnement Bailey qui souriait toujours. « Dis-lui de grimper. »

Egan recommençait à avoir du mal à se concentrer. Il y avait quelque chose d'étrange dans l'air. Il tint son .357 magnum prêt à toute éventualité lorsque Billion saisit le collier du chien. Le visage de Billion avait perdu toute amabilité. Son regard fit le tour des trois hommes : Bailey, qui tenait maintenant son propre revolver, Egan, qui se tenait quelques pas plus loin, et McVay, debout, la main dans sa poche. Billion eut le sourire de quelqu'un qui prend bien les choses et ordonna : « Allez, saute ! »

Le chien sauta mais pas dans le coffre. Dans la nuit. L'arme d'Egan était déjà prête à tirer mais Billion lui donna un coup d'épaule avant qu'il ait le temps d'appuyer sur la gâchette. McVay allait sortir son revolver mais se retint. Bailey fit un pas en avant et tira deux coups dans l'obscurité. Egan, Billion et Bailey se tenaient l'un derrière l'autre. Billion avait retrouvé son sourire. Le revolver que Bailey tenait des deux mains était toujours levé. Il fit un pas en arrière du pied gauche et balança ses mains, revolver compris, dans le visage souriant de Billion. Billion s'écroula, accompagné dans sa chute par les jurons de Bailey. Ni Egan ni McVay n'avaient vu ce qui venait de se passer. McVay était toujours aussi calme, la main dans sa poche. Il essayait d'apercevoir le chien. Egan avait fait deux pas sous les arbres et, se laissant gagner par la sensation qui avait éveillé son inquiétude, tendait l'oreille dans la nuit.

Egan et McVay furent les premiers à entendre le bruit. A l'arrière-plan, Bailey et Billion se querellaient mais, lorsque le bruit se fit plus fort, ils se calmèrent. Les trois visages se rapprochèrent d'Egan, toujours tourné du côté d'où venaient les hurlements qui montaient dans la nuit quelque part hors de leur vue.

« Qu'est-ce qui se passe ? » murmura Bailey. Les hurlements continuaient, et devenaient de plus en plus aigus, surgissant de la nuit. McVay se rapprocha. « Egan, dit-il doucement, d'une voix couverte par le hurlement. Egan, qu'est-ce que c'est ? »

Lorsque Egan tourna finalement le dos au hurlement qui avait faibli, se transformant en lamentation, les trois autres épiaient l'expression de son visage. « Qu'est-ce que c'est ? » demanda Bailey. Il y eut un instant de silence.

Un sourire se dessina sur le visage d'Egan. « C'est le chien, répondit-il. Un loup est en train de l'achever. »

CINQUIÈME PARTIE

BAILEY avait besoin de parler. Il avait bouclé Billion dans la cellule qui se trouvait au fond de son bureau, s'était assis et s'était effectivement mis à parler. Il était clair aux yeux d'Egan et de McVay qu'il était à la fois soulagé et préoccupé. Tout ce qu'il voulait c'était parler, seulement parler. Il ne cherchait pas à clarifier la situation ni à leur dire quelque chose de précis. McVay se demanda s'il ne cherchait pas tout simplement à ne pas rester seul.

Egan, aussi bien que McVay, aurait voulu s'en aller. Ils avaient d'autres chats à fouetter. Pendant que Bailey parlait, Egan réfléchissait à ce qu'il allait faire. Il y avait à coup sûr un loup. Il en était à se demander s'il arriverait à le tuer avant que Simmons ne le transforme en objet de curiosité. S'il le capturait, Simmons en ferait une attraction, se disait Egan, comme il l'avait fait pour l'ensemble des Collines Noires, mais là il n'était pas question de lui laisser le champ libre. Egan allait se mettre sur la piste du loup aux premières heures du jour, dès le lendemain. Il prendrait la direction d'un ravin insignifiant en apparence et là il tomberait sur le loup, le tuerait et l'enterrerait sur place sans révéler l'endroit à quiconque. Il se demanda combien de temps il mettrait à trouver l'endroit en question et, tandis que Bailey parlait, il se le représentait mentalement. Il espérait que ce serait un endroit sans arbres, comme souvent dans la prairie. Il rêvait d'y trouver des traces d'incendie de forêt, peut-être une souche de pin calcinée dans l'herbe, une source ombragée près de laquelle le loup pourrait s'arrêter et se demander s'il devait flairer ou non le concentré d'odeurs dont Egan se servirait pour l'appâter. S'il existait un tel endroit frais dans un creux de terrain près de la source, ce serait l'endroit idéal pour l'enterrer, pensait Egan.

McVay quant à lui se disait que l'heure était venue d'agir, que le moment était propice. Billion derrière les barreaux, sa maison restait sans surveillance. Il pourrait la fouiller à sa guise, récupérer l'argent de sa mère et, dans le pire des cas, se rabattre sur la marijuana. Un après-midi suffirait pour convertir l'herbe en argent liquide à Toledo, un procédé minable mais qui valait mieux que rien. Il réglerait ses comptes avec Billion plus tard. Il était peu probable qu'il s'éternise en prison. Il se demanda à ce propos sous quels chefs d'accusation Bailey le retenait. Mais ce n'était pas son problème, il était là pour régler des comptes. Il y avait aussi Katie. S'il trouvait ce qu'il cherchait, il lui faudrait quitter la région rapidement et il voulait la voir avant de filer. Il s'aperçut alors que l'attention d'Egan aux propos de Bailey était feinte et il se sentit moins pressé d'aller fouiller la maison de Billion. Le vieil homme n'était plus le même tout à coup : il paraissait plus jeune, impatient, passionné. McVay nota la transformation et, de nouveau, il se sentit attiré par Egan, curieux de savoir ce qu'il pensait.

Egan regarda sa montre. « Je dois me lever tôt demain », dit-il.

Bailey jeta un coup d'œil à l'horloge murale. « Bon Dieu, déjà », constata-t-il.

Egan et McVay sortirent dans la rue mais ne s'attardèrent pas à bavarder. Le vieil homme gagna l'Oasis pour prendre le repos dont il avait besoin et McVay se dirigea vers sa camionnette. Il avait hâte d'aller jeter un œil chez Billion. A première vue, la tournure des événements semblait favoriser ses projets. Mais le temps d'arriver devant la maison de Billion, il lui parut évident que le fait de récupérer l'argent ne réglerait pas grand-chose. Assis dans sa camionnette dont il laissait tourner le moteur, McVay se rendait compte que c'était après Billion lui-même qu'il en avait. D'une certaine façon, Bailey lui avait joué un sale tour en bouclant ce salopard. Soudain, argent ou marijuana n'avaient plus d'importance à ses yeux. Ce qu'il voulait, c'était Billion, c'était Katie et, curieusement, c'était qu'Egan trouve le loup.

Il ne lui fallut que cinq minutes pour fouiller la maison et les dépendances. Comme il s'y était attendu, il ne trouva rien qui puisse remplacer l'argent de sa mère. Il découvrit les médailles de Billion et, dans une remise, des armes dérobées pendant son service militaire. Au vu des armes entreposées là par Billion, il apparaissait clairement à McVay qu'il lui faudrait être prudent si jamais il avait l'occasion de se mesurer à lui. C'était de jolis souvenirs mais ce n'était pas ce que McVay cherchait. Il reprit la route de la ville envahi par un sentiment de vide. Ce ne fut qu'en voyant de la lumière chez Egan qu'il sut ce dont il avait vraiment envie.

Debout sur le trottoir, la tête levée vers la fenêtre éclairée d'Egan, McVay se représentait le vieil homme penché sur son matériel. Un matériel inemployé depuis trente ans. McVay s'imagina avec quelle précision Egan allait préparer ses pièges et la mince pellicule d'huile qu'il étendrait sur le canon de sa carabine. La lumière s'éteignit sous ses yeux. McVay gagna l'entrée de l'Oasis. Lui aussi avait besoin de sommeil.

Le ciel avait pris une teinte qui, à l'ouest, virait du noir au rose, à peine plus diaphane à l'est. Une lampe de poche à la main, Egan examinait le contenu de sa camionnette. Tout ce matériel, il n'avait jamais vraiment pensé pouvoir s'en servir encore une fois. Les outils, accrochés depuis si longtemps au mur de la remise derrière la maison de sa fille, étaient maintenant entreposés dans un ordre bien défini à l'arrière de sa camionnette. Un panier d'osier contenait l'indispensable. Sur le dessus, il posa le sac de papier kraft qui contenait son déjeuner et jeta un dernier coup d'œil sur l'ensemble. Au moment où il allait éteindre sa lampe de poche, il entendit quelqu'un marcher sur le trottoir.

Sous sa veste légère, le .357 était fixé à sa ceinture. D'un geste instinctif, sa main se porta à la crosse du revolver. Il jeta un regard à sa carabine : elle était bien suspendue au râtelier de la lunette arrière de la camionnette. Sans bouger, il attendit que la personne soit assez proche pour l'identifier. Elle avançait d'un pas assuré. Il pensa que ce devait être Bailey. Ce n'était pas lui, c'était McVay.

Le jeune homme s'arrêta à sa hauteur et ils restèrent ainsi sans parler pendant un moment. Egan examina attentivement McVay, assez pour deviner ce qui l'amenait. Il se demanda si, par hasard, il n'avait pas attendu la venue de McVay.

« Je peux vous accompagner ? » demanda McVay.

Egan resta imperturbable. « Ça vous dit ?

— Oui. »

Ils se dévisagèrent un instant encore, les yeux bleus usés du vieux placidement plongés dans les yeux verts du jeune homme. Puis, subitement, comme si Egan se rappelait tout d'un coup l'affaire qui les attendait : « OK, monte, la chasse commence. »

Bailey avait aussitôt compris qu'il avait commis une erreur. Il aurait dû ôter les menottes à Billion dès que Egann avait dit que c'était un loup qu'ils entendaient. Mais il ne l'avait pas fait. Il avait ramené Billion à la ville et l'avait enfermé, avec sa lèvre fendue, dans une cellule pour la nuit. Bailey n'avait pas beaucoup dormi. Il était resté assis à réfléchir au-delà de minuit puis il s'était étendu sur le canapé de son bureau, l'œil fixé sur la cellule jusqu'à l'aube. Il pouvait justifier l'arrestation de Billion en disant qu'elle avait pour but de protéger McVay. Après tout, le loup n'avait rien à voir avec l'assassinat de Best et l'attaque dont McVay avait été victime. Mais aucun juge d'instruction doté d'un minimum de cervelle ne manquerait de s'apercevoir que l'existence d'un loup bien réel sapait la théorie de Bailey. Il aurait encore de la chance s'il s'en sortait avec la seule accusation d'avoir procédé à une arrestation illégale.

Debout devant la glace de la salle de bains, il essaya de se donner une apparence présentable sans songer davantage à la journée qui l'attendait. Allait surgir un tas de questions dont il ne possédait pas la réponse. Ce satané loup, se disait-il. Il pensa alors à Egan et il lui apparut clairement qu'il fallait à tout prix qu'Egan capture l'animal. Il ne faisait nullement confiance à Simmons — les trappeurs du cru ne valaient pas un clou : c'était Egan qui devait le faire. Bailey s'aspergea pour la troisième fois le visage d'eau froide et, du coin de l'œil, regarda l'horloge. Six heures. Les charognards n'allaient pas tarder. Puis le téléphone sonna. « Ils n'ont pas pu tenir plus longtemps », dit-il à haute voix.

C'était Stockton. « Alors ?

— Eh bien, je crois qu'on a de nouveau affaire à un loup.

— On a toujours eu affaire à un loup.

— Cette fois, c'est sérieux, je crois.

— Et quoi de neuf à propos de Billion et de cette histoire d'arrestation ?

— Les nouvelles vont vite. Mais t'occupe pas.

— Tu n'as pas arrêté Billion ?

— J'ai bien peur que si. » Bailey fit la grimace.

« Ecoute, Jerry, il est tôt. Passe dans deux ou trois heures et on causera.

— Mais l'heure limite pour le journal, c'est midi, aujourd'hui.

— Si j'étais toi, je la repousserais. Je te verrai à huit heures. » Bailey s'empressa de couper la communication au nez de Stockton, sentant qu'il allait ajouter quelque chose.

L'avocat de Billion se présenta avant Stockton. « Shérif, dit-il, je crois que vous avez commis une erreur, de bonne foi peut-être mais une erreur tout de même.

— Ah oui ?

— Vous n'auriez pas dû arrêter mon client.

— C'est le juge qui fixe les cautions.

— Mais il ne siégera pas d'ici trois jours. » L'avocat fit un signe de dénégation. « Je suis en route depuis six heures ce matin. Mon client est prêt à passer l'éponge. » Bailey faisait comme s'il n'entendait rien. « Mais s'il doit attendre pour comparaître et de surcroît verser une caution, disons que ça l'ennuierait beaucoup. Sans parler des blessures qui lui ont été infligées lors de son arrestation.

— Vous voulez que je le laisse tout simplement sortir ?

— Une erreur de bonne foi. » L'avocat eut un sourire.

Juste à ce moment, Stockton parut à la porte.

« Je vais y réfléchir, dit Bailey. Revenez me voir dans une heure environ.

— Je serai au café. »

Lorsque l'avocat eut refermé la porte derrière lui, Bailey se tourna vers Stockton. « Combien de temps me va-t-il falloir retarder la publication de ce papier ? » demanda ce dernier. Bailey haussa les épaules. « Il est de première importance que les habitants de Medecine Springs sachent ce qui se passe.

— Il y a un loup, Jerry. »

Stockton poussa un profond soupir. « Eh bien, dit-il,

c'est ce que je n'ai cessé de répéter depuis le début. Moi, Old Joe et Simmons, mais tu n'as pas voulu nous croire. Qu'est-ce qui t'a convaincu ?

— Egan l'a identifié au bruit.

— Tu l'as dit à Simmons ? Il va être enchanté de la nouvelle.

— Je n'en ai pas eu le temps.

— Il est parti pour la journée. Il a dû se rendre à cette espèce de campement indien. Il va les faire déguerpir. Que comptes-tu faire au sujet du loup ? »

Bailey fit la grimace. « Je... (il hésita)... je pensais faire appel à la garde nationale. » Il s'attendait à voir le visage de Stockton s'éclairer mais ce ne fut pas le cas.

« Ecoute, Junior, tu crois vraiment que c'est la bonne solution ? demanda Stockton.

— Merde, Jerry, ça fait des semaines que tu cries que c'est ce qu'il faut faire. »

Stockton faisait rouler un crayon sur le bureau de Bailey. « D'autres éléments doivent maintenant être pris en considération. Je dois avouer que Mr Simmons et moi-même nous croyons qu'il serait préférable de le capturer vivant. Mr Simmons a mis un autre trappeur sur le coup. La garde nationale risquerait de tirer.

— Nom de Dieu, grogna Bailey. Ecoute, je n'ai rien décidé encore. Il se peut que la garde nationale, ce ne soit pas une bonne idée. Laisse-moi le temps d'y réfléchir. »

Stockton hocha vivement la tête. « Evidemment, je sais qu'on ne peut prendre une décision comme celle-là à la légère. » Il se leva pour partir. « Pèse le pour et le contre, ajouta-t-il.

— C'est ce que je vais faire, Jerry. Donne-moi seulement une heure ou deux. »

Stockton avait pris un air grave. Il s'arrêta à la porte. « Je ferais mieux d'attendre pour l'article, hein ?

— Oui, Jerry, tu ferais mieux. »

Katie Running avait beaucoup réfléchi. Les événements semblaient se précipiter et elle éprouvait au fond d'elle-même des émotions dont la nature lui échappait. Depuis son retour dans les Collines Noires, elle se sentait à la fois bien et mal. Ses moments de solitude, ceux qu'elle passait sur le perron de la maison des Hermany-Horses ou en promenade dans les Collines, lui apportaient le calme. C'était là un état qui lui était moins familier que le sentiment d'étouffement qu'elle éprouvait à l'Oasis. Elle ressentait un trouble qu'elle ne pouvait s'expliquer. Il y avait bien sûr Tom McVay. C'était quelqu'un d'étrange et pour lequel elle ressentait une attirance qui lui était familière. Mais ce n'était qu'un homme, et elle s'y connaissait en hommes et savait s'y prendre avec eux. De ce côté-là, sa vie paraissait tout à fait normale ou presque. C'était autre chose qui la tracassait.

Quelque chose qui avait à voir avec le campement indien et James Lebeaux. Depuis le jour où elle l'avait vu pénétrer dans le campement au volant de sa voiture, elle avait ressenti une sorte de culpabilité. Cela venait peut-être du fait qu'il avait connu ses parents et était plus âgé qu'elle et que, dès lors, elle se sentait tenue de lui témoigner du respect. Ce sentiment avait à voir avec l'autorité — pas l'autorité détenue par l'Etat ou par un directeur d'école, mais celle qui a vraiment un sens. Kate Running avait bien réfléchi à tout cela et elle avait décidé qu'elle devait s'en expliquer avec Lebeaux. Elle ne put s'empêcher de penser à l'école privée catholique de la réserve. Sa culpabilité l'oppressait et elle avait besoin de se confesser.

Le campement abritait maintenant soixante-dix personnes. Il y avait des tentes, des caravanes et même quelques grossières constructions en dur. Elle trouva Lebeaux assis sur les marches de la cabane qui faisait office d'école. Le campement comptait une douzaine d'enfants d'âge scolaire et Lebeaux avait insisté sur la nécessité d'une école. Il sourit en la voyant venir vers lui. « La petite Katie Running, dit-il. Quel bon vent amène une dame de ta qualité jusqu'à un campement comme le nôtre ? »

Katie se tenait devant lui l'air contrit. Cette posture, qu'on lui avait apprise à l'école privée, n'avait rien à voir avec sa façon de se tenir dans les rues de Minneapolis ou lorsqu'elle était seule dans les Collines. Mais elle ne put s'empêcher d'adopter cette attitude. Elle voulait lui parler en le regardant droit dans les yeux mais elle n'y parvenait pas. Finalement, Lebeaux se leva et vint lui tapoter l'épaule.

« Que se passe-t-il, Katie ? »

Elle secoua la tête. Elle se comportait comme une gamine. « Je ne sais plus où j'en suis », lâcha-t-elle.

Lebeaux la prit par l'épaule et la serra contre lui. « Marchons », dit-il.

Ils longèrent l'école et pénétrèrent dans la forêt. Une source où le campement s'approvisionnait en eau donnait naissance à un ruisseau. Ils le suivirent jusqu'à de grosses pierres d'où il tombait en cascade dans un étang. Lebeaux aida Katie à monter sur l'une des pierres et la fit asseoir. Il prit place à ses côtés.

« Alors, dit-il, qu'est-ce qui ne va pas ? »

Elle n'avait pas envie de parler mais de se trouver ainsi au milieu des arbres l'avait détendue et elle se décida à se confier. « Je ne sais pas exactement, dit-elle en regardant l'étang au pied de la cascade. Je me sens oppressée.

— Sais-tu d'où ça vient ? »

Elle réfléchit un moment. « C'est peut-être le fait d'être revenue au pays. J'aurais peut-être mieux fait de rester où j'étais. »

Lebeaux se laissa glisser un peu en contrebas de la pierre sur laquelle il était assis afin de capter son regard. « Est-ce que ça allait mieux à Minneapolis ?

— Pas vraiment, répondit Katie, mais là-bas ça se comprenait. »

Soudain, Lebeaux se pencha vers elle et la saisit par le bras : « Qu'est-ce qui t'inquiète ? »

La soudaineté de son geste désarma Katie qui le regarda dans les yeux. Sans même réfléchir, elle avoua ce qu'elle avait sur le cœur. « J'ai été indic. J'ai reçu de l'argent d'un agent du FBI. »

Lebeaux lui jeta un regard sombre. « C'est tout ? demanda-t-il.

— Je ne sais plus où j'en suis. Le type du FBI a été assassiné. Mais je n'y suis pour rien. Puis un de mes amis a failli être assassiné à son tour et je crois que c'est à cause de moi. » Des larmes lui montèrent aux yeux mais elle les refoula.

La poigne de Lebeaux se relâcha mais son regard ne la quittait pas. Lorsqu'elle eut le courage de le regarder elle aussi, elle comprit qu'il ne lui en voulait pas. « Ce n'est pas si grave que ça », dit-il.

Il lui lâcha alors le bras et laissa son regard errer sur les arbres et sur la végétation qui les entouraient. « Nous vivons des temps difficiles dans un monde difficile, dit-il. Nous sommes comme une tribu perdue. Nous sommes des vagabonds sans toit ni loi. Et le pire, ajouta-t-il en contemplant le ciel bleu, c'est que notre patrie commune se trouve ici. Nous savons où se trouve notre patrie et pourtant nous sommes tous perdus. Notre problème, c'est que, pour l'instant et pour une courte période encore, notre propre patrie nous est hostile. Mais nos racines sont ici. Tes racines sont ici. » Il tendit le bras et força Katie à le regarder : « Ta patrie t'aime. Si tu laisses l'esprit des Collines te pénétrer, tu y verras clair. »

Katie l'avait observé alors qu'il prononçait ces derniers mots puis s'était détournée. Le soleil dardait ses rayons dorés à travers les pins et la forêt était totalement silencieuse. Elle ferma les yeux et laissa la lumière du soleil lui réchauffer le visage. Elle voulait demeurer là où elle était, pour toujours.

Le chien était déchiré en deux. Il avait une patte avant et une épaule arrachées et presque toute la peau partait en lambeaux de ce côté-là. Une partie de ses entrailles et de son arrière-train avaient été dévorés. Egan et McVay s'étaient arrêtés à dix mètres de la charogne. De là, Egan l'observa puis, faisant signe à McVay de demeurer où il était, il s'approcha pour l'examiner de plus près. Il lui fallut plusieurs minutes pour couvrir les dix mètres qui le séparaient de la carcasse. Il observa le chien de près pendant de longues minutes encore, sans toucher à quoi que ce soit, puis revint sur ses pas en veillant soigneusement à marcher sur ses propres traces. Arrivé à l'endroit où se trouvait McVay, il tourna brusquement vers la gauche et gravit un petit tertre à quinze mètres de là. Il s'arrêta à son sommet et se retourna pour regarder le chien. « C'est ici qu'il était assis, dit-il en indiquant une surface d'environ un mètre de diamètre recouverte d'herbe. Il est gros », ajouta Egan en désignant une plaque de sable meuble à côté de laquelle il venait de passer.

McVay dirigea son regard vers l'endroit indiqué par Egan. Il fixa intensément l'empreinte lisse en forme de soucoupe sur le sable. Elle ne signifiait rien pour lui. Il remarqua alors dans le sable quatre autres incisions plus petites mais assez grandes pour contenir chacune une pièce d'un franc. Il considéra l'ensemble d'un œil attentif et lorsqu'il aperçut les trous creusés profondément dans le sable juste devant les quatre incisions, il comprit. Il s'agissait d'une empreinte de patte. Il étendit sa main au-dessus. Elle était de la grandeur de sa paume et ses doigts touchaient à peine les trous que les griffes avaient faits dans la terre. Lorsqu'il releva les yeux, Egan avançait entre les arbres vers le découvert de la prairie. Devant lui, le soleil était déjà haut dans le ciel, prêt à s'élever au-dessus du plafond des nuages effilochés et d'un rose crémeux qui devenaient plus lourds vers l'ouest.

McVay courut le rejoindre. Le vieil homme faisait des enjambées de près de deux mètres. Lorsqu'ils se mirent à escalader la pente, son allure se ralentit et lorsque la pente se fit abrupte, son pas se fit court et saccadé.

Une fois parvenus à la prairie, en terrain plat, ils reprirent leur allure rapide et se dirigèrent droit vers un point d'où ils pourraient observer les environs à des kilomètres à la ronde. Egan portait le sac d'osier d'une main et la carabine dont McVay l'avait vu se servir se balançait dans l'autre. Lorsqu'ils s'arrêtèrent, ni l'un ni l'autre n'était essoufflé. Ils examinèrent la prairie tout autour et derrière eux vers les Collines Noires. Excepté une clôture de fil de fer barbelé, il n'y avait pas trace d'homme.

« Pourquoi ne suivez-vous pas l'empreinte ? demanda McVay.

— Nous allons la suivre, répondit Egan. Je voulais d'abord inspecter le terrain. » Il scrutait le pays attentivement de tous les côtés, plissant les yeux pour observer les collines lointaines.

« Vous croyez que vous le verrez ?

— Pas aujourd'hui. Dans deux ou trois jours peut-être.

— Il est donc toujours dans les parages ? »

Les yeux d'Egan scrutèrent encore une fois l'horizon. Il hocha légèrement la tête. « Il est ici, dit-il, quelque part. » Il leva le bras pour indiquer une direction. « Peut-être là. »

McVay embrassa du regard la prairie qui s'étendait à leurs pieds et, dans l'étrange lumière, il vit se dessiner une succession de buttes de terre. Tandis qu'il les observait, elles devinrent pourpres et vacillèrent devant ses yeux fatigués. Lorsqu'il releva la tête, Egan retournait à grandes enjambées là d'où ils étaient venus.

Simmons n'aurait jamais pensé qu'il y aurait tant de monde à la réunion. Chaque service et chaque antenne gouvernementale des Collines avaient délégué quelqu'un. Il y avait tout lieu de croire qu'il ne s'agissait plus d'un problème relevant seulement des Eaux et Forêts. Chacun avait son mot à dire. L'objet de la réunion n'était plus une simple affaire de camping sans autorisation. Il y était aussi question des dépôts d'ordures, de la destruction de la flore, de l'érosion des sols. Larry Mullens indiqua sur une carte l'emplacement précis du camp par rapport au mont Rushmore. Il en était étonnamment proche et Mullens avait dessiné sur la carte des flèches indiquant la direction des vents dominants. C'étaient les incendies qui faisaient des trouées dans la forêt qui intéressaient Mullens. Il voulait mettre en évidence comment des incendies de forêt pouvaient nuire à l'esthétique d'ensemble du monument. Un fonctionnaire de l'État du Dakota du Sud commit l'erreur de lui faire remarquer que les incendies de forêt avaient une fonction écologique, ce qui jeta Mullens dans une rage folle. « Nous avons affaire à un monument national. Sans les arbres qui poussent tout autour, il aurait l'air ridicule. Personne ne se déplacerait pour le visiter. » Il était nerveux et jouait avec ses lunettes de soleil qui gonflaient sa poche de chemise. « Ces incendies qui font des trouées dans la forêt mettent le monument en danger. Ces gens doivent être chassés. »

Un procureur du gouvernement fédéral évoqua ensuite le droit des Indiens de se trouver là. « Il existait bien un traité, comme l'a dit Lebeaux, mais il y a tout lieu de croire qu'il sera tenu pour nul et non avenu par la cour.

— Quand la cour doit-elle se prononcer ? demanda Simmons.

— Difficile à dire, répondit le procureur. Les rôles de la cour fédérale sont saturés. Cela peut demander des années.

— Ils représentent une trop grave menace pour qu'on les tolère longtemps encore, dit Mullens. Et qu'allons-nous faire au sujet des criminels qui vivent dans le camp, et des réserves d'explosifs ? »

Un marshal fédéral prit la parole. « On ne sait pas exactement ce qui se passe à l'intérieur du camp. On reçoit toutes sortes d'informations. Certaines de nos sources disent qu'il pourrait y avoir un rapport entre le camp et un vol à main armée d'explosifs dans une mine de Deadwood. Nous n'en avons aucune confirmation. On pense qu'il y a là plusieurs repris de justice notoires et peut-être un gars en cavale. Mais bien sûr, rien de tout cela ne permet de mettre le campement lui-même hors la loi. Après cette réunion, nous avons prévu de nous rendre là-bas pour discuter avec Lebeaux. Dans l'état actuel des choses, c'est à peu près tout ce que l'on peut faire.

— Et que faites-vous des marteaux-piqueurs qui ont été volés dans la carrière de Rapid City ? » demanda Mullens. Il avait le sourire de quelqu'un de sûr de soi. Il avait découvert l'existence d'un rapport de police concernant le vol grâce à un ami qui était membre de la police municipale de Rapid City. Son sourire se fit plus large encore : il venait de surprendre les Fédéraux en train de tenter d'enterrer l'affaire.

« Le directeur de la carrière affirme qu'il est possible qu'on les ait égarés. Ils manquaient peut-être depuis longtemps déjà.

— Mais ils peuvent servir à faire des trous dans la pierre, n'est-ce pas ?

— Pas si on les utilise tels quels. » Le marshal essaya de changer de sujet. Il parcourut la pièce du regard pour voir s'il y avait d'autres questions mais Mullens n'allait pas abandonner la partie aussi facilement.

« Un simple compresseur à deux cents dollars suffit à faire marcher ces marteaux-piqueurs. On peut en acheter n'importe où.

— Mr Mullens, nous ne pensons pas que ce dossier ait quoi que ce soit à voir avec le campement indien.

— Vous ne trouvez pas troublant le fait d'être en possession d'informations concernant la disparition d'explosifs en même temps que d'informations concernant la disparition de marteaux-piqueurs et de détonateurs ? Juste au moment où l'on parle de s'en prendre au monument ?

— Ces rapports de police n'ont pas reçu confirmation. »

Mullens s'était levé. Il avait sorti ses lunettes de soleil et les faisait passer d'une main dans l'autre. « Dans ce cas, écoutez bien : le monument est sous surveillance et il le restera tant que ce campement indien ne sera pas fermé. »

Le marshal se contenta de hocher la tête, désireux de donner la parole à quelqu'un d'autre. Il en avait déjà trop dit et pouvait voir l'agent Kring qui souriait au fond de la pièce. Il se demanda si les rapports que le FBI avait en sa possession collaient avec les leurs. « Il faut faire quelque chose, tout le monde est d'accord là-dessus, je crois. Mais il s'agit d'une situation très délicate. L'opinion publique dans sa majorité ne comprend pas la nature de notre intervention dans cette affaire et l'opinion a du poids. » Les deux représentants de la presse prenaient des notes sur leur calepin et le marshal décida de se taire. Il s'assit.

Simmons était dépassé. Il avait cru qu'il ne s'agissait que de quelques Indiens qui campaient dans la forêt pour revendiquer leur terre natale et dénoncer le non-respect d'un vague traité conclu dans un lointain passé. Quelques semaines plus tôt, l'affaire lui avait paru sans importance et, ce jour-là encore, elle continuait de lui sembler bien banalc par rapport à l'existence confirmée d'un loup à bisons rôdant à la lisière de la forêt. Mais il savait bien qu'il lui faudrait accompagner le marshal de même que ceux qui se rendraient au campement afin de veiller à ce qu'aucun autre service gouvernemental n'essaie d'empiéter sur les prérogatives des Eaux et Forêts. Il se demanda ce qu'Egan avait trouvé et il comprit qu'il avait intérêt à se dépêcher de retourner à Medecine Springs s'il voulait mettre la main sur le loup avant le vieux. Le trappeur qu'il avait fait venir n'allait pas tarder à arriver et lui-même serait de retour à Medecine Springs en fin d'après-midi. Il reporta son attention sur la réunion et s'aperçut qu'elle touchait à sa fin. Les journalistes demandaient des éclaircissements. Il espéra qu'ils ne le presseraient pas trop de questions.

Quatre voitures quittèrent le quartier général des Eaux et Forêts et prirent la route du campement indien. Simmons se trouvait dans la première voiture en compagnie de son adjoint et d'un fonctionnaire de l'Etat du Dakota du Sud. La seconde voiture transportait le marshal fédéral et Larry Mullens. Venait ensuite la voiture du FBI suivie de celle des journalistes. Son adjoint mit Simmons au courant le plus brièvement possible : « On a constaté de nombreux flagrants délits, était-il en train de dire. En premier lieu, ils campent sans autorisation. De surcroît, ils enfreignent la législation concernant les feux en plein air, les dépôts d'ordures et, évidemment, l'édification de constructions en dur. » Il fit une pause et réfléchit. « Il y a aussi d'autres délits mais ceux-là sont les plus graves.

— Des constructions en dur ? » demanda Simmons d'une voix posée. Il espérait que le représentant de l'administration assis à l'arrière ne s'était pas rendu compte que lui-même, Simmons, n'était pas au courant de ces constructions.

« La principale est une école, dit l'adjoint. Il y en a une ou deux autres plus petites mais la principale est l'école.

— Ils ont donc l'intention de s'installer pour de bon ? » demanda Simmons.

Les deux hommes regardèrent Simmons avec stupéfaction. « Oui », répondit l'adjoint. L'ignorance de son supérieur le mettait dans l'embarras et il baissa la voix dans l'espoir vain que le représentant de l'administration n'entendrait rien. « C'est une colonie. Ils ont l'intention de s'installer à demeure.

— Mais c'est un terrain qui appartient à l'Etat fédéral. » Simmons se mit à rire. « Ils ne peuvent pas s'installer comme ça. »

Pourtant, lorsque les voitures pénétrèrent dans la clairière qui s'étendait devant le campement, Simmons dut se rendre à l'évidence : les Indiens étaient là pour y rester. Il y avait maintenant quarante voitures garées près des tentes et des caravanes et, au-delà, on pouvait apercevoir le toit de l'école. Il examina le campement à travers le pare-brise. Il ne s'était pas imaginé les choses ainsi. « Dites donc, s'exclama-t-il, ils ont coupé des arbres ! » Ni son adjoint ni le fonctionnaire de l'Etat ne lui répondirent.

Ils descendirent de voiture. Simmons sentait la présence des autres derrière lui. Ils examinaient le campement mais la plupart de ses habitants les ignoraient, vaquant à leurs occupations comme si de rien n'était. Certains sciaient du bois de chauffage, d'autres transportaient de l'eau depuis la source voisine de l'école ou s'occupaient de l'entretien de leur tente. Il y avait des feux de cuisson partout et des enfants couraient dans tous les sens. Quelques personnes se mirent à les observer et les enfants, à la vue des étrangers, cessèrent de jouer et se rapprochèrent. Simmons en vit un, aux longs cheveux noirs, qui poussait du coude un de ses camarades de jeux en le désignant, lui, du doigt. « C'est lui le chef », expliqua-t-il. Simmons jeta un regard rapide à ses côtés et s'assura que les autres Blancs se tenaient derrière lui.

« Les chefs portent toujours des uniformes », ajouta le gamin.

Simmons prit conscience de son rôle et jeta de nouveau un regard en direction des autres Blancs. Il était le seul en uniforme. Même Mullens était en civil et Simmons ne se rappelait pas avoir jamais vu Larry Mullens sans son uniforme des Parcs nationaux. Ils m'ont repéré, pensa-t-il. Puis il se dit : après tout, c'est ma forêt. C'est à moi de leur parler.

Un homme s'avança. « Je suis James Lebeaux », dit-il sans tendre la main à Simmons.

Simmons s'efforça de sourire. « C'est vous le responsable, ici, Mr Lebeaux ? »

Lebeaux hocha la tête en signe de dénégation. « Non, répondit-il. Mais je parle au nom de la grande majorité. » Lebeaux s'exprimait d'une voix posée et c'est lui qui semblait être le chef. Sa haute taille impressionnait Simmons. Il resta un moment silencieux, la tête levée vers lui, puis reprit ses esprits.

Simmons regarda la foule assemblée autour d'eux. « Nous aimerions vous parler en privé », dit-il.

Lebeaux secoua la tête. « Non, déclara-t-il. Nous pouvons parler devant tout le monde. » Ils allaient essayer de le prendre à part alors que ce qu'il avait à dire devait être entendu de tous. Le fait que les siens croient qu'il tenait un langage devant eux et un autre en privé pourrait créer des problèmes. Il était déjà assez difficile de maintenir un front uni, il n'avait pas besoin, en outre, qu'on se fasse des idées fausses.

« J'ai bien peur que vous ne puissiez installer votre campement ici, dit Simmons. Le règlement des Eaux et Forêts interdit formellement le camping. » Il allait continuer mais Lebeaux se mit à secouer la tête. « Vous ne vous en tirerez pas comme ça, ajouta Simmons. Il s'agit d'une propriété du gouvernement fédéral et nous allons être forcés de vous en expulser.

— C'est une terre indienne et on ne nous en expulsera plus », déclara Lebeaux. Simmons entendit Larry Mullens grommeler derrière lui.

« Ecoutez-moi bien, reprit Simmons. Vous faites des feux en plein air qui, s'ils dégénéraient en incendies de forêt, déclencheraient une catastrophe.

— C'est vous qui imaginez des catastrophes. Il y avait des feux en plein air et des incendies de forêt des milliers d'années avant que les Blancs ne mettent le pied ici. Ce n'est que depuis que vous avez instauré votre politique stupide qui consiste à empêcher les incendies de forêt que la forêt a commencé à dépérir. Il n'y a que des hommes blancs pour songer à améliorer le dessein voulu par le Grand Esprit. »

Simmons secoua la tête. Tout à coup, toute cette histoire le fatiguait. Il était pris entre deux feux. Il se transporta mentalement à Medecine Springs et se demanda ce qu'Egan était en train de faire. Il entendit le marshal fédéral parler.

« S'il y a ici des gens recherchés au nom de la loi, nous allons devoir venir les arrêter, disait-il.

— S'il y a des hors-la-loi, c'est vous qui en avez fait des hors-la-loi », répondit Lebeaux. Ils avaient touché un point sensible. Il y avait des repris de justice dans le campement, Robert Lance entre autres, et Lebeaux les soupçonnait fort de n'être pas parmi eux pour des motifs avouables. Il serait difficile de les défendre mais ils étaient indiens et cela seul comptait. « Vous ne comprenez pas, dit-il au marshal. Vos lois n'ont rien de naturel. Elles sont artificielles. Vous avez transformé tout le monde en hors-la-loi. Même la terre tente de vous échapper. » Lebeaux leva le bras dans un grand geste circulaire. « Vous n'avez aucun droit sur elle.

— Vous savez très bien que vous faites tout pour attirer tous les paumés », dit Larry Mullens.

Lebeaux haussa les épaules puis sourit. « Ils valent bien tous les paumés qui viennent ici chaque été. »

Simmons en avait assez. « Nous ne progressons pas », dit-il. Il se rendait compte que toutes ces palabres n'étaient qu'une perte de temps. Une seule chose l'intéressait maintenant, c'était de quitter cet endroit et de retourner à Medecine Springs. « Nous vous tiendrons au courant », dit-il simplement.

James Lebeaux se tenait au milieu des siens, regroupés autour de lui. Il regarda les fonctionnaires monter dans leurs voitures. Ceux qui l'entouraient lui tenaient des propos d'encouragement. Certains lui donnaient même des tapes dans le dos mais il ne laissait pas ce succès lui monter à la tête. Il avait remarqué des regards de jalousie et des ricanements chez certains qui se tenaient en avant du groupe. Il savait trop combien la division avait toujours été un problème endémique chez son peuple. Plus d'une fois déjà, elle avait ruiné leurs entreprises. Comme toujours, s'ils échouaient dans cette affaire, ce ne serait pas uniquement la faute des Blancs. Ils portaient en eux les germes de leurs échecs.

A dix heures, Bailey s'était déjà entretenu par téléphone avec une douzaine de personnes. Il était revenu au point de départ, à cette différence près que la situation s'était aggravée. Aucun doute : il y avait bien un loup, mais il n'avait pas la moindre idée de la manière de le capturer. Les gens s'affolaient et étaient effrayés et il avait de surcroît arrêté un homme contre lequel il n'avait pas l'ombre d'une pièce à conviction. L'une des douze personnes auxquelles il avait téléphoné était le procureur général de l'Etat. Il lui avait demandé conseil, lui exposant l'ensemble de la situation, et avait terminé en l'assurant de sa conviction que Billion était coupable même si les apparences semblaient démontrer le contraire. Il avait presque perçu les hochements de tête du procureur à travers l'appareil.

« Libérez-le, Junior, avait dit le procureur. Nous n'aurions pas la moindre chance. Je ne me présenterais pas devant la cour avec un dossier aussi mince. »

Bailey n'avait guère été surpris — c'était à peu près ce à quoi il s'attendait — mais il se résignait mal à libérer Billion. Il supporterait à grand-peine le petit sourire satisfait et les paroles mielleuses de l'avocat sans compter qu'il était persuadé qu'il était dangereux de laisser sortir Billion. Ce dernier n'était pas le genre d'homme à se laisser impressionner par ce qui s'était produit. Ça ne lui ferait ni chaud ni froid de savoir que Bailey le gardait à l'œil. Bailey était persuadé que Billion avait fait exactement ce dont Egan l'accusait : il avait dressé le chien à l'attaque et l'avait d'abord lancé sur Best puis sur McVay. Bailey répugnait à le libérer tout en sachant qu'il n'avait pas le choix.

Le ciel lui avait d'abord paru clair mais, une fois qu'il eut mis ses lunettes de soleil, il lui parut trop sombre. Il les enleva et traversa la rue en direction du café. L'avocat de Billion était assis au comptoir, plongé dans la lecture d'un journal et sirotant un café. Il avait les jambes croisées — un peu comme une femme, se dit Bailey. Il prit place sur le tabouret voisin et commanda une tasse de café.

« Shérif ! commença l'avocat comme s'il était surpris de le voir là. Vous m'avez fait attendre deux heures. Avez-vous eu le temps de réfléchir à ma proposition ? » Bailey se pencha en arrière et s'étira tout en se frottant le nez. Il se redressa et se frictionna le visage comme s'il avait attendu ce moment pour prendre une décision.

« Oui, répondit-il, je suis à peu près convaincu que votre client a fait ce dont nous le soupçonnons mais, comme d'habitude, on aurait du mal à le prouver. »

L'avocat eut un sourire. « Vous allez le relâcher ?

— Eh bien..., fit Bailey feignant l'irrésolution.

— Je suis persuadé qu'on le fera sortir d'une manière ou d'une autre », dit l'avocat. Puis il ajouta : « Il y a aussi cette lèvre fendue et peut-être une ou deux dents de cassées.

— A mon avis, reprit Bailey, je crois qu'on devrait oublier tout cela.

— Nous serions prêts à passer l'éponge nous aussi à condition que Billion soit immédiatement relâché. » On décelait une nuance d'exigence dans la voix de l'avocat.

Les mâchoires de Bailey se crispèrent mais il répondit : « D'accord, allons-y. »

Ils traversèrent la rue en silence. La cellule se trouvait au fond du bureau. Un vieil homme, Earl Peterson, surveillait Billion. « Laisse-le sortir, Earl, dit Bailey.

— Sortir ?

— Oui, il peut rentrer chez lui. » Ils attendirent que Peterson ait enfin trouvé la bonne clé. Bailey évitait le regard de l'avocat.

Billion sortit de cellule, un large sourire aux lèvres. Bailey se réjouit de constater qu'il avait le visage déformé par sa lèvre enflée. Il souhaitait seulement qu'il ouvre de nouveau sa plaie en souriant. « Tu es libre, Billion.

— Formidable. Je savais que vous n'étiez pas sérieux, shérif. » Bailey se retint pour ne pas lui ouvrir l'autre lèvre.

« Allez, mais fais gaffe, dit Bailey.

— Gaffe à quoi ? Qu'est-ce que vous voulez dire ? » grimaça Billion. L'avocat le prit par le bras et l'entraîna vers la sortie.

Bailey se tint au fond du bureau jusqu'à ce qu'il soit sûr qu'ils étaient partis. Il ne dit rien à Peterson. Il resta debout, le chapeau sur les yeux et les bras croisés. Il tapait doucement et lentement du pied sur le sol de ciment. Toute cette histoire sentait mauvais. L'idée de laisser un salopard en liberté dans son secteur lui était insupportable. Il fallait qu'il trouve McVay pour le prévenir. Il était déjà passé à l'hôtel où on lui avait appris que celui-ci était sorti. Il doit être avec Egan, pensa-t-il. C'est par là qu'il allait commencer — à condition de pouvoir trouver Egan, ce qui était peu probable.

Il attendit d'être certain de ne pas tomber sur Billion et sur son avocat en sortant puis il quitta son bureau. Sa tension se relâcha à mesure qu'il se rapprochait de sa voiture. Une fois au volant, il se sentit de nouveau bien. Il se laissa aller, se détendant en écoutant de la musique sur une cassette et il s'aperçut soudain qu'il roulait à plus de cent à l'heure. Il eut un mouvement de lassitude de la tête, se redressa et ralentit. L'*Opus 53*. Le morceau lui rappelait un film. Un vieux film. Il se demanda comment on pouvait savoir si le pianiste jouait faux.

Simmons se rendait compte que ce qu'il avait de mieux à faire, c'était de capturer le loup avant Egan et il savait qu'il avait peu de chances d'y parvenir. Il devait pourtant essayer. Le romanesque de la situation s'était emparé de son esprit et c'était devenu une priorité absolue. Le campement indien n'avait fait qu'exacerber l'intérêt qu'il portait au loup et sa rancune à l'égard d'Egan. Les motifs qui poussaient Egan à refuser de laisser vivre le loup étaient une véritable énigme pour Simmons. Il ne s'agirait que de ligoter le loup pendant qu'il aurait la patte prise dans le piège d'acier. On l'avait fait des milliers de fois. La patte serait malheureusement brisée mais le loup, le spécimen, vivrait et pourrait être exhibé comme vestige d'une époque à jamais révolue. La manière de procéder était d'une évidence absolue : pour garder le loup en vie, il fallait avant tout ne pas le tuer. Mais Egan ne voyait pas les choses de cet œil. Il ne semblait pas avoir la moindre idée de ce que l'animal représentait du point de vue scientifique et historique, sans parler du prestige personnel auquel donnerait lieu sa prise.

Simmons n'avait rien d'un trappeur même s'il avait été le supérieur hiérarchique de trappeurs des années auparavant. Il savait que, s'il voulait prendre Egan de vitesse, il lui faudrait de l'aide. Il était maintenant au café, assis en face de l'un des meilleurs chasseurs de coyotes des plaines. Celui-ci s'appelait Jenkins et ce projet ne lui disait rien de bon.

« Je ne connais rien aux loups, déclara-t-il.

— Moi non plus, dit Simmons. Mais nous devons essayer. Egan est vieux, ce qui nous avantage.

— Ça nous désavantage », dit Jenkins.

Simmons ne tint pas compte de ce qu'il venait de dire. « Jerry Stockton, le rédacteur en chef du journal, nous apporte son appui et fera tout ce qui est en son pouvoir pour nous aider. Mais tout dépend finalement de vous et de moi. »

Jenkins but une gorgée de café et haussa les épaules. « D'accord, comment procède-t-on ?

— Je pense qu'il est préférable de commencer par l'est de la ville. Il y a là un vieux berger qui a vu la bête rôder autour de son troupeau. Nous tendrons nos pièges dans ce coin-là. J'en ai fait venir quelques-uns qui permettront de le prendre vivant. On va les utiliser. »

Jenkins reposa sa tasse de café, regarda Simmons droit dans les yeux et dit : « Non. » Il secoua la tête. « Je ne connais rien à ce genre de pièges et j'ai beau ne rien connaître aux loups, je sais en tout cas qu'ils ne se risqueraient jamais à moins d'un ou deux kilomètres de pièges comme ceux-là. Nous aurons déjà assez de difficultés à les dissimuler sans parler de tout le fatras de fils et de leviers.

— Ecoutez, nous voulons le loup sain et sauf.

— Il faudra lui briser au moins une patte, c'est le mieux que je puisse faire. »

Simmons le regarda en se frottant l'oreille, réfléchissant à ce qu'il venait d'entendre. « Je ne veux pas qu'il soit blessé », dit-il. Jenkins fit la grimace. Simmons ajouta : « Il n'y aura qu'à envelopper les mâchoires du piège de tissu et de ruban adhésif.

— Je ne pense pas. Cela pourrait aider le loup à se dégager.

— Il n'y aura qu'à vérifier le piège plus souvent. A mon avis, ça devrait marcher. »

Jenkins haussa les épaules. « C'est vous le patron », dit-il.

Peu avant le lever du jour, les phares de la camionnette s'étaient reflétés dans les yeux de gros lièvres et par deux fois Egan s'était arrêté en douceur et avait saisi la .22 automatique accrochée à la lunette arrière. McVay l'avait regardé passer l'arme par-dessus sa tête sans perdre un instant le lièvre des yeux. Dans un même mouvement, il avait entrouvert la portière juste ce qu'il fallait pour que le canon de la carabine puisse glisser entre la portière et le cadre du pare-brise sans que le plafonnier s'allume. Il avait tiré de la main gauche. McVay était persuadé que, la dernière fois qu'il l'avait vu tirer, c'était de la main droite mais cela ne paraissait pas avoir beaucoup d'importance pour Egan. Celui-ci avait émis un faible sifflement dont le volume et l'intensité s'étaient accrus et, à peine le lièvre avait-il levé la tête que celle-ci avait explosé.

Egan avait saisi les deux lièvres au moyen d'une branche de bois fourchue et les avait enveloppés dans du plastique. Avant de se remettre en route, il avait veillé à ce que la douille vide soit éjectée et qu'une cartouche neuve la remplace dans le magasin de son arme. Il avait retiré le chargeur, ajouté une cartouche, repoussé le cran de sûreté à tout hasard et avait finalement reposé la carabine sur le râtelier derrière le siège de la camionnette.

Ils s'étaient mis en marche avant même qu'une lueur ne se montre à l'est. McVay restait tout près d'Egan mais derrière lui, car il était clair pour lui que le vieil homme devait marcher en tête. Egan avait tout prévu pour qu'ils atteignent le poste d'observation qu'il avait repéré quelques jours plus tôt juste avant le lever du soleil. McVay marchait toujours derrière et il pouvait apercevoir en levant les yeux la silhouette d'Egan se détachant, plus grande que lui, sur le ciel gris. Jamais le vieil homme n'avait paru à McVay aussi grand ni aussi droit. Il marchait face au soleil levant et son sac à dos en osier tressé le faisait paraître aussi massif aux yeux de McVay qu'il avait dû l'être vingt ans auparavant. Sa carabine se balançait légèrement entre les doigts de sa main droite qu'il laissait retomber librement comme un balancier. McVay escalada le monticule derrière Egan et se tint immobile tandis que la tête du vieil homme se tournait dans tous les sens pour scruter les trente kilomètres qui séparaient la rivière des Collines. Egan laissait son regard errer des terres basses aux Collines.

Sans le regarder, Egan dit à McVay : « Reste dans mes pas, inutile de faire deux traces », et, l'instant d'après, il s'engageait sur la pente de gravier comme s'il eût marché sur une route pavée. McVay le suivait en faisant de son mieux pour ne pas glisser et pour mettre ses pas exactement dans ceux d'Egan.

La pente débouchait sur une gorge au fond de laquelle se dressait de temps à autre un cèdre et où le sol, spongieux à certains endroits, rappelait que l'eau y coulait pendant la saison pluvieuse. Le lit même de la gorge avait été creusé par les eaux et aucune végétation n'y poussait. Egan ne s'y engagea pas mais longea le lit qu'il scruta attentivement. Ils suivaient le fond du ravin depuis près de deux kilomètres quand McVay s'aperçut qu'Egan était sur une piste. Mais il eut beau concentrer sa vue sur le fond spongieux de la gorge, il ne vit rien.

Les cèdres cédèrent la place à des buissons de sauge et à de l'herbe à bison et le lit de la gorge se fit plus large. Il prit bientôt la forme d'une large tranchée dans la croûte terrestre dont les parois de terre rouge s'effritaient et sur le bord de laquelle un dernier cèdre solitaire dressait ses trois mètres de hauteur. La terre autour des racines de l'arbre avait été entraînée par l'érosion et les deux racines principales, l'une descendant droit vers le fond, l'autre faisant un angle de quatre-vingt-dix degrés le long de la paroi, avaient sécrété une épaisse substance jaunâtre qui leur tenait lieu d'écorce. L'arbre luttait pour survivre. Ils étaient encore à plus de quinze mètres de cet arbre lorsque Egan fit halte. Son regard s'attarda longuement à détailler le sol de la gorge et se porta ensuite le long de ses parois. Puis, se tournant, Egan en examina de nouveau le fond. Il se défit de son sac à dos d'un mouvement d'épaule et le déposa délicatement par terre. Il prit dans un compartiment latéral une paire de gants qu'il enfila. Toujours sans un mot, il sortit du sac un morceau de toile roulée, deux lourds sachets en plastique, un petit marteau et une pelle, un tamis, un pieu de soixante centimètres de long, un piège passé au noir de fumée et à la cire ainsi que les deux lièvres enveloppés dans le plastique. Il sortit l'un des lièvres de son emballage et remit l'autre dans le sac. Au moyen d'un couteau de poche, il fit une entaille dans la peau entre les deux os de l'une des pattes de l'animal. Il sortit du sac du fil de clôture qu'il coupa et avec lequel il attacha solidement les pattes du lièvre, laissant vingt centimètres de fil non utilisé. Il glissa chacune de ses bottes dans l'un des sachets en plastique qu'il fixa solidement à ses chevilles. Il mit sa carabine en bandoulière, prit ses outils sous un bras et, tenant le rouleau de toile et le lièvre dans l'autre main, il se dirigea vers le cèdre solitaire, laissant se balancer le piège à distance de son corps.

Pendant une heure, McVay resta seul près du sac

d'osier. Il regarda Egan étendre la toile et s'y agenouiller. Le piège était installé entre la racine à nu du cèdre et la glaise rouge de la paroi de la gorge. Egan commença par creuser un trou peu profond en veillant à déposer chaque morceau de glaise sur la toile où il était agenouillé. Il plaça le piège dans le trou et remit de la terre glaise tamisée. Pour la chaîne, il creusa un conduit qui menait au piquet destiné à retenir le piège et qu'il avait enfoncé dans le sol. Il recouvrit le tout de terre tamisée. Puis il suspendit la dépouille du lièvre à la racine qui longeait la paroi au-dessus du piège. Il se releva, roula la toile et refit faire en sens inverse à ses bottes recouvertes de plastique le chemin qui le ramenait là où McVay l'attendait. Une fois les outils rangés dans le sac à dos, ils se remirent en route. A quatre cents mètres du piège, Egan s'arrêta et répandit autour de lui la terre qui restait dans la toile.

Il était presque midi lorsqu'ils arrivèrent à l'endroit où le sol commençait à s'élever vers les Collines. Egan fit un brusque demi-tour vers l'est comme s'il était risqué de s'aventurer dans les Collines. A partir de ce moment, il concentra son attention vers le nord, dans la direction du chemin qu'ils venaient de parcourir, et vers l'est. Ils longèrent une ligne de démarcation signalée par un brusque changement de végétation. A leur gauche, elle formait un tapis de buissons de sauge, de yuccas, de pavots et de minuscules cactus plats qui poussent en massifs ; à leur droite, s'étendaient les premiers arbres, les fougères et les arbustes.

Une fois qu'Egan eut posé son second piège et qu'ils s'en furent éloignés pour jeter la terre restante au vent, ils s'assirent pour prendre un peu de repos. Il était près de trois heures et ils n'avaient placé que deux pièges. Egan s'était assis, le visage tourné, pour la première fois, en direction des Collines. « Nous installerons un autre piège si nous trouvons un bon endroit », dit-il pour répondre aux questions de McVay. Il s'était mis à observer quelque chose dans les pâturages. « Inutile de perdre notre temps si nous ne trouvons pas un endroit. » Il jeta alors un regard sur le soleil que commençaient à voiler ces curieux nuages qui étaient restés accrochés dans le ciel depuis deux jours. « Il va bientôt falloir rentrer, de toute manière », dit Egan en se remettant sur ses pieds. « Je reviens tout de suite », ajouta-t-il.

McVay le regarda marcher à longues enjambées à travers les herbes qu'ils venaient de longer depuis deux heures. Egan s'arrêta à côté de l'une des fougères qui faisaient des taches dans les herbages. Il se pencha, la toucha, fit une trace dans le sol tout autour avec un doigt, la regarda encore un instant et revint vers McVay. « Allons-y », dit-il en passant devant lui.

Pour revenir vers la camionnette, ils firent une large boucle. Cette fois, ils avançaient le long d'une étroite gorge dont Egan semblait examiner encore le lit à la terre bien tassée. McVay regardait le sol à son tour sans rien remarquer. Les nuages recommençaient à s'accumuler dans le ciel comme le jour précédent et McVay sentit les premiers signes de fatigue. Tout à coup, Egan s'arrêta. McVay le regarda sortir une fois de plus le matériel, la toile et le piège. La gorge se terminait cent mètres plus loin et venait mourir dans les terres basses. L'eau qui s'en écoulait avait creusé le sol sur un mètre de profondeur mais sur seulement cinquante centimètres de largeur. A mi-pente de cette voie d'écoulement naturelle, poussait une fougère identique à celle qu'Egan avait examinée auparavant. C'est là qu'Egan installa son troisième piège. Il resta étendu sur le ventre pendant près de deux heures, la toile empêchant son odeur de se communiquer au sol. Cette fois, il n'employa pas d'appât : il espérait que les traces qu'il avait laissées sur le sol conduiraient sa proie droit sur le piège.

Lorsqu'ils arrivèrent à la camionnette, le ciel s'était assombri. McVay resta debout près du véhicule, épuisé, et regarda Egan ranger son matériel à l'arrière. Tout en écoutant le bruit qu'Egan faisait en le manipulant, il observa des colombes qui virevoletaient en direction d'un point d'eau. Les bruits que faisait Egan lui parvenaient de plus en plus faiblement, remplacés par ceux, inquiétants, du vent dont il ne sentait pourtant pas le moindre souffle sur son visage. Jetant un regard autour de lui, il s'aperçut qu'Egan était allé se poster sur une éminence qui dominait le pays qu'ils avaient arpenté durant la journée. Egan lui tournait le dos et, cependant, il devinait ses yeux bleus usés par les ans. Ils n'étaient pas grands ouverts, son regard n'était pas fixe : non, ils contemplaient plutôt, sans ciller, les derniers rayons du soleil sur la crête des pâturages qui s'étendaient entre les ravines tracées grossièrement dans la croûte terrestre par l'érosion. Le cours sinueux de la rivière en direction du nord marquait ce qui faisait office de ligne de démarcation aux yeux d'Egan. Vers le sud, cette ligne était matérialisée par les Collines, noires et mystérieuses, occupant une superficie de cent vingt, cent soixante kilomètres carrés peut-être, à la fois familières et encore inconnues de lui. Tous les deux, Egan et le loup, connaissaient intimement les règles du jeu : Egan, grâce à des années d'apprentissage, le loup, grâce à des siècles de sélection naturelle.

Les yeux bleus se plissèrent dans un dernier tour d'horizon dont ils transmirent les informations à la mémoire. A partir de ce moment, les détails allaient devenir essentiels, ces riens qu'Egan savait interpréter, qu'il savait tellement bien interpréter que son regard en gardait toujours comme une pointe de remords. Egan savait qu'il allait gagner la partie, et dans peu de temps. Tout serait alors terminé. Il leva légèrement la tête et concentra son regard sur les Collines lointaines, sans effort, se laissant tout entier envahir par elles. Par ces Collines dans lesquelles au même moment deux yeux jaunes, vieux eux aussi, étaient levés en direction du soleil qui tentait de percer les nuages menaçants. Soudain, le soleil et les nuages se heurtèrent et des éclats de couleur coururent sur la plaine.

Old Joe « Standing » Elk contemplait le coucher de soleil. On aurait dit qu'il n'en finissait pas de tomber, qu'il s'y était employé tout le jour. Old Joe ne savait trop quoi en penser mais il était sûr d'une chose, c'est qu'il est des événements dont la signification échappe à l'homme. On était en plein été, une période de l'année où il pleuvait rarement. Quelque chose d'anormal se passait quelque part. Debout devant sa tente, il regardait le ciel s'enflammer à l'ouest entre le soleil et la terre. Ces sinistres nuages gris qui semblaient s'être déposés en strates et qui étaient restés ainsi accrochés dans le ciel toute la journée sans bouger sous l'incessant vent d'ouest formaient pour lui un spectacle inhabituel. Maintenant que le soleil allait se coucher, les rouges et les pourpres perçaient les strates de nuages et venaient au-dessus de sa tête, là où le ciel devenait tout à coup d'un bleu pur.

Bleu, pensait-il, tel qu'il aurait dû l'être normalement à cette époque de l'année. Ou agité peut-être, avec de gros nuages noirs et chargés d'électricité. Mais pas comme cela. Restait la possibilité d'une tornade. Il s'en produisait parfois à cette époque et, dans ce cas, les nuages qui les précédaient prenaient toujours une drôle d'allure, mais l'air, ce jour-là, était resté parfaitement calme. Quand une tornade se préparait, on pouvait sentir, sur ses épaules et sur son visage, un air lourd et inquiétant. Cette fois, c'était différent. Le vent soufflait normalement. Old Joe avait beau tenter de mettre un nom sur ce qui se passait, il n'y parvenait pas. Il n'y avait que des nuages à l'ouest à l'heure où le soleil se couche, c'était tout. Une belle soirée. Cela aurait fait une jolie carte postale, comme celles que les touristes achètent dans les cafés et les stations-service le long des routes. Ils l'auraient trouvée à leur goût et l'auraient envoyée à leurs connaissances tout en se disant qu'un tel spectacle n'avait rien d'extraordinaire et que c'était ainsi que les *Paha Sapa* devaient toujours s'offrir au regard. Ce n'était pas Old Joe qui aurait acheté ce genre de carte postale. Le soleil mettait du temps à se coucher.

Simmons et Jenkins n'avaient pas prévenu Joe « Standing » Elk qu'ils avaient l'intention d'installer des pièges à proximité de son campement. Ils s'étaient dit qu'il ne demanderait pas mieux que de voir quelqu'un tenter de capturer le loup. Jenkins était un bon trappeur. Seulement, il ne connaissait rien aux loups. Simmons et lui compensaient leur ignorance par leur enthousiasme. Ils s'étaient mis au travail tôt le matin et avaient continué jusque tard le soir. Jenkins, mettant à profit les renseignements sur le comportement des loups dont Simmons était parvenu à se rappeler grâce à ses souvenirs de jeunesse, aux livres qu'il avait lus et à ses propres connaissances, installa ses pièges correctement. Il ne consacra pas autant de temps à chacun de ses pièges qu'Egan mais il en disposa beaucoup plus.

Simmons savait que, lorsque les loups voyagent sur un territoire donné, ils repassent au même endroit à quelques jours d'intervalle. Le chemin suivi par un loup, même s'il n'était pas exactement identique à chaque fois, traversait ordinairement des gorges, des ravines, des clôtures, des tracés naturels. En inscrivant sur une carte tous les endroits où des bêtes avaient été tuées, Simmons était parvenu à reconstituer approximativement le chemin parcouru par le loup. C'était le long de ce chemin que Jenkins et lui avaient installé leurs pièges.

Le soir précédent, tard dans la nuit, Simmons avait travaillé à envelopper les mâchoires des pièges d'acier dans de la toile d'emballage qu'il avait lavée quatre fois dans la machine à laver qui se trouvait au fond du bureau de l'Oasis. La toile était douce et souple et, plus important encore, elle était inodore. Simmons eut du mal à nouer les morceaux de ficelle, lavés eux aussi, avec des gants de plastique destinés à empêcher que son odeur ne se dépose sur le métal ou sur le tissu qui enveloppait les pièges. Il avait fini par en venir à bout : vingt-deux pièges étaient suspendus à une corde dans sa salle de bains, entourés de toile et, espérait-il, inodores.

En les voyant le lendemain matin, Jenkins avait hoché la tête sans faire de commentaire. Il les avait pris et déposés dans une boîte de bois spéciale protégée par un revêtement de plastique qui se trouvait à l'arrière de sa camionnette. Lorsque Simmons lui avait montré la carte à la lumière du plafonnier pendant qu'ils roulaient, Jenkins avait haussé les sourcils, impressionné. Simmons avait bien travaillé. Ils avaient peut-être une chance, après tout.

Jenkins avait disposé les pièges comme il l'aurait fait pour un coyote, plus soigneusement que s'il s'était agi d'un lynx mais sans tout le soin qu'il aurait apporté à la capture d'un renard. Ils en avaient ainsi disposé seize en différents endroits le long d'une gorge impressionnante qui courait sur huit kilomètres à la limite du territoire indiqué sur la carte comme étant celui du loup. Leur plan se tenait. Si le loup suivait effectivement cette route, il devait presque à coup sûr utiliser cette gorge comme voie principale. Jenkins avait appâté plusieurs des pièges au moyen de coqs de bruyère qu'il avait abattus. Ce n'était pas la saison de la chasse aux coqs de bruyère mais, vu les circonstances, Simmons avait « ouvert la saison » d'autorité. Les autres pièges avaient été disposés de manière à capturer le loup s'il venait à passer entre deux rochers ou à sauter par-dessus un cèdre abattu. Pour que l'un ou l'autre de ces pièges fonctionne, le loup devrait commettre une erreur. Or, Jenkins n'en savait pas assez sur les mœurs du loup pour le pousser à la faute.

Ils passèrent ainsi l'après-midi à rouler en cahotant dans la prairie afin de contourner la gorge vers un ravin profond et large qui menait à un endroit où un mouton avait été tué plusieurs semaines auparavant. Jenkins installait son vingtième piège de la journée. La répétition des mêmes gestes commençait à avoir un effet déprimant sur lui. Il était fatigué mais Simmons le talonnait, lui demandant après chaque piège posé quelles étaient, à son avis, leurs chances de réussite. Jenkins répondait immanquablement : « Impossible à dire, on peut aussi bien le capturer dans la minute qui suit. » Mais il savait que leurs chances étaient minces. S'ils voulaient capturer le loup avant Egan, il leur faudrait une sacrée veine. Ils venaient de parvenir au sommet d'une éminence, il ne leur restait que deux pièges à poser et le soleil allait se coucher lorsque Dame Chance leur apparut à tous les deux sous la forme d'une vieille agnelle.

Simmons, qui l'avait entendue le premier, fit signe à Jenkins d'arrêter la camionnette. Le bêlement de l'animal leur parvenait sous la forme d'un gémissement inquiet, terrifié. « De quoi s'agit-il ? » demanda Simmons. Jenkins tendit l'oreille.

« C'est un mouton », répondit-il et il ouvrit la portière de la camionnette. Il continua de tendre l'oreille afin de bien apprécier la direction d'où venait le hurlement et s'engagea de ce côté. Jenkins et Simmons atteignirent ensemble le sommet d'une étroite ravine et aperçurent la vieille agnelle empêtrée dans des broussailles en dessous d'eux. « Sa laine s'est tellement emmêlée dans les épines qu'elle ne peut plus bouger », dit Jenkins. Il fouilla dans ses poches pour prendre son couteau. « Nous allons lui rendre ce service de la libérer », dit-il. Comme il se dirigeait vers l'animal, Simmons le saisit par le bras.

« Attendez, dit-il. Pour combien de temps en a-t-elle à vivre à votre avis ?

— Pas longtemps, répondit Jenkins. Peut-être une journée. » Il regardait Simmons d'un air interrogatif tout en sachant déjà à quoi ce dernier pensait.

« Elle fait un appât idéal, non ? Enfin, elle est juste au milieu de ce ravin et il nous reste deux pièges, un pour chaque côté du ravin. »

Jenkins avait le visage tendu. L'agnelle les avait vus et bêlait pour les appeler à l'aide mais, il lui fallait se rendre à l'évidence, elle faisait un appât parfait. Simmons épiait sa réaction. « D'accord, dit Jenkins, allez chercher les pièges. »

Seule l'incertitude où il se trouvait quant à la réussite des autres pièges lui rendit supportables les appels de la bête qui l'accompagnaient pendant qu'il s'activait soigneusement, du mieux qu'il pouvait, à dissimuler les deux pièges, à disposer un guet-apens qu'il savait quasi irrésistible.

P. J. Billion était assis dans sa cuisine, ne sachant trop s'il n'allait pas se faire un autre café. La table devant laquelle il était assis était couverte d'assiettes dans lesquelles du jaune et du blanc d'œuf, du jus d'orange, un peu de lait suri et des céréales détrempées de la veille commençaient à pourrir. Billion prit une dernière bouffée de sa cigarette qu'il lança adroitement dans un verre. Elle grésilla dans la boisson gazeuse éventée. Il était presque midi et il n'était pas encore sorti. Ce n'était pas la première fois qu'il se sentait dans un tel état. Il n'avait réellement envie que d'une chose : dormir. Il avait passé dix heures sous les verrous la nuit précédente et il ne pensait qu'à faire la sieste. Il éprouvait de nouveau ce sentiment de vacuité qui s'était emparé de lui après son service militaire.

Billion était furieux. Une étrange colère qui le tiendrait jusqu'à ce que les larmes lui montent aux yeux et le laisserait ensuite calme et abattu, capable de rester de longs moments le regard fixe et l'esprit vide. A la moindre contrariété, pour des toasts brûlées par le grille-pain, par exemple, il pouvait sortir physiquement de ses gonds, donner des coups de poing sur les placards de la cuisine et s'en prendre en hurlant à ce qu'il croyait être l'origine de sa fureur. Ce jour-là, pourtant, assis à sa table, Billion savait très bien ce qui le mettait hors de lui.

Il se leva, repoussa doucement sa chaise derrière lui et se rendit à la fenêtre. Le temps était clair. Le soleil avait dispersé les nuages matinaux et il commençait à faire chaud. Se passant la main sur le visage, il sentait sa barbe drue. Se raser lui ferait du bien. Il prit une profonde respiration et souffla sur la vitre de la fenêtre. Il fallait qu'il se sorte de ce pétrin, pensa-t-il. Il lui faudrait tout reprendre depuis le début et faire le nécessaire. Il se passa encore une fois la main sur le visage. D'abord, se raser.

La chambre lui semblait deux fois plus étroite et le plafond deux fois plus haut qu'avant. McVay était étendu sur son lit, épuisé mais incapable de fermer l'œil. Il n'était pas encore dix heures du soir. Il n'avait même pas dîné. Il était fatigué et savait que la journée du lendemain allait être plus éprouvante encore. L'aube viendrait assez tôt. Sa chambre était vaguement baignée d'une lumière qui montait du dehors et qui éclairait le plafond. Il s'agissait, McVay le savait, de l'enseigne au néon de la bière Budweiser. Avant de se coucher, il s'était mis à la fenêtre et avait observé le café comme il l'avait fait le premier soir où il avait aperçu Katie. Tout en regardant dehors, il s'était demandé où elle se trouvait en ce moment. Quelque chose en lui voulait la voir sur-le-champ, la souhaitait près de lui ce soir-là. Mais quelque chose d'autre le poussait à tourner son désir en dérision, à se dire : « Une de perdue, dix de retrouvées », quelque chose le poussait à aller son chemin comme s'il ne s'était rien passé entre eux.

Un besoin le taraudait aussi qui ne cessait de se faire de plus en plus pressant, qui le poussait à en finir avec toute cette histoire. Il avait envie de retourner dans l'Ohio, de retrouver son travail dans l'usine de pneus, mais il voulait emmener Katie avec lui. Il s'était trouvé mêlé à trop d'histoires. Il essaya de se concentrer sur ce qui l'avait amené à Medecine Springs mais Katie continuait d'occuper son esprit. Katie et les yeux d'Egan, brillants et placides. Il était étendu sur son lit, plongé dans ses pensées, dans ses pensées qui le ramenaient plus que jamais à Jimmy, à la constatation que l'heure du règlement de comptes était venue. Billion était sorti de prison. Il ne lui restait plus qu'à mettre Billion au pied du mur et à en finir. Bailey était venu le voir après son retour en ville en compagnie d'Egan pour lui annoncer qu'il avait été forcé de libérer Billion. Bailey se faisait du souci pour lui. Il ne pouvait pas se douter que McVay ne demandait pas mieux que de savoir Billion en liberté. Il y avait peut-être de l'argent ou de la marijuana chez ce dernier mais McVay n'avait pu mettre la main dessus lors de la fouille de la maison. Il allait devoir forcer Billion à lui rendre son dû et le plus tôt serait le mieux. Demain, décida-t-il. Il devait repartir avec Egan mais, tant pis, dans l'après-midi il filerait chez Billion. Le lendemain soir, il en aurait fini avec ce qui l'avait amené à Medecine Springs. Mais le sommeil ne venait toujours pas. Katie. La revoir encore une fois. Le lendemain soir, quand il en aurait fini avec Billion. Ils pourraient retourner aux thermes. Il se détendit à la pensée de l'eau chaude glissant sur leurs corps et de la chaleur du sauna et finalement, il sombra dans le sommeil.

Personne ne se doutait encore que Robert Lance était recherché pour le meurtre du préposé d'une station-service dans l'Utah. On savait qu'il avait fait de la prison et qu'il haïssait les Blancs mais personne n'était au courant du mandat d'arrêt délivré contre lui. Même si Lebeaux l'avait été, il n'aurait pas pu faire grand-chose. Lance n'était pas sans jouir d'un certain prestige. Son radicalisme exerçait de l'attrait sur les plus jeunes des Indiens, qui ne se rendaient pas compte qu'il n'était fondé que sur son goût de la violence. Des gens comme Robert Lance étaient des marginaux que Lebeaux avait à maintes reprises désignés comme les déchets d'un peuple jadis grand. Ils représentaient une force négative et il lui revenait de les tenir en main. Mais la tension qui ne cessait de croître dans le campement ne lui rendait pas la tâche facile. Robert Lance avait fait le tour du campement en répétant à satiété qu'il fallait « faire bouger les choses ». Il prenait des airs martiaux et faisait tout pour que les autres se voient comme de petits soldats. Mais Lebeaux savait que Robert Lance n'avait rien d'un soldat, qu'il était indiscipliné, un simple opportuniste qui perdrait pied dès que les choses tourneraient mal. Les raisons pour lesquelles Lance tenait tant à embrigader les autres n'étaient que trop évidentes pour Lebeaux : Lance voulait se faire remarquer. Pour y parvenir, il employait la violence et il n'hésitait pas à y recourir systématiquement, sans se soucier des conséquences.

Lebeaux était donc allé lui parler. Ils s'étaient éloignés du campement et s'étaient arrêtés sous les arbres, à l'abri des oreilles indiscrètes.

« Alors, de quoi voulais-tu me parler ?

— De pas grand-chose, en fait. J'ai seulement entendu dire que tu racontais à droite et à gauche que l'on devrait foutre un peu la merde. »

Lance acquiesça. « Oui », dit-il. Il mit ses poings sur

ses hanches. « Ça ne bouge pas vite dans le coin. » Il était de petite taille et, se disait Lebeaux, il était moins dur à cuire qu'il ne voulait le faire croire.

« Alors, qu'est-ce que tu as derrière la tête ? » demanda Lebeaux qui épiait ses réactions. Il voulait vérifier dans quelle mesure ce qu'on lui avait rapporté était fondé.

« Tu sais quoi, James, tu te prends trop au sérieux. Tu t'imagines que tu peux prendre toutes les décisions. » Lebeaux ne s'était pas attendu à cela. « Il faut que tu comprennes que tu n'es pas le seul ici à être au courant des événements. Tu n'es pas le seul au monde à être capable de réfléchir. Nous aussi, on a des idées.

— Par exemple ?

— Tu m'as rendu malade l'autre jour. Ces connards se sont payé ta gueule. On aurait dû leur tomber dessus.

— Ça nous aurait menés nulle part.

— Ça ne t'aurait pas mis en vedette, ça c'est certain, répondit Lance en le toisant d'un air méprisant. Mais ne t'en fais pas. On a un plan. On va s'occuper de vous, bande de petits merdeux.

— Et qu'est-ce que c'est que ce plan, Robert ? » Le petit homme l'inquiétait. Il parlait avec beaucoup d'assurance.

« Tu sais qu'on est quelques-uns ici qui en avons vu d'autres.

— Tu veux dire qui avez vu des prisons ?

— Entre autres, mon grand. Mais nous, on sait ce qu'il faut faire et on sait comment il faut le faire.

— Pourquoi ne pas me dire ce que tu mijotes ?

— Oh, je vais te le dire. Parce que je sais que tu n'as vraiment rien à dire qui nous intéresse. Et même si tu avais quelque chose à dire, ça ne nous ferait pas changer d'avis. Ça ne ferait pas pour autant de toi une vedette. »

Lebeaux eut soudain la conviction désagréable que ce qu'on lui avait rapporté était vrai. Il n'y avait pas ajouté foi, croyant qu'il ne s'agissait que d'une rumeur, mais quelque chose dans le rire de Lance venait de lui faire comprendre que c'était sérieux. « Rushmore ? »

Robert Lance se remit à rire. « On ne peut rien te cacher, dit-il. On y avait déjà pensé bien avant le campement. On y pense depuis le jour où ils vous ont chassés d'ici.

— La dernière fois, on pouvait espérer que les choses changeraient.

— La dernière fois, c'était de la rigolade, quelques pots de peinture. C'est tout ce que nous avions. Cette fois, c'est sérieux.

— C'est donc toi qui as volé les explosifs ? »

Robert Lance haussa les sourcils. « On ne peut vraiment rien te cacher. Je ne les ai pas vraiment volés moimême. Je n'ai fait que donner un coup de main.

— Où sont-ils ? »

Aussitôt, le rire de Lance changea de tonalité. « Ça, je ne peux pas te le dire. J'ai assez de volontaires. Nous sommes six. Nous avons des revolvers et des munitions et nous pouvons nous débrouiller tout seuls. Personne ne te dira où se trouvent les explosifs. »

Lebeaux hocha la tête. « Ne me le dis pas, Robert. Premièrement, tu ne t'en tireras pas comme ça et, deuxièmement, s'il existe encore un mouvement indien, tu vas le ramener cent ans en arrière. »

Lance se gratta la tête d'un air de fausse perplexité. « Voyons donc, cent ans. » Il prit l'air de quelqu'un qui réfléchit profondément. « Quelle est la différence ? » Il sourit. « Ah, je vois ce que tu veux dire. Il y a cent ans, la montagne n'avait pas de nom. Ce n'était qu'une montagne, sans ces foutues têtes sculptées. Tu veux dire que lorsqu'on en aura fini, ce ne sera à nouveau qu'une simple montagne. » Il éclata de rire. « Je souhaite que plus un seul touriste blanc ne vienne la visiter lorsqu'on sera passés par là. Je souhaite que ça devienne un endroit où l'on ne voie plus un seul Blanc. »

Joe « Standing » Elk avait perdu une agnelle. Aucune de ses bêtes ne manquait ce matin-là, il en était sûr. Elle avait dû s'égarer pendant l'après-midi avant qu'il rassemble le troupeau pour la nuit, quelque part près de la ravine où il l'avait menée paître. Il examina le ciel. Il était sombre mais on voyait la lune. Il devait être possible de retrouver l'animal. Il jeta un dernier regard sur le troupeau pour voir si les bêtes étaient calmes et saisit sa carabine appuyée contre un arbre. Il prit alors la direction de la zone accidentée où il pensait pouvoir trouver l'agnelle.

Le chemin était plus rapide à la descente. Il ne lui fallut qu'une demi-heure pour atteindre l'endroit où l'agnelle devait normalement se trouver. Retrouver une retardataire peut parfois demander beaucoup plus de temps mais Joe « Standing » Elk s'y connaissait en brebis égarées. Dans sa vie, il en avait retrouvé des milliers, peut-être des dizaines de milliers. Il connaissait les moutons et connaissait leurs points faibles. Ceux-ci les mettaient toujours dans le pétrin. C'étaient des animaux nonchalants. Pas stupides, comme on le croit souvent, tout simplement nonchalants. Ils ne vivaient pas avec une pleine conscience de leur environnement. On aurait dit que leur instinct leur faisait souvent défaut. Une pluie suivie d'un froid subit les laissait immobilisés au sol sous le poids de leur laine gelée, n'ayant pas assez de force pour se libérer. Beaucoup mouraient de faim ainsi, gelés. Ou bien un fossé qui allait se rétrécissant les coinçait en entonnoir en une longue file à commencer par le premier mouton incapable de progresser tandis que les autres derrière lui poussaient jusqu'à se faire étouffer. Mais le plus souvent, Joe le savait, il suffisait pour qu'un mouton s'égare qu'il tombe dans un trou, reste à l'arrière ou soit séparé du troupeau. Les moutons sont facilement victimes de la panique et, lorsqu'elle s'empare d'eux, ils sont totalement impuissants. C'est alors que le berger doit intervenir. On mesure l'habileté d'un berger à sa capacité de prévoir le comportement d'un animal sous l'emprise de la peur. Or, Joe « Standing » Elk était un bon berger.

Il ne prit pas la peine d'inspecter les sommets des gorges, là où l'herbe à bison est la plus grasse. C'était le genre d'endroit où seul irait paître un mouton sûr de lui, calme et ne se sentant pas coupé du troupeau. Joe descendit directement dans la gorge, dans les ravines creusées par l'eau, là où le daim aime se reposer durant le jour et où les coqs de bruyère se nichent dans les fourrés pour se protéger de la chaleur de l'été. Comme prévu, après une heure de recherche, il entendit un faible bêlement. Il s'arrêta net au fond de la gorge près d'un buisson touffu et tendit l'oreille. La plainte provenait d'un endroit situé légèrement en hauteur devant lui et il était évident qu'il arrivait juste à temps. Les gémissements du mouton laissaient peu d'espoir. Ses forces devaient l'avoir abandonné. Joe se précipita donc, son vieux fusil se balançant à son côté. Il passa à proximité d'un autre taillis de broussailles et déboucha dans un espace dégagé où quelques brins d'herbe poussaient avec peine. Devant lui, prise dans un autre taillis de broussailles, il aperçut son agnelle égarée. Sa laine s'était accrochée aux épines d'un taillis de prunelliers sauvages et Joe pouvait la voir rouler des yeux dans un ultime effort pour bêler. Il appréhenda d'un seul regard et l'agnelle et le buisson et les traces de la lutte qu'elle avait menée pour se libérer des épines qui la retenaient, mais ce qu'il ne put pas voir, c'est le piège dissimulé entre la bête et lui et, encore moins, l'autre piège placé derrière elle ; le ressort de ce dernier avait joué et ses mâchoires amorties par la toile s'étaient déjà presque complètement refermées sur le loup.

Joe eut un sourire à la pensée qu'il avait découvert l'agnelle à temps et s'avança dans sa direction tout en dégainant son couteau afin de couper la laine qui la retenait prisonnière. Il passa tout près du piège que son pied évita de justesse. Deux pas seulement le séparaient de l'agnelle qu'il caressa en lui parlant pour la rassurer. La voix de l'homme incita le loup à se dissimuler le mieux qu'il put dans les herbes courtes qui poussaient à proximité du buisson. Juste avant d'entendre l'homme, il avait senti le piège se refermer brusquement sur lui. Effrayé, il avait sauté de côté si violemment qu'il avait entendu la chaîne se tendre. Mais le piège ne l'avait pas blessé, ses mâchoires enveloppées ne faisant que lui enserrer la patte. Le loup savait que le piège ne pourrait pas le retenir, mais la présence de l'homme tout à côté l'avait fait se tapir en attendant que ce dernier disparaisse dans l'obscurité.

Mais l'homme ne partait pas et le loup, tout calme qu'il fût, voire curieux, sentait en lui l'aiguillon de la peur. Il regarda l'homme déposer son fusil et entreprendre de couper la laine de la vieille agnelle dont il caressait la tête. L'homme ne représentait pas une menace pour le moment. Il ne se rapprochait pas, se contentant d'occuper son espace, de sorte que le loup attendait.

L'agnelle se comportait de manière étrange : visiblement heureuse de voir le berger, elle demeurait circonspecte, encore sous le coup d'une peur terrible. Joe se tenait au milieu du taillis et il avait presque entièrement dégagé la bête. La lune brillait et étincelait à travers les branches des arbustes entre lesquelles étaient tendues des toiles d'araignées sur lesquelles sa lumière semblait se fixer. Quand Joe eut fini de couper la dernière branche qui retenait l'agnelle, il se redressa brusquement.

Trop brusquement.

L'aiguillon de la peur transperça le cerveau du loup qui se releva, secoua sa patte prise au piège et grogna. Son grognement était rauque et menaçant. Il roulait en grondant dans sa gorge et Joe n'eut même pas à se retourner et à plonger son regard dans les yeux jaunes pour identifier l'origine du grognement qu'il venait d'entendre.

Le loup était si proche que Joe se mit à reculer dans le taillis, lentement, l'épiant du coin de l'œil tout en essayant de ne pas le regarder en face. L'agnelle avait pris la fuite à l'aveuglette dans le noir en poussant un bêlement de terreur. Maintenant, le calme de la nuit était revenu. Après un dernier grognement, le loup s'était apaisé et il surveillait Joe. Il était beaucoup plus gros que tous les loups qu'il avait déjà vus. Sa tête était énorme et un collier de poils sous les oreilles la faisaient paraître plus imposante encore. Joe continuait à s'éloigner du taillis à reculons. Ce fut au moment où il se sentait enfin hors de danger qu'il mit le pied sur le deuxième piège. Il en sentit le faible déclic lorsqu'il se referma sur sa jambe. Il eut un instant de panique puis se ressaisit presque aussitôt. L'homme et le loup étaient maintenant face à face. Joe se rappela son fusil qui se trouvait par terre à ses pieds. Lentement, il se pencha pour le ramasser.

Puis il tint le loup en joue, à moins de sept mètres. Il visait juste entre les deux yeux jaunes. Le loup ne quittait pas Joe des yeux. Il ne bougeait pas. Il ne cillait pas. Mais il ne perdait pas l'homme de vue. Ils restèrent ainsi plusieurs secondes. Leur tension à tous les deux se dissipa et ce fut le loup qui bougea le premier. Pas en direction de l'homme, mais dans un saut de côté que la chaîne arrêta. Il se tourna alors vers l'homme et, sans même jeter un coup d'œil au piège, secoua violemment sa patte. Les mâchoires matelassées du piège jouèrent facilement et retombèrent sur le sol. Le loup n'était pas blessé. Il pivota sur lui-même et s'enfonça dans la nuit.

SIXIÈME PARTIE

McVay et Egan se déplaçaient dans la plaine, accompagnés d'une fine brise qui soufflait en direction du ponant. Egan avait déclaré que c'était aux petites heures du jour qu'ils parviendraient à capturer le loup et c'était justement ce jour-là que McVay avait choisi pour aller rendre visite à Billion. Ils roulaient vers les premières lueurs de l'aube à l'est à bord de deux camionnettes différentes. McVay avait dit avoir besoin de la sienne sans en donner la raison à Egan. Ce dernier ne lui avait rien demandé. Ce matin-là, dans la ruelle qui lingeait l'Oasis, le vieil homme s'était affairé autour de son matériel d'un air distant et McVay avait beau ne pas vouloir se mêler de ce qui ne le regardait pas, il avait constaté en l'observant qu'il avait changé depuis la veille. Les couleurs s'étaient retirées de son visage. Il paraissait plus maigre, il avait les traits défaits, mais ses gestes, eux, étaient toujours les mêmes : penché sur ses outils, il les avait pris avec précaution et les avait déposés à l'arrière de la camionnette dans les sacs de toile. McVay avait ressenti la gravité de l'instant dans son for intérieur, se disant que le jour qui allait poindre serait aussi son jour à lui.

McVay remarqua l'autre camionnette garée pas très loin d'eux, il entendit les voix rudes ainsi que le bruit des outils que l'on jetait sans ménagement à l'arrière du véhicule. Il se sentait confiant et serein, quoique légèrement triste. Lorsqu'ils furent arrivés à l'endroit où ils devaient abandonner leurs camionnettes, il n'éprouva plus qu'une seule envie : laisser Egan passer cette journée-là seul. Mais lorsqu'il lui en parla, ce dernier, lui mettant la main sur l'épaule et le fixant de ses yeux toujours clairs, lui répondit qu'il n'en était pas question, qu'il était important que McVay reste à ses côtés. Ils n'ajoutèrent rien et se mirent en route dans l'ordre convenu tacitement entre eux, Egan ouvrant la marche. Ils avançaient d'un bon pas et sans bruit en direction du soleil levant.

L'autre camionnette, après avoir roulé un moment en cahotant tous phares éteints, s'était arrêtés juste avant d'atteindre le sommet de la colline qui se trouvait derrière Egan et McVay. Simmons et Stockton restèrent assis dans la cabine pendant que Jenkins s'éloignait vers un point d'où il pourrait apercevoir Egan et McVay à travers ses jumelles. Ils s'étaient concertés le soir précédent. Simmons et Jenkins ne se fiaient pas trop aux pièges qu'ils avaient eux-mêmes posés. Le seul qui avait des chances de donner quelque résultat était celui qu'ils avaient installé à l'endroit où ils avaient trouvé l'agnelle retenue par le taillis de prunelliers. Il n'y avait rien à attendre des autres, ils en étaient presque sûrs. Ils étaient donc convenus de visiter d'abord le piège installé près de l'agnelle puis de se rendre à l'endroit d'où venaient de partir Egan et McVay en essayant de les suivre. Simmons et Stockton étaient bien décidés à ne pas laisser le vieil homme enterrer tout simplement le loup dans un coin perdu de la prairie. Revenu auprès d'eux, Jenkins fit un signe affirmatif de la tête. « Ils sont garés à quatre cents mètres devant et ils sont partis à pied vers l'est.

— Pensez-vous qu'on peut les rejoindre ? » demanda Simmons.

— Ça dépend, répondit Jenkins. Si on se déploie en éventail vers l'est, il devrait être possible de les retrouver. » Il haussa les épaules. « Il y a beaucoup d'espace à couvrir.

— Je ne veux pas qu'on ait l'air de les suivre.

— On peut rester à l'écart dès maintenant. Il n'est pas nécessaire de nous approcher d'eux. Ici, nous sommes de toute façon sur une hauteur d'où on a le plus de chances de les apercevoir. »

Stockton n'avait encore rien dit. Il prit alors la parole. « Allons-y », dit-il. Il était excité. « On va voir si vous pouvez le capturer. » Jenkins embraya et laissa la camionnette rouler silencieusement vers le bas de la colline. Lorsqu'il fut certain d'être assez éloigné pour qu'Egan et McVay ne les entendent pas, il démarra.

Mais Egan avait entendu le bruit du moteur. Il continua sa route sans se retourner vers la direction d'où venait le bruit, sa carabine .22 automatique se balançant doucement au rythme de ses pas. Il avançait prudemment dans l'obscurité, laissant son vieux fusil accompagner ses mouvements comme s'il faisait partie de son corps. Et c'était le cas, en un certain sens. Autant que ses doigts noueux, que ses dents, que sa façon de ne faire qu'un avec la prairie. Le fusil épousait donc les enjambées aisées, presque agiles d'Egan — d'un Egan se déplaçant tranquillement dans l'obscurité. Aussi lentement qu'un chat et pour des raisons identiques à celles du chat. Pas à cause d'éventuels obstacles dans l'obscurité mais pour dissimuler sa présence. Cette marche dans la prairie juste avant le lever du jour, il en avait rêvé la veille au soir. Il avait rêvé de marcher ainsi et d'arriver au monticule sablonneux et au cèdre juste au bon moment. Il était dans les temps. Il ne voulait pas être sur place avant le moment prévu.

Un hibou survola Egan et McVay. Il devait se diriger vers les pins des Collines où il passerait la journée juché sur une branche. Egan regardait devant lui. La plaine s'étendait à perte de vue dans les premières lueurs roses de l'aurore. Il était persuadé que le loup s'était pris au dernier piège qu'ils avaient posé. L'animal les entendrait venir bien avant qu'ils n'arrivent jusqu'à lui et il ferait de son mieux pour se dissimuler. Il se sentirait sans défense sur le sommet de ce monticule sablonneux. En fermant les yeux, Egan pouvait se représenter la scène : le loup retenu par une patte arrière ; le piège enfoui qui s'était déclenché et s'était refermé au-dessus de l'articulation principale de sa patte ; le sable autour du piquet qui retenait la chaîne creusé aussi profondément qu'il l'eût été par une pelle ; le cèdre rendu méconnaissable par les coups de griffes. Mais il leur fallait d'abord visiter les autres pièges, au cas où... Quelque part, le loup les attendait. Le jour se levait.

Le hibou passa à trois mètres au-dessus de Stockton et de Simmons au moment où ils se laissaient glisser hors de la cabine de la camionnette. Ni l'un ni l'autre ne remarqua l'oiseau. Il poursuivit sa route en direction des Collines. Ils avaient roulé jusqu'à quelques centaines de mètres de l'endroit où ils avaient découvert la vieille agnelle. Le ciel s'éclaircissait rapidement et la vitesse avec laquelle le jour s'était levé laissa les hommes songeurs l'espace d'une minute. Jenkins prit sa carabine sur la lunette arrière de la camionnette.

« N'oubliez pas, dit Simmons, vous ne devez l'utiliser qu'en cas d'absolue nécessité.

— Je ne prends pas de risques, répliqua Jenkins.

— Non, je comprends, dit Simmons. Mais n'oubliez pas ce que représente ce loup.

— Oui, sa peau doit valoir déjà assez cher, reprit Jenkins.

— Oui, probablement la peau la plus rare qui puisse exister dans n'importe quelle collection. » Il eut un sourire. « Mais il vaut encore plus cher vivant. »

Stockton avait pris avec lui tout son barda de photographe. Il avançait péniblement derrière les deux autres, succombant presque sous le poids des étuis et des sacs. Il essayait de mesurer la luminosité tout en marchant, mais le sol était irrégulier et il faillit trébucher à plusieurs reprises. Lorsque Jenkins parvint au bord de la gorge et put jeter un regard vers l'endroit où devait se trouver l'agnelle, Stockton était encore loin derrière. Mais le temps pour Jenkins de balayer le paysage avec ses jumelles et Stockton les avait rejoints.

Ils ne voyaient rien. L'agnelle n'était plus là. Ils descendirent prudemment le long de la paroi de la gorge. Simmons avait pris Stockton par le bras et l'aidait tandis que Jenkins se rapprochait de l'endroit où ils avaient laissé l'agnelle. Ils le virent examiner les environs. Les bruits de la prairie commençaient à s'estomper. Les animaux se préparaient à affronter la chaleur du jour et se tenaient tranquilles dans la fraîcheur de l'aurore. Un bruit mat venant du fond de la gorge se fit alors entendre. Jenkins ne l'entendit pas mais il n'échappa pas à Simmons et à Stockton qui échangèrent un regard. Simmons haussa les épaules et ils reportèrent leur attention sur Jenkins. Il ne trouvait visiblement rien. « C'est le bon endroit ? demanda Stockton.

— Evidemment », répondit Simmons. Il essaya d'ignorer le bruit, mais il se fit entendre de nouveau. « Qu'est-ce que c'est que ça ? » demanda Stockton.

Jenkins revint vers eux. « Je n'ai rien trouvé du tout. Je veux dire que même les pièges ne sont plus là. Il n'y a pas une seule trace. Seulement quelques fils de laine encore accrochés au taillis. » Il hochait la tête d'un air perplexe lorsqu'il entendit le bruit à son tour. Il scruta le fond de la gorge.

Ils se dirigèrent ensemble dans la direction d'où venait le bruit. Le sol de la gorge devenait plus régulier vers les terres basses. Le bruit s'intensifiait à mesure qu'ils s'en approchaient. Puis il se fit plus faible et intermittent. Une fois parvenus en terrain plat, dans la zone dégagée, ils aperçurent Joe « Standing » Elk, le pied gauche sans sa botte et enveloppé d'un pansement, qui transportait une lourde pierre depuis la paroi friable de la gorge. Ils le virent s'avancer au milieu du fond du ravin et soulever la pierre au-dessus de sa tête. Puis il la déposa délicatement au sommet de la tour qu'il était en train d'élever. Le bruit du heurt entre les pierres parvint aux trois hommes immobiles et Joe se recula pour apprécier son travail. Il n'aperçut pas les hommes qui l'observaient. Il regardait au-delà d'eux, en direction des nuages blancs et gonflés qui filaient devant le soleil, en direction des Collines où une obscurité épaisse stagnait encore sous les pins.

Les premiers pièges n'avaient rien donné comme Egan l'avait prévu. Le loup devait être prisonnier du piège qui se trouvait près du cèdre sur la pente sablonneuse. Aucun doute là-dessus. Mais il n'en dit rien à McVay. Ils repartirent tous les deux. Egan marchait encore plus lentement et il pouvait sentir le regard de McVay posé sur lui. Il se sentait très vieux tout à coup et il se demanda si McVay s'en était aperçu. Il se demanda si McVay était capable de se représenter tout ce qui lui avait traversé l'esprit quand le soleil s'était levé au petit matin et si McVay s'était rendu compte de la douleur qu'il éprouvait à la poitrine. Mais il eût été inutile de le lui demander. Ou bien il s'en était aperçu ou il n'avait rien remarqué et, dans un cas comme dans l'autre, il ne restait à Egan qu'à mener sa tâche à son terme. Tout s'accélérait tout à coup, un engrenage déclenché des années auparavant se précipitait maintenant vers sa conclusion ultime. Egan savait que, désormais, il n'était plus maître de son destin.

Ils étaient arrivés en vue du monticule sablonneux qui se dessinait très loin devant eux et McVay ne put résister à l'envie d'examiner aussitôt les lieux à travers ses jumelles. Egan, lui, semblait complètement indifférent, comme s'il était persuadé que le loup serait là. En se remettant en route, McVay lui aussi finit par se dire que le loup était pratiquement capturé et que, par conséquent, leur expédition n'avait plus rien d'excitant. Son attention se porta sur Egan. Il observa son pas et perçut une grimace sur son visage. Ses bottes progressaient laborieusement en direction du sommet, comme les pistons d'une machine, et McVay se prit à espérer qu'Egan s'en sorte. Il se prit aussi à souhaiter que personne ne découvre jamais cet endroit, cette hauteur sablonneuse surmontée d'un cèdre. Il se jura de n'en jamais parler à quiconque et d'enfouir au plus profond de lui-même l'endroit où serait enseveli le loup.

Ils arrivaient en vue du piège. Egan n'avait pas encore jeté un seul coup d'œil vers le sommet du monticule. Il était persuadé de tout trouver comme il se l'était imaginé. Il se tourna donc vers McVay qui s'était arrêté derrière lui et qui examinait les lieux à l'aide de ses jumelles. Il se taisait, attendant des yeux brillants de McVay qu'ils lui annoncent que oui, le loup était bien là, tapi contre le sol, presque complètement dissimulé par les touffes d'herbe qui poussaient à la droite du cèdre. Il est gros. Magnifique. Et c'est votre prise, dirent les yeux de McVay qui étaient revenus se poser sur Egan. Le vieil homme hocha la tête, l'air terriblement las. Ses yeux bleus fatigués avaient perdu leur éclat. « Je peux m'en aller ? » demanda McVay.

Hésitant, il regarda Egan balancer son sac par terre. « Il faut que j'y aille, ajouta-t-il. J'ai quelque chose à faire.

— Oui, répondit Egan. Moi aussi. » Il fouilla dans son sac et en retira le couteau que McVay avait perdu à la ferme Gennings. « Vous pourriez en avoir besoin », dit-il.

McVay prit l'arme que lui tendait le vieil homme et plongea son regard dans les yeux bleus pour la dernière fois. Ils restèrent ainsi un moment à se regarder puis McVay pivota sur ses talons et s'éloigna sans se retourner. Il chassa aussitôt de son esprit l'endroit où le loup allait mourir et être enterré, rejeta la topographie des lieux hors de sa mémoire, faisant même en sorte de ne pas remarquer la position du soleil ni les changements de végétation. Il avançait lentement dans la prairie, à la manière d'Egan, tentant de se représenter visuellement ce qui était en train de se passer sur le monticule sablonneux. Mais il n'y parvenait pas. Egan s'était muni d'une pelle à double tranchant pour creuser la fosse du loup. McVay se demanda par quoi il commencerait, par creuser la fosse ou par tuer le loup. Il l'abattra sûrement d'abord, se dit McVay. Il ne ferait pas attendre le loup.

McVay marchait depuis dix minutes lorsqu'il entendit le coup de feu. Il s'arrêta et regarda le soleil jusqu'à ce que son éclat lui fasse venir les larmes aux yeux. Le coup avait été faible, quelque chose comme un claquement mais un claquement qui évoqua pour lui les armes à feu, les armes à feu en action au combat et tout ce qu'un coup de feu pouvait signifier. Jusqu'à présent, il avait toujours eu peur des armes. Leurs coups de feu l'avaient toujours rendu nerveux, faisant battre son pouls plus rapidement. Le bruit d'une arme à feu lui avait toujours fait bondir le cœur dans la poitrine, l'avait toujours fait battre plus vite et plus fort. Il n'avait jamais pu s'empêcher de penser que celui qui avait appuyé sur une gâchette allait regretter son geste. Il s'était remis en marche. Le bruit fait par l'arme d'Egan avait résonné d'une autre manière à son oreille. On eût dit le son du repentir et le cœur de McVay n'avait pas bondi en l'entendant. Il battait régulièrement tandis qu'il continuait d'avancer et qu'il abandonnait derrière lui tout cela. Il réfléchissait maintenant à ce qu'il devait faire. Il prit une profonde respiration et commença à se détendre.

Simmons, Jenkins et Stockton avaient entendu le coup de feu eux aussi. Ils marchaient depuis vingt minutes dans la direction que Jenkins avait vu Egan et McVay emprunter plus tôt dans la matinée. Ils n'avaient pas aperçu

McVay, déjà au volant de sa camionnette, et ils se dirigèrent le plus rapidement possible vers l'endroit d'où était venu le coup de feu. Simmons avait sursauté lorsque la détonation était parvenue à ses oreilles. Il avait tout d'abord espéré qu'il ne s'agissait pas d'Egan mais il savait trop bien à quoi s'en tenir. L'idée que ce dernier ait pu rater son coup lui traversa ensuite l'esprit en un éclair mais cela aussi était impossible. Le loup était mort. Ils avaient perdu le gros lot. Ils ne pourraient plus jamais exhiber le dernier loup gris à bisons vivant. Il ne leur restait plus qu'à espérer pouvoir entrer en possession de sa dépouille. Seulement la peau, seulement la carcasse, tant pis — mais elles étaient sans prix. Des spécialistes du monde entier se déplaceraient pour voir le trophée. L'économie des Collines s'en porterait mieux grâce aux devises ainsi amassées. Mais il leur fallait d'abord trouver Egan. Les trois hommes se déployèrent en éventail et hâtèrent le pas vers l'endroit d'où était parti le coup de feu, mais le terrain était accidenté et leur progression lente. Stockton avait du mal à tenir sur ses jambes de sorte que Simmons et Jenkins en profitaient tout en l'attendant pour examiner le terrain qui s'étendait devant eux à l'aide de leurs jumelles.

Lebeaux avait pâli. « Non », déclara-t-il.

Robert Lance éclata de rire et Lebeaux put sentir l'odeur du whisky. « C'est comme si c'était fait, dit-il.

— Ça ne marchera pas. Ce type, Mullens, vous barrera la route. Ils ont des gardiens et des agents fédéraux et je ne sais qui encore.

— Dans ce cas, on les descendra, répondit Robert Lance en sortant un revolver de sous sa veste. On a de la dynamite et des armes », ajouta-t-il d'un ton de défi.

Lebeaux hocha la tête. « Tu vas tout foutre en l'air. » Il montra l'école. « Regarde, on commence à obtenir des résultats. » Six autres Indiens se tenaient debout derrière Robert Lance. Ils adressaient des sarcasmes à Lebeaux tout en faisant circuler une bouteille.

Lebeaux fixait durement Robert Lance. Il prit calmement la parole. « Il arrive, dit-il, que les Blancs prennent exemple sur nous. Il arrive de temps à autre que le Blanc se rende compte que l'Homme fait partie du Tout et que le fait de ne pas respecter une partie du monde revient à ne pas se respecter soi-même. Si même un Blanc peut comprendre ça, comment peux-tu, toi, l'oublier ? »

Une lueur traversa comme un éclair les yeux de Lance qui avait paru se rappeler quelque chose. Mais ce fut de courte durée. « Tu n'es qu'un lâche. Nous, ajouta Lance en pointant son doigt sur sa poitrine, nous sommes les derniers représentants des Indiens.

— Si c'est le cas, alors c'en est fait des Indiens, répliqua Lebeaux. Les Blancs et leur Etat de droit nous ont défaits pour de bon.

— Toi, ils t'ont peut-être défait.

— Il existe des choses plus essentielles que les Etats ou que la violence, reprit Lebeaux, mais sa voix fut couverte par celle de Robert Lance.

— On y va », dit-il. Il fit signe aux autres qui le rejoignirent et lui emboîtèrent le pas sous le couvert des arbres.

Il fait trop chaud pour creuser le sable, pensa Egan qui avait du mal à respirer. La sueur coulait sur son visage et sa douleur à la poitrine était revenue pendant qu'il creusait. Le trou se remplissait presque au rythme où il le creusait mais peu importait, c'était là, à cet endroit, que le loup devait reposer et il ferait en sorte qu'il en soit ainsi. Il demandait trop à ses forces, il le savait, et il s'arrêta donc pour prendre un peu de repos. Il jeta un coup d'œil au loup qui gisait à cinq mètres de là comme s'il était endormi. Il était étendu, les pattes arrière repliées sous lui et celles de devant tendues. Il était exactement dans la position où Egan l'avait trouvé, sa tête massive appuyée sur ses pattes de devant, à cette différence près que maintenant il avait un trou et une tache de sang entre les deux yeux. Egan avait la tête trempée et il eut la vision de tous les autres loups qu'il avait tués ou aidé à tuer Le souvenir des mises à mort ne l'affectait guère mais, en se remémorant l'image où on le voyait debout à côté d'un loup pendu, il porta les mains à son visage et se frotta les yeux. Sa vision se brouilla et un voile rouge l'aveugla. Il suait trop et il était étourdi. Il entendit alors les voix ou crut du moins les entendre. N'était-ce pas Stockton qui criait qu'on l'attende ? Est-ce qu'on approchait ? Il ouvrit les yeux sans que disparaisse le tourbillon rouge qui l'aveuglait. Il s'approcha du loup et croisa les bras. La fosse était assez profonde. Il fallait qu'elle le soit. Il tira fortement sur la masse inerte du loup mort.

Le tourbillon rouge lui monta à la tête de nouveau et il dut faire un effort pour aspirer l'air. Les dernières choses dont il se souvint furent l'incroyable poids du loup, la voix tout excitée : « Ici, juste là », la douleur qui l'étreignait et le tourbillon rouge devant ses yeux. « Mon Dieu. » Il eut ensuite une sensation d'étouffement, avant de sentir la chaleur de la fourrure du loup dans laquelle son visage venait de s'enfoncer. « Mon Dieu », venait de répéter la voix. « Mon Dieu. »

Au moment même où Simmons escaladait le sommet du monticule pour examiner une nouvelle fois les alentours avec ses jumelles, McVay prenait les siennes dans sa poche de chemise et scrutait la maison et la cour de la ferme de Billion depuis la colline où il s'était posté la fois précédente. Cette fois, il avait fait en camionnette la moitié du chemin privé qui menait à la ferme de Billion. Il était maintenant midi et le soleil était brûlant. Rien ne bougeait dans les Collines. Tout semblait mort. Seulement les arbres noirs projetant leur ombre sur le sol et faisant écran au soleil, créateur de vie. Là où se tenait McVay, il faisait frais. La camionnette de Billion était garée près de la maison. Il était donc chez lui. McVay prit une profonde respiration tout en dirigeant ses jumelles d'une fenêtre à l'autre de la maison. Le poids du .45 dans sa poche l'ancrait pour ainsi dire au sol, lui permettant de tenir fermement ses jumelles. Il perçut finalement un mouvement. Billion venait de passer devant la fenêtre de la cuisine. Il se trouvait à l'arrière de la maison. McVay descendit rapidement le versant de la colline.

Parvenu à la maison, McVay se colla contre le mur. Il tenait son .45 à la hauteur de sa tête, le canon pointé vers le haut. Il contrôla sa respiration en se concentrant sur elle. Il colla l'oreille contre le mur, aux aguets, mais il n'entendit rien. Il avait prévu que Billion serait armé et ne voulait pas lui laisser l'occasion d'utiliser son arme. Il se déplaça vers la porte de derrière et, se glissant sous le carreau de la fenêtre, il tourna la poignée de la porte. Elle n'était pas fermée à clé. En revenant vers le mur où il s'était tenu aux aguets, il ramassa trois petits cailloux. Il rampa jusqu'au milieu du mur latéral d'où il pouvait surveiller l'angle du perron de l'entrée, les portes et les fenêtres demeurant toutefois hors de son champ de vision. Il appuya étroitement son oreille contre le mur. Il pourrait ainsi entendre le moindre mouvement dans la maison. Il lança alors le premier caillou sur le perron qui se trouvait devant la maison. Le bruit que fit le caillou en heurtant le sol du perron résonna à son oreille mais il n'entendit rien d'autre. Il lança le second caillou et crut alors entendre quelque chose bouger à l'intérieur.

Quand le troisième caillou heurta le perron, Billion sortit un .32 automatique de la poche de son pantalon et vint se placer derrière le mur du hall d'entrée d'où il pouvait voir le perron à travers la fenêtre sans être vu lui-même. Il resta plusieurs secondes sans bouger, puis se glissa dans le salon jusqu'à la fenêtre par où il jeta un œil prudent. Il ne vit rien dans la cour et remit le revolver dans sa poche. En se retournant, la première chose qu'il aperçut fut la gueule du .45 carrément pointé sur son front.

« Tu m'as eu, on dirait, lança Billion dans un sifflement.

— Laisse tomber, dit McVay. D'abord, je veux vingt-cinq mille dollars. »

Billion parut interloqué. Il éclata ensuite de rire. « Tu es venu à la pêche. » Il rit de nouveau. « Qu'est-ce qui te fait croire que j'ai vingt-cinq mille dollars ? » Il se déplaça légèrement vers la gauche de McVay.

McVay fit un geste de la tête et ordonna à Billion de rester où il était. « Je le sais parce que tu les as volés à mon jeune frère. »

Billion perdit son sourire et il plissa les yeux. « Un frère ? demanda-t-il. Je ne connais personne qui ait un frère.

— Pourtant, tu devrais, dit McVay. Tu l'as tué. » Le pied de McVay partit et vint frapper Billion au genou gauche. Le revolver n'avait pas tremblé dans la main de McVay et Billion recula contre le mur. Il dut se retenir pour ne pas hurler. Il s'appuya contre le mur, le visage tordu de douleur.

« Les choses ont dû se passer à peu près comme ça quand tu as tué Jimmy, dit McVay. Tu l'as forcé à ramper devant toi ou tu lui as tout simplement fait sauter la cervelle ? »

Billion ne releva les yeux que lorsque sa douleur au genou se fut apaisée. « Tu es comme tous les autres, seulement bon pour causer, lança-t-il sur un ton de mépris. Pourquoi ne m'as-tu pas descendu ?

— Je n'en ai pas encore fini avec toi. On va d'abord parler du fric et ensuite on s'occupera des choses sérieuses. On va régler tous les comptes. Tourne-toi, lève les bras et place les mains contre le mur. » McVay lui fit écarter les jambes d'un coup de pied et le tâta de haut en bas. Il trouva le .32 automatique et le couteau. Billion tenta de se retourner avant que McVay ne le lui ordonne et ce dernier lui décocha dans les jambes un coup de pied qui le fit s'écrouler sur le sol.

« Moi, je peux tenir comme ça toute la journée, dit McVay, à moins que tu ne préfères me dire où est l'argent.

— Il n'y a pas d'argent, dit Billion depuis le sol où il gisait.

— De l'herbe alors. Je prendrai ta saleté de marijuana si nécessaire.

— D'accord, il n'y a pas d'argent. Je vais te donner l'herbe. »

Il s'y résignait trop vite, trop spontanément, ce qui mit McVay sur ses gardes. Billion esquissa un geste et McVay lui balança un autre coup de pied. Billion leva les bras. « Doucement, dit-il. Il faut que l'on sorte si tu veux l'herbe. »

McVay acquiesça de la tête et recula d'un pas. « Toi d'abord », dit-il, et il suivit Billion en direction de la porte de derrière. Une fois dehors, ils reçurent comme un choc la chaleur de l'après-midi. Il faisait trop chaud, se disait McVay tout en concentrant son attention sur la nuque de Billion en se demandant ce qu'il ferait si celui-ci tentait quelque chose.

« Là », dit Billion en indiquant un tas de ballots de foin à côté de la remise dont McVay savait qu'elle était remplie d'armes.

De son revolver, il fit un signe dans la direction indiquée par Billion. « Allons voir ça », dit-il. Ils s'approchèrent des ballots de foin et McVay ordonna à Billion de retirer les ballots du dessus. C'étaient des ballots de foin mais ils cachaient la marijuana, elle aussi en ballots. Billion retira quatre ballots. « Chacun fait plus de vingt-cinq kilos, dit-il. Belle qualité, hein ? »

McVay se tenait sur la défensive. Il n'aimait pas du tout le ton léger soudain adopté par Billion, mais il s'approcha tout de même des ballots et prit dans sa main une poignée de marijuana. C'était de la bonne qualité, encore verte et avec de belles feuilles. C'est alors qu'il surprit le regard de Billion en direction de la remise. Il avait dû s'apercevoir que le cadenas en était brisé car McVay décela un signe de stupéfaction sur son visage. Il reporta son regard sur McVay en ne laissant toutefois rien voir de son étonnement.

« Pas difficile à charger, dit-il. Où est ta camionnette ?

— Là-bas, sur le chemin, répondit McVay. On va y aller ensemble. »

Billion haussa les épaules comme s'il trouvait qu'il s'agissait là d'une excellente idée mais McVay l'avait vu faire un léger mouvement en direction de la remise et déplacer son poids sur un pied comme pour prendre son élan. McVay n'arrivait pas à croire qu'il tenterait quelque chose. A supposer même que l'une des armes soit chargée et prête à tirer, Billion avait peu de chances d'arriver jusqu'à la remise. « Essaie seulement », dit McVay.

Billion se mit franchement à rire. « Allons chercher ta camionnette », dit-il.

McVay acquiesça et relâcha une seconde son attention.

Ce fut suffisant. Billion le touchait déjà de ses deux pieds lancés en l'air. Il avait comblé la distance qui les séparait en moins de temps qu'il n'en avait fallu à McVay pour réagir à son mouvement inattendu. Billion était déjà sur McVay, faisant tournoyer ses pieds et ses poings avec une puissance à lui broyer les os. Le .45 échappa à McVay et alla atterrir près des ballots de foin. L'arme était prête à tirer et elle partit au contact du sol. L'écho du coup de feu résonna dans la vallée boisée mais aucun des deux hommes n'y prit garde. McVay avait partiellement stoppé l'assaut de Billion en faisant un pas de côté et ils se tenaient maintenant tous les deux accroupis à deux mètres l'un de l'autre.

McVay esquissa un brusque coup de pied pour tester les réactions latérales de Billion. Son coup rata sa cible et McVay nota que Billion avait sauté à gauche pour l'éviter. Billion ne cessait de se déplacer, faisant en sorte d'avoir le soleil dans le dos. McVay n'avait pas l'intention de lui laisser cet avantage et ils se déplacèrent parallèlement l'un à l'autre sur plusieurs pas. Ils évaluaient tous les deux la distance qui les séparait du .45, sachant l'un et l'autre qu'il était armé et que le premier qui s'en emparerait pourrait aussitôt s'en servir. Billion évaluait aussi la distance qui le séparait de la porte de la remise, se demandant si son cadenas avait été forcé par McVay et si celui-ci savait que des armes y étaient entreposées. McVay, de son côté, fixait le plexus solaire de Billion et tentait de concentrer toute son énergie sur le sien. Ils restèrent ainsi quelques instants à rassembler leur énergie puis ils recommencèrent tous les deux à se déplacer. Billion lança un large coup de pied circulaire qui n'effleura même pas McVay qui avait compris qu'il s'agissait d'un leurre et n'était pas tombé dans le piège. Il fit un pas en arrière, hors d'atteinte, feignant de réagir à l'assaut ainsi que l'espérait Billion pour voir ce que celui-ci avait en tête. Le corps de Billion continua à pivoter sur lui-même après le premier coup de pied. Il prit de la vitesse et l'autre pied vint pour frapper à son tour avec deux fois plus de force que le premier. Mais McVay se tenait en retrait et, lorsque ce dernier coup de pied lui effleura la tête, il passa à l'attaque, portant trois coups de poing au corps de Billion et réussissant presque à le faire trébucher avec un croc-en-jambe. Ils s'étaient de nouveau écartés l'un de l'autre pour réfléchir, retrouver leur équilibre et se concentrer l'un sur l'autre lorsqu'une bouteille de whisky vint atterrir entre eux.

« Qu'est-ce que vous fabriquez, tous les deux, connards de Blancs ? » C'était la voix de Robert Lance, accompagné de ses six acolytes.

Il fallut à McVay et à Billion un moment pour reprendre leurs esprits, ce qui n'empêcha pas la voix railleuse de conserver quelques secondes encore son caractère irréel.

Robert Lance tenait le .45. « Dites donc, les mecs, vous devriez faire plus attention avec les armes à feu. » Les autres ricanèrent. « Les Indiens ne peuvent même plus se promener dans les Collines Noires sans être dérangés. » Les rires redoublèrent et McVay commença à sentir se relâcher la tension qu'il avait entretenue pour affronter Billion. Il essaya de fixer son esprit sur la nouvelle situation.

L'un des Indiens qui accompagnaient Lance fit un pas en avant. « Pourquoi vous vous battez ?

— Les Blancs sont toujours en train de se battre.

— Lorsqu'ils ne s'en prennent pas aux Indiens, ils se battent entre eux.

— Mais c'est le célèbre Billion, le dealer, non ? » Lance s'était rapproché d'eux, tenant toujours le .45. « Vous n'auriez pas dû tirer comme ça dans le coin. Nous, les Indiens, les coups de feu, ça nous rend toujours un peu nerveux.

— Surtout aujourd'hui », dit un autre Indien en ricanant.

Lance sourit. « C'est vrai qu'on est un peu sur les nerfs aujourd'hui. » Ses camarades se mirent tous à rire. « Reculez, commanda-t-il. Qu'est-ce que c'est que ces ballots ? »

Billion et McVay s'écartèrent de l'Indien armé du .45. McVay en profita pour faire un pas de côté, de manière à se trouver dans l'angle de la porte de la remise. « Hey, s'écria Lance, mais ce n'est pas de la luzerne ! »

Les autres se rapprochèrent de lui puis se ruèrent pour

examiner les ballots. « Ouah ! dit l'un d'eux, c'est de l'herbe.

— Bien cachée », dit un autre, et tout le monde se mit à rire à gorge déployée. Mais les rires s'arrêtèrent soudain : ils venaient de lever les yeux et d'apercevoir McVay qui tenait un AK-47 pointé sur eux.

« Dépose le .45 sur le foin et foutez le camp », ordonna-t-il.

Lance essaya bien de le défier du regard mais il sentit que McVay l'abattrait s'il ne s'exécutait pas. « Très bien, pauvre mec, se contenta-t-il de dire. Nous avons de toute manière affaire ailleurs. » Il avait compris que l'arme qu'il avait entre les mains ne faisait pas le poids. « On se tire », ajouta-t-il, et il déposa le revolver sur les ballots.

Ils firent demi-tour en grommelant et en invectivant McVay. Celui-ci les tenait en joue sans perdre Billion de vue. Les Indiens disparurent ensuite sous le couvert des arbres en direction de l'endroit où McVay avait découvert les plants de marijuana et la construction en pierre lors de sa première inspection des lieux. A mesure que les Indiens s'éloignaient, il reportait son attention sur Billion. Il venait de changer de place afin de se trouver face à Billion tout en gardant l'œil sur les Indiens lorsqu'il perçut un mouvement sans avoir le temps de réagir. Des coups de feu partirent de sous les arbres et il riposta tout en roulant par terre pour se mettre à l'abri dans la remise.

Puis la forêt tout entière se mit à résonner de coups de feu, un, puis deux, puis trois jusqu'à ce que le tir devienne presque ininterrompu. Les balles venaient érafler la partie supérieure de la remise au-dessus de McVay qui s'était couché derrière les pierres formant la base de la construction. Se servant du canon de l'AK-47, il répandit par terre toutes les munitions contenues dans la remise. Il pensa alors à Billion mais un coup d'œil alentour lui apprit qu'il avait disparu. La remise était secouée par les projectiles et des éclats de bois volaient de tous les côtés : McVay se dit qu'il allait y laisser sa peau. Maintenant il pouvait apercevoir les Indiens et il tira dans leur direction. Les Indiens ne paraissaient pas y prendre garde outre mesure et il comprit qu'il devait faire quelque chose. Ses yeux tombèrent alors sur un lance-roquettes LAAW 66 millimètres. Il rampa jusqu'à lui tandis que les balles continuaient de venir percuter la partie supérieure de la remise. Il chargea l'arme et, tout en glissant de nouveau vers la porte, il la porta à son épaule et repéra une cible dans un enchaînement de gestes purement mécaniques.

L'Indien qu'il avait choisi comme cible venait tout juste de prendre une arme automatique dans le bâtiment où la dynamite était cachée. La roquette le toucha avant qu'il ait le temps de réaliser ce qui lui arrivait. L'édifice explosa dans un bruit assourdissant et les tirs cessèrent. McVay regarda le nuage orange s'élever dans le ciel, enflammant les arbres tout autour. Etendu sur le sol de la remise, il murmura : « Bon Dieu. » Puis l'impact de l'explosion commença à s'atténuer tandis que les arbres s'embrasaient à leur tour en crépitant avec des flammes rouges. McVay vit les autres Indiens, conduits par Robert Lance, s'écarter des flammes en courant. Il demeura assis de longues minutes sans bouger avant de se décider enfin à déposer son arme et à se lever.

Le feu prit de l'ampleur pendant que McVay chargeait les ballots de marijuana à l'arrière de sa camionnette. Lorsqu'il s'engagea sur la route principale, le pâle reflet rougeâtre des flammes sur les nuages du soir était visible. Il fit en sorte de rouler à vitesse réduite afin de ne pas attirer l'attention. Mais sur cette route solitaire qui descendait les Collines en serpentant jusqu'à Medecine Springs personne ne pouvait le remarquer et peu à peu il accéléra. Il savait qu'il aurait dû continuer à rouler et disparaître, mais il y avait Katie. Arrivé au croisement de la route qui menait chez elle, il ralentit et, à la toute dernière seconde, décida d'y faire un saut.

Mais Katie n'était pas chez elle. La maison était sombre et silencieuse. Il resta un moment à l'arrêt dans l'allée qui menait à la maison, se remémorant la nuit qu'il y avait passée. Le désir de la revoir se fit plus pressant. Il revint à la route principale, conduisant cette fois plus vite et ne cessant d'accélérer à mesure qu'il se rapprochait de la ville. Il pouvait apercevoir la lueur de l'incendie dans son rétroviseur et il se laissa aller à imaginer le bruit que le feu faisait en sautant d'un arbre à l'autre.

La ville était paisible. Seul un Indien, debout dans la rue, regardait en direction des Collines. McVay réduisit sa vitesse et se passa la main dans les cheveux. Il était tout près du bar de l'Oasis. Ce serait là sa dernière chance de la voir avant son départ. Il prit quelques respirations profondes et vint se ranger le long du bâtiment. En descendant de son véhicule, il jeta un coup d'œil derrière lui pour s'assurer que la bâche était toujours solidement fixée en haut de son chargement. Elle l'était et McVay savait que personne ne pouvait se douter de ce qu'elle recouvrait. Il rentra sa chemise dans son pantalon et se dirigea vers l'entrée de l'Oasis.

Le bar lui parut familier mais aussi irréel qu'un rêve. Il resta un moment debout dans l'entrée et laissa son regard glisser sur les clients attablés ou en train de jouer au billard. On ne semblait pas remarquer sa présence et cela le surprit. Il était persuadé que son visage devait porter la marque des dernières heures qu'il venait de vivre. Tu t'en tires bien, se dit-il, on ne remarque rien. Mais Katie, elle, en se retournant et en l'apercevant debout dans l'entrée, perdit son sourire et s'écarta de l'homme avec qui elle parlait pour venir à sa rencontre. Ils se dévisagèrent puis, sans un mot, Katie lui prit le bras et l'entraîna vers la sortie. Ils laissèrent la porte se refermer sur les clients du bar. Tout s'était passé comme si McVay n'y était jamais entré. Seul un homme avait noté sa présence et, dès que la porte se fut refermée, cet homme alla à la fenêtre pour voir quelle direction McVay et Katie prenaient.

Katie ne remarqua pas la faible lueur provoquée par l'incendie de forêt et le regard de McVay ne s'y attarda pas. Il se tourna vers elle, la prit par les épaules et la tint ainsi d'une main ferme. Il allait dire quelque chose mais elle lui fit signe de se taire et lui mit une main sur la bouche. Il relâcha alors sa pression et elle lui dit : « Viens. Accompagne-moi. » Elle le conduisit par la main jusqu'à la piscine qui se trouvait de l'autre côté du bâtiment. Elle ouvrit la porte et ils entrèrent. La porte ne se referma pas complètement. McVay la prit de nouveau dans ses bras et attira son visage contre son épaule.

Il fut surpris par la tension qu'il y avait en lui et il savoura le plaisir de marcher ainsi enlacé à elle. La chaleur de l'eau lui parvenait dans l'obscurité. Son bruit et la lourdeur de l'air humide vinrent à bout de sa tension et ils se relaxèrent. McVay laissa sa main descendre vers la taille de Katie et ils restèrent ainsi, chacun jouissant de la présence de l'autre. Leurs visages n'étaient qu'à quelques centimètres l'un de l'autre. « Je m'en vais, murmura McVay. Viens avec moi. »

Il y eut un silence et l'obscurité se fit inquiétante. Katie ne disait rien. Ce serait la bonne solution, pensait-elle, tout en levant la main pour toucher le visage de McVay. Elle sentit ses mâchoires serrées et ses yeux fermés au bout de ses doigts. McVay les sentit tracer de lents cercles sur son visage et il prit une respiration, prêt à dire quelque chose.

Mais il n'en eut pas l'occasion. Toutes les lumières s'allumèrent brusquement et il entendit la porte se refermer derrière lui. Faisant demi-tour, il se trouva face à face avec Billion le dos appuyé contre la porte et qui tenait un revolver pointé sur sa poitrine. « Surpris, hein, connard ? demanda Billion avec le sourire. Tu es foutu. »

McVay essaya de se détacher de Katie mais elle le

retint. Elle avait déjà pu jauger Billion et voir ses mâchoires serrées et son ricanement mauvais. Son attention se porta alors sur McVay et elle se demanda à quoi il pensait.

Il pensait à Jimmy et à la marijuana entassée dans la camionnette. Il se disait que si Billion le tuait, tout aurait été peine perdue. La clarté de la pièce était aveuglante et, l'espace d'un instant, il n'arriva plus à fixer Billion. McVay sentait l'eau qui remuait derrière lui, se disant que c'était un bien misérable endroit où mourir. Katie était toujours devant lui, ne détachant pas son regard de Billion. McVay lui mit les mains sur les épaules et fut surpris de leur puissance.

« Ecarte-toi, dit Billion à Katie. Tu es trop jolie pour qu'on te transforme en passoire. » Mais elle ne bougea pas. McVay sentait toute la haine qu'elle éprouvait envers Billion, se disant qu'il fallait faire quelque chose et qu'il n'avait qu'une seule chance d'y parvenir.

Billion se mit à agiter son revolver dans la direction vers laquelle il voulait que Katie s'écarte. L'arme se balançait à la gauche de Billion, dans un souple mouvement de va-et-vient et McVay ne perdait pas ce balancement des yeux. « Allez, grouille ! » La voix de Billion avait changé et McVay comprit qu'il n'hésiterait pas à l'abattre elle aussi. Le balancement. Il surveillait le revolver. Il savait que, dès que Katie bougerait, il aurait une chance, une seule chance, et qu'il devait être prêt. Le balancement. Il sentit l'énergie descendre dans sa jambe droite. Il la laissa descendre et commença à la sentir palpiter à la cheville. Aussi, lorsqu'il s'écarta doucement de Katie, était-il prêt.

Se concentrant sur un seul point, le poignet de Billion, il attendit que le revolver ait accompli la moitié de l'arc de cercle de son balancement, quand il se trouverait pointé en direction de son cœur. Lorsque l'arme fut enfin au bon endroit, il relâcha l'énergie qu'il avait accumulée et son pied partit si vite que Billion ne le vit pas venir. Mais le revolver ne lui avait pas échappé. Il s'était seulement déplacé un peu plus à gauche. McVay accompagna son coup de pied et il se trouva tout à coup à l'intérieur de l'arc de cercle accompli par le revolver, les doigts enfoncés dans le visage de Billion. Ils s'écrasèrent sur le sol et luttèrent pour obtenir le contrôle de l'arme qui glissa sur le ciment hors de leur portée.

Dans la rue, les badauds qui s'étaient rassemblés pour voir le loup à l'arrière de la camionnette de Simmons n'entendaient pas le bruit de la lutte qui se déroulait entre McVay et Billion. Il y avait beaucoup trop de bruit. Les gens sortaient du bar et du café en s'interpellant. Ils avaient remarqué le rougeoiement du ciel au sud et faisaient tous le même commentaire, à savoir qu'il semblait bien y avoir un incendie de forêt dans les Collines. Ils ne pouvaient retenir un rire nerveux en regardant le loup et en écoutant le récit que leur faisait Simmons de la manière dont le vieil homme était mort en tentant d'enterrer la dépouille de l'animal. Ils secouaient la tête et s'extasiaient sur la taille du loup, ajoutant qu'ils auraient bien aimé lui loger une balle dans le corps quand il vivait encore. Ils ne cessaient en même temps d'épier le ciel en se demandant si c'était le feu qui lui donnait un tel éclat. Le vieux Johnny leur dit ensuite de pendre le loup au réverbère qui se trouvait devant le café et tout le monde fut d'avis que c'était bien à cet endroit qu'il fallait le pendre. Lorsque cela fut fait, la vue du cadavre ramena l'attention de chacun sur le ciel et ils durent se rendre à l'évidence : les Collines Noires étaient en feu. Le ciel était si rouge qu'ils avaient l'impression de voir les flammes de l'endroit où ils se trouvaient.

Le vieux Johnny ramassa dans le caniveau une branche sèche de peuplier et en donna des coups sur la dépouille du loup. Il fit un bruit censé imiter dans son esprit celui que le loup aurait fait s'il avait encore été vivant. Tout le monde se mit à rire à l'exception du shérif qui sortait justement de son bureau où on avait étendu le corps de Bill Egan en attendant l'arrivée de l'ambulance de Rapid City.

Larry Mullens pouvait apercevoir les flammes de l'endroit où il se trouvait derrière la barricade que ses hommes et lui avaient érigée sur le sentier qui conduisait au sommet de la montagne. Il regardait les flammes sans en croire ses yeux. Jurant entre ses dents, il se mit à parler comme un fou dans l'émetteur radio pour demander qu'un hélicoptère vienne les évacuer, ses hommes et lui. Il agitait sa main libre en l'air tout en regardant au bas de la montagne en direction de l'endroit où il croyait que devaient se trouver les Indiens. Mais il ne voyait que les flammes qui sautaient d'un arbre à l'autre, qui grésillaient et dévalaient la pente de la montagne. La barricade aurait pu arrêter un assaut dirigé contre le monument mais elle ne pouvait rien contre un incendie de forêt. La montagne allait être ravagée par le feu, sa vocation touristique détruite à jamais. Mais Mullens avait beau se rendre compte de la gravité de la situation, il ne put s'empêcher de baisser la fréquence de la radio et de considérer avec effroi le phénomène naturel qui faisait rage plus bas. Pour la première fois de sa vie, Mullens s'inclinait devant la puissance des forces de la nature.

« Protégez l'école ! criait James Lebeaux aux enfants. Prenez des seaux ! Remplissez-les avec de l'eau de la source ! »

Derrière les enfants qui transportaient des seaux, les Indiens démontaient le campement. Les voitures étaient alignées, sur le point de partir, et tout avait été rangé dans les sacs à dos. Les adultes couraient dans tous les sens mais les enfants, eux, restaient pour sauver l'école. Dans l'ordre et le calme, ils commencèrent à apporter à l'école les seaux remplis de l'eau qu'ils avaient été puiser à la source. Ils en aspergèrent les murs de bois. Lebeaux dirigeait les opérations en essayant de ne pas laisser paraître son amertume. Il voulait que les enfants gardent de l'expérience un souvenir positif. Comme si souvent dans le passé, leurs espoirs s'effondraient une fois encore. Mais Lebeaux n'en était pas moins déterminé à faire le maximum pour que les enfants repartent avec autre chose comme bagage que le chaos et l'échec.

McVay et Billion roulèrent sur le ciment jusque dans l'eau chaude traversée de courants de la piscine, pendant que Katie se remettait sur ses pieds. Une fois dans l'eau, Billion se libéra. Il avait pris l'avantage. Il se tenait au-dessus de McVay qu'il frappait des deux mains en hurlant. Du sang apparut. Devant les yeux de McVay, l'eau était rose. Billion tenait McVay sous l'eau par les cheveux en lui martelant le côté de la tête de sa main libre. Tout se passait comme dans un rêve pour McVay : au ralenti. Il dut lutter contre le désir d'abandonner la lutte. L'eau était chaude. Il ne la redoutait plus et le poing qui s'abattait sur sa tête ne le faisait plus souffrir. Lorsqu'il voulut respirer, l'aiguillon de la peur panique s'empara de lui et il commença à se débattre. Mais ses efforts furent vains et Billion réussit à le maintenir sans difficulté sous l'eau.

Brusquement, les mains de son assaillant lâchèrent prise et il jaillit hors de l'eau, haletant et cherchant désespérément de l'air. L'humidité lui brûlait les poumons et, lorsqu'il y vit clair de nouveau, il aperçut de sombres bouillons de sang rouge dans l'eau. Il toussa et cracha l'eau qu'il avait avalée, se racla la gorge et rejoignit difficilement le bord de la piscine.

Il se retrouva ensuite debout sur le ciment en train de regarder le corps de Billion qui flottait dans la piscine. Le sang continuait de s'écouler d'un trou énorme dans sa nuque. McVay aperçut alors Katie debout à ses côtés et tenant toujours le revolver dans sa main. McVay la regarda en essayant de chasser toute trace d'épouvante de son visage et de respirer plus lentement.

« Viens », dit-il.

Katie jeta un regard au corps dans la piscine. Elle était calme. « Va-t'en, répondit-elle et elle se mit à hocher lentement la tête.

— Tu ne vas pas rester ici, dit McVay.

— Si, Tom, il faut que je reste, répondit-elle. Ici, je suis chez moi. » Puis son expression se radoucit. « Je t'en prie. »

McVay hocha lentement la tête. Le calme de Katie avait agi sur lui. Il repoussa ses cheveux mouillés en arrière et hocha de nouveau la tête. Puis il tendit le bras pour lui toucher les épaules. Il se pencha alors vers elle et pressa sa joue contre la sienne. Leurs regards se croisèrent un instant puis il se détourna d'elle et prit la direction de la sortie.

Le ciel tout entier était maintenant embrasé. Dans la rue, les gens parlaient fort et étaient secoués de rires nerveux. McVay se dirigea rapidement vers sa camionnette et se mit au volant. Il lui faudrait passer tout près de la foule assemblée pour sortir de la ville mais il savait que personne n'essaierait de l'en empêcher. Il fit demi-tour dans l'allée qui longeait l'Oasis de façon à pouvoir filer droit devant lui aussitôt engagé dans la rue. Il voulait sortir de la ville d'une traite, sans s'arrêter. En débouchant dans la rue principale, il fut surpris par l'importance de la foule. Il avait pensé qu'elle s'était rassemblée pour observer l'incendie qui embrasait tout le ciel au sud. Mais, lorsque ses phares éclairèrent l'attroupement, la raison de son excitation devint manifeste. Le loup pendait lourdement au réverbère qui se dressait au milieu de la foule. McVay vit Stockton et Simmons debout à côté de la dépouille, le nez en l'air et le visage éclairé par un sourire. On avait attaché la corde autour des pattes arrière du loup, sa langue pendait et il y avait du sang séché autour de sa gueule. Certaines personnes dans la foule lui firent signe d'éteindre ses phares qui les aveuglaient. Il se rapprocha. Il fonça droit vers l'endroit où l'on avait pendu le loup. La foule s'ouvrit. La vue du loup mort avait échauffé les esprits et on lui lança des menaces. McVay n'en tint aucun compte. Il dirigea son véhicule vers le loup puis s'arrêta sous sa dépouille. Lorsqu'il descendit de sa camionnette, un cow-boy s'avança vers lui mais, en voyant l'expression du visage de McVay, se dispensa de tout commentaire. McVay sauta sans effort à l'arrière de la camionnette. Lorsqu'il toucha le loup, un silence se fit dans la foule. La sensation de la bête morte au bout de ses doigts lui fit fermer les yeux. Il sortit lentement le couteau qu'il portait dans sa botte et trancha la corde qui retenait le loup. La dépouille de l'animal tomba lourdement sur les ballots de marijuana chargés à l'arrière de sa camionnette.

La foule commença alors à réagir. Elle hua McVay qui se tenait debout contre le ciel embrasé. Tout le monde criait à l'exception du shérif Bailey qui assistait à la scène, légèrement en retrait. Simmons tenta finalement de rejoindre McVay en grimpant à l'arrière de la camionnette et en criant que le loup était propriété gouvernementale. Mais un coup d'œil lui suffit pour constater que McVay tenait son couteau à moins de trois centimètres de son visage. En voyant le reflet des flammes dans les yeux de McVay, il remit pied à terre. Maintenant, tout le monde se taisait. Personne ne faisait un geste. McVay revint prendre place derrière le volant.

La foule l'entourait et, pendant un instant, personne ne parla. Puis il y eut des murmures et Stockton s'adressa finalement à Bailey qui était resté appuyé contre le mur du café. « Allez, arrête-le, s'écria-t-il. C'est toi le shérif. Arrête-le. » Bailey n'eut aucune réaction. Simmons se joignit alors à Stockton.

« Il n'a pas le droit de faire ça. C'est votre devoir de l'arrêter. »

Bailey les dévisagea et se mit à hocher la tête. Il hocha longuement la tête et finit par se diriger vers sa voiture. Quand il eut fait démarrer le moteur, il jeta un coup d'œil dans le rétroviseur et écrasa l'accélérateur. Il roulait à cent à l'heure lorsqu'il repéra l'énorme nuage de poussière que faisait la camionnette de McVay. Celui-ci venait de tourner vers l'ouest à la sortie de la ville et ne roulait plus sur la route principale mais sur des gravillons qui tourbillonnaient dans le ciel éclairé par l'incendie. En arrivant au carrefour où McVay avait tourné, Bailey roulait à cent vingt à l'heure. Il ne ralentit pas et ne prit même pas la peine de voir quelle direction avait prise McVay. Il regardait droit devant lui. Il se pencha alors vers la boîte à gants, en sortit sa cassette huit pistes, recula son siège et mit le volume au maximum. Le son étincelant des doigts qui couraient sur les touches du piano emplissait la voiture. Il lui rappelait les glaçons qui tombent du rebord des toits lors des froides journées de janvier.

Cet ouvrage a été composé
par l'Imprimerie Bussière à Saint-Amand
et imprimé sur presse CAMERON
par la SEPC à Saint-Amand-Montrond
pour le compte des Éditions Albin Michel

Achevé d'imprimer : septembre 1990.
N° d'édition : 11287. N° d'impression : 10257-2484.
Dépôt légal : octobre 1990.